本书获
西北大学哲学社会科学繁荣发展计划优秀学术著作出版基金（XM07190365）
国家自然科学基金（41701094）
陕西省自然科学基础研究计划（2018JQ4024）
资助出版

恢复生态学视角下土地利用优化研究

李 飞 著

科 学 出 版 社
北 京

内 容 简 介

本书基于恢复生态学的基本理论，耦合全球农业生态区模型、多目标规划模型和多准则评价模型，构建了恢复生态学视角下土地利用优化的研究框架，并选择生态环境脆弱的吉林省西部地区为研究区进行了案例分析。首先，通过重建土地利用变化历史轨迹，探讨生物物理和社会经济等要素对土地利用变化的驱动作用，根据土地利用变化效应确定生态恢复的参照系统。其次，设定多目标情景，以粮食生产潜力为重要约束条件，考虑未来气候变化的不同情境，优化土地利用结构和格局。最后，从粮食生产、生态环境等方面评价优化结果，在保障粮食安全的前提下达到恢复生态的目的，实现土地的可持续利用。

本书可供土地管理、人文地理、自然地理等领域的研究人员、高等院校师生使用，也可供相关政府和企事业单位的工作人员参考。

图书在版编目(CIP)数据

恢复生态学视角下土地利用优化研究／李飞著．—北京：科学出版社，2019.6

ISBN 978-7-03-061605-0

Ⅰ．①恢…　Ⅱ．①李…　Ⅲ．①土地利用-生态恢复-研究-中国
Ⅳ．①F321.1

中国版本图书馆 CIP 数据核字（2019）第 111164 号

责任编辑：林　剑／责任校对：樊雅琼
责任印制：吴兆东／封面设计：无极书装

科学出版社出版
北京东黄城根北街 16 号
邮政编码：100717
http://www.sciencep.com

北京建宏印刷有限公司 印刷
科学出版社发行　各地新华书店经销

*

2019 年 6 月第　一　版　开本：720×1000　1/16
2019 年 6 月第一次印刷　印张：13
字数：260 000

定价：138.00 元

（如有印装质量问题，我社负责调换）

前　言

土地资源是社会经济发展的基础。改革开放以来，我国经济发展取得了巨大成就，同时也付出了高昂的生态环境代价。目前，我国正处于社会变革和经济转型的新时代，如何调整土地利用结构，并进行合理配置，越来越成为实现中华民族伟大复兴的中国梦必须面临的紧迫任务。随着全球增温日益加速和相关研究的深入，土地系统研究成为解决人类目前面临的可持续发展巨大挑战的核心。作为土地变化科学和土地系统研究的重要内容之一，土地利用优化研究直接面向决策者需求，是实现人类可持续发展的必要选择。因此，本研究从恢复生态学的角度出发，以吉林省西部为研究区，通过重建土地利用变化历史轨迹，分析土地利用变化的生态效应以及粮食生产潜力的变化，进行了土地利用优化研究，并得出如下结论。

1）吉林省西部的大规模开垦肇始于 19 世纪中后期，纵观吉林省西部近 100 多年来的土地利用变化轨迹，可分为清朝末年（19 世纪至 1911 年）、民国时期（1912 ~ 1930 年）、抗日战争时期（1931 ~ 1945 年）、解放战争时期和中华人民共和国成立初期（1946 ~ 1954 年）、“大跃进”和“文化大革命”时期（1955 ~ 1977 年）、改革开放以来（1978 ~ 2013 年）六个阶段。中华人民共和国成立初期，吉林省西部农牧比例为 1 : 1，1976 年的农牧比例为 3 : 1，而 2013 年高达 5. 6 : 1；同时，盐碱地面积不断增加，沼泽湿地严重萎缩，土地利用结构日益失调。为了进一步探讨各类型土地利用之间的转化关系，本研究重点分析了吉林省西部 1976 ~ 2013 年的土地利用变化。研究结果表明，1976 ~ 2013 年吉林省西部新增耕地面积 30. 92 万 hm^2，主要由草地、林地和沼泽地转化而来。另外，随着社会经济的发展，建设用地扩张，共占据了耕地面积 3. 17 万 hm^2。根据 2000 ~ 2013 年土地利用转移概率矩阵，利用系统动力学模型模拟出了 2030 年的土地利用结构，发现农牧比例将变为 14 : 1。从土地利用程度的角度来看，2013 年的土地利用程度综合指数比 1976 年增加 4. 6，达到 239. 0。根据 2030 年的土地利用预测结果，土地利用程度将达到 247. 6，比 2013 年增加 8. 6。人类活动（人口）和气候变化（气温和降水量）对土地利用变化有显著影响。

2）吉林省西部生态系统服务价值主要由沼泽、农田、水域和草地生态系统服务价值组成。由于土地利用变化，近40年来吉林省西部生态系统服务总价值共减少39.3亿元；其中，1976~2000年，吉林省西部生态系统服务总价值由491.98亿元减损至463.23亿元，到2013年，吉林省西部生态系统服务总价值仅为452.68亿元。1976~2000年，生态系统服务价值的减少主要是由于沼泽地及林地向其他土地利用类型的转化，两者分别使吉林省西部生态系统服务总价值损失了33.68亿元和9.94亿元，其中，仅沼泽地向耕地转化就使生态系统服务总价值减少了22.30亿元。2000~2013年，沼泽地向其他土地利用类型的转化是吉林省西部生态系统服务总价值减少的最主要原因，其中沼泽地向耕地转化是吉林省西部生态系统服务总价值减少了10.39亿元。

3）粮食是关系国民生计的重要战略物资，其安全是国家安全的重要组成部分。粮食生产潜力是耕地布局是否合理的重要表征，因此，有必要将粮食生产潜力纳入到土地利用优化研究当中。本研究结合气象、土壤、地形和土地利用数据以及其他统计数据，利用GAEZ模型估算了吉林省西部不同年份不同条件下的粮食生产潜力。研究结果显示，自1976年以来，吉林省西部粮食生产潜力总量持续增加，近40年共增加了约451.67万t；到2013年，吉林省西部粮食生产潜力总量为1551.96万t；1976年和2000年吉林省西部粮食生产潜力总量分别为1100.29万t和1405.62万t，期间共增加305.33万t；1976年吉林省西部平均粮食生产潜力为2346.76 kg/hm^2，2000年增加为2997.99 kg/hm^2。2000~2013年，吉林省西部粮食生产潜力总量增加了146.34万t；2013年吉林省西部平均粮食生产潜力比2000年增加了312.12 kg/hm^2，达到3310.11 kg/hm^2；粮食生产潜力的变化主要受气候、土地利用和灌溉率的影响。

4）根据恢复生态学的基本理论，通过分析吉林省西部土地利用历史变化轨迹，确定1976年的土地利用结构和格局作为土地利用优化的参照系统。在利用多目标规划模型进行土地利用数量结构优化时，通过赋予目标函数不同的权重设置了“生态最优”“生态优先”“生态经济并重”“经济优先”和“经济最优”五种情景。经求解分析，选择了以发展草地畜牧业为主的“经济优先”情景，优化后耕地、林地、草地、水域、建设用地、盐碱地、沼泽地和未利用地面积分别为231.98万 hm^2、26.78万 hm^2、66.16万 hm^2、19.64万 hm^2、19.78万 hm^2、65.06万 hm^2、37.6万 hm^2和1.85万 hm^2。本研究选取海拔、坡度、坡形、坡向、地貌、土壤、气温和降水量作为影响土地利用分布格局的自然环境因素；选取易于空间化的人口密度作为社会经济因素，估算了不同影响因素等级或类别上的土地利用百分比，生成了未来气候情景中单因素影响下各土地利用类型的空间分布概率，并采用多准则评价模型模拟了不同 RCP 情景下 2030 年的土地利用分布概率。

5）利用多准则评价模型，结合土地利用现状、未来气候和粮食生产潜力的变化，遵循建设用地优先配置、不垦新地、粮食生产潜力最大、不恶化、土地利用稳定持续等原则，将吉林省西部划分成若干 1000 m×1000 m 大小的矢量格网，通过计算每个格网内各土地利用类型的面积及百分比，实现了不同气候情景和灌溉水平下的土地利用空间优化配置。优化后，吉林省西部农牧用地比例达到 3.5∶1，土地利用的空间结构更趋合理，态系统服务总价值比 2013 年增加了 62.25 亿元。虽然优化后耕地面积有所减少，但粮食生产潜力不减反增，说明优化结构是科学合理而且可行的。

感谢中国科学院东北地理与农业生态研究所的张树文研究员在本书撰写过程中给予的悉心指导。本研究能够顺利开展得益于国家自然科学基金（41271416；41701094）、西北大学哲学社会科学繁荣发展计划优秀学术著作出版基金（XM07190365）、陕西省自然科学基础研究计划（2018JQ4024）、国家科技基础性工作专项基金资助项目（2013FY112800）等项目的支撑。本书的顺利出版主要得益于“西北大学哲学社会科学繁荣发展计划优秀学术著作出版基金”的资助。在此表示衷心的感谢。

李　飞

2018 年 11 月

目　　录

1 绪　论

1.1 研究背景与意义

1.1.1 研究背景

全球环境变化和可持续发展问题是当前地球科学、环境科学和生命科学等几个相关领域的重要研究课题（刘纪远等，2011；美国国家科学院国家研究理事会，2014）。20 世纪以来，全球增温呈现加速趋势，人类正受到地球系统变化的严峻挑战；同时，人类活动又以前所未有的幅度和速率影响着地球系统的演化（美国国家科学院国家研究理事会，2011）。土地利用作为地球系统功能的核心部分，反映了人类和环境之间的相互作用，与全球可持续发展息息相关，越来越多的国际团体和学者从事有关土地利用的议题和主题（Turner et al., 1990；2007；Eugenia and Ming，2003；Searchinger et al., 2008）。

1995 年“国际地圈与生物圈计划”(IGBP）和“全球变化人类影响计划”(IHDP）共同制订的土地利用/土地覆被变化科学研究计划（LUCC)(Turner et al., 1995)，促进了“土地变化科学”的形成与发展（Lambin et al., 2000；2001；Gutman et al., 2004；Rindfuss et al., 2004)。2005 年提出的“全球土地计划”(Global Land Project，GLP）更加注重人类-环境耦合系统的研究（GLP，2005），特别是土地可持续性的综合分析与模拟（Baptista，2010），同时关注人地相互作用机制及其脆弱性的研究（史培军等，2006)。2012 年 6 月，在“里约+20 峰会”上正式提出了“未来地球计划”，关注全球环境的未来变化及影响，重点解决导向型的科学问题，以从根本上实现社会转型，迈向可持续的未来（未来地球计划过渡小组，2015)。Patrick Hostert 与 Peter Verburg 在全球土地计划第二次开放科学会议上更明确指出，土地系统研究是解决人类目前面临的可持续发展巨大挑战的核心（GLP，2014)。作为土地变化科学和土地系统研究的重要内容之一，土地利用优化研究直接面向决策者需求，具有重要的实践意义，是实现人类可持续发展的必要选择（未来地球计划过渡小组，2015）。

改革开放以来，我国经济发展取得了巨大成就。但是，在取得这些辉煌成就的同时，也付出了高昂的生态环境代价。目前，我国正处于社会变革和经济转型的新时代，如何优化土地利用方式，完善土地制度，提高自然生态环境质量，为人民营造良好的居住条件和生存环境，以提高人民福祉，越来越成为实现中华民族伟大复兴的中国梦必须面临的紧迫任务。恢复生态学的发展则为解决这一问题提供了较为契合的思路和方法。

恢复生态学是一门以生态系统退化过程与原因、退化生态系统恢复的过程和机理、生态恢复与重建的技术与方法为研究对象的科学（任海和彭少麟，2003；孙书存和包维楷，2005；彭少麟，2007；董世魁等，2009）。基于恢复生态学基本理论进行土地利用优化的核心是寻找生态恢复的参照系统，一般来说，任意历史时期的土地利用状态都可以作为优化土地利用、恢复生态的参照系统。这并非是简单机械地将土地利用现状调整到和历史时期一模一样，而是以历史时期的土地利用面积作为数量约束，设定不同的优化目标，建立模型，优化土地利用数量结构，并根据历史时期各地类在不同地形、地貌、土壤、气候等上的分布，同时考虑人类活动的影响，模拟预测未来气候情景下各地类的空间格局，从而进行土地利用的合理空间配置，在保障粮食安全的基础上，实现土地资源的可持续利用和社会的可持续发展。

土地资源是社会经济发展的基础。我国土地资源总量多，人均占有量少。土地资源的稀缺性和有限性决定了不同用地部门之间必然存在着一定的矛盾。由于我国长期坚持“十分珍惜、合理利用土地和切实保护耕地”的基本国策，1990 年以来，我国耕地面积共增加了近 200 万 hm^2，主要集中在我国东北平原和西北绿洲地区（刘纪远等，2014）。东北地区的耕地面积仅在 2000～2010 年的 10 年间就增加了 15 万 hm^2 左右。耕地增加的主要原因是对林地、草地和湿地的大面积开垦；在此期间，草地面积约减少了 20 万 hm^2（刘纪远等，2014）。然而，由于气候条件较差，且农田基础设施不完善，新增耕地的农业生产缺乏稳定性（刘纪远等，2003；2009；2011）；另外，开垦耕地引起的森林砍伐、草地退化、湿地萎缩等导致区域生态环境急剧恶化，严重制约着国家和地区的持续发展（Brown et al.，2007；Zorrilla-Miras et al.，2014；Fearnside et al.，2015）。

吉林省西部作为东北地区最具环境敏感性的地区之一，受自然环境的制约和人类活动的影响，目前正面临着土地盐碱化、草地退化等多重威胁（李晓燕和张树文，2005；陈社明等，2013；Li et al.，2016）。吉林省西部地处半湿润气候区向半干旱气候区的过渡地带，属于典型的农牧交错地区，土地利用方式应以农牧结合为主。然而，随着吉林省西部人口数量持续增加，粮食需求也不断攀升，再加上经济利益的驱动，大面积的草地、沼泽地被开垦，导致吉林省西部耕地面积在近40年来增加了20多万公顷；耕地增加的同时，盐碱地逐渐蔓延，土地盐碱化日益加重，草地退化面积高达30万hm^2；农牧比例由改革开放之初的3∶1上升到2013年的5.6∶1。不合理的土地利用方式引起的生态恶化日益加剧，亟须对其进行优化调整。

因此，本研究根据恢复生态学的基础理论，通过重建吉林省西部土地利用变化历史轨迹，分析土地利用变化的生态效应以及对粮食生产潜力的影响，从而设计出吉林省西部的土地利用优化方案。

1.1.2　研究目的及意义

本研究选择半干旱半湿润地区的吉林省西部为研究对象，旨在探讨土地利用变化的历史轨迹及生态效应，分析其对粮食生产潜力的影响，在气候变化的背景下建立一种优化土地利用的研究方法和途径。

首先，以百年为时间尺度，搜集多源历史遥感数据、土壤植被数据、气象水文数据、地形图、文献和统计年鉴等资料，重建吉林省西部百年土地利用变化轨迹，利用空间分析和统计分析方法，在40年尺度上分析生物物理（降水量、气温）和社会经济（人口密度）等要素对土地利用变化的驱动作用，并评价其生态效应。其次，利用全球农业生态区（global agro-ecological zones，GAEZ）模型估算吉林省西部近40年来的粮食生产潜力变化，分析气候变化、土地利用变化和灌溉率变化对其的影响，并根据未来气候情景数据模拟未来粮食生产潜力的变化，为土地利用优化提供理论依据和数据支撑。最后，基于恢复生态学的基本理论，以历史时期的土地利用状态为参照系统，以多目标规划模型、多准则评价模型为技术手段，对吉林省西部土地利用进行优化，达到恢复生态的目的。

本研究不但能够发展和丰富土地利用优化的理论和方法，而且能够向相关政府部门提供土地资源管理的决策依据，对经济发展相对落后且生态环境脆弱的农牧交错地区具有重要的现实意义。

1.2 国内外研究现状

1.2.1 粮食生产潜力研究进展

1.2.1.1 国外研究进展

19 世纪 40 年代，德国化学家 Liebig 分析了植物生长和土壤表层的关系，并提出了“最小养分定律”，即作物的产量与作物从土壤中获取的营养成正相关关系（Liebig，1843）。这被认为是粮食生产潜力研究的开端（Hooker，1917；Thomas，1929；Loomis and Williams，1963；Odum，1981）。在 Liebig 研究的基础之上，Tyler 将植物营养之外的其他要素也纳入到研究当中，为以后的粮食生产潜力研究提供了基本思路与方法（杨重一，2007；姜群鸥，2008；刘洛，2012）。20 世纪初，英国科学家 Blackman 探讨了光、温、营养等因子的变化对作物生长、呼吸、同化等生理现象的影响，提出了“限制因子定律”。该定律认为，当其中一个因子供应不足时，即使增加其他因子的供应也难以提高作物产量，加深了对粮食生产潜力和各种制约因子之间复杂关系的理解（Blackman，1905；Singh and Lal，1935）。此后，Mitherlich 基于已有研究提出了“收获量定律”：作物在理想条件下的产量为最大产量，当某种因子不满足理想条件时，作物产量会下降，且这种因子的变化和产量的增减之间存在某种数学关系（Lieth and Whittaker，1985）。1913 年，Shelford 结合前人思想，将其发展成为“耐性定律”，即每种作物对任何环境因子都有一个耐性区间，在这个区间中存在一个最适点能使作物产量达到最大，趋于两端时，作物将减产，超过区间的上限或小于区间的下限，作物基本无产出（Shelford and Allee，1913；Shelford and Deere，1913）。至此，人们开始对粮食生产潜力的制约因素有了基本认识，为后期学者开展粮食生产潜力研究奠定了理论基础。

20 世纪 20 年代初，粮食生产潜力的研究开始受到诸多学者的关注。英国植物生理学家 Blackman 和 Gregory 提出了与作物光合作用密切相关的生长分析法，将粮食生产潜力的研究和作物光合作用机理研究紧密结合起来，并分别建立了“复利法则”模型和“生长净同化率”模型（Williams，1937；Heath and Gregory，1938；Blackman and Nblack，1965）。1921 年，Fisher 在这个模型的基础上总结发展出了

“作物相对生长率”模型，粮食生产潜力研究日趋微观（Fisher，1921）。20 世纪 60 年代，Williams 等用量子效率法计算得出了作物的光合生产潜力（Williams et al.，1965；1974）。20 世纪 60 ~ 70 年代，国际生物学计划（IBP）在全球范围内调查核定了第一性生物生产量，为相关模型的建立提供了数据支撑，粮食生产潜力研究进入到数学化和定量化阶段（Satchell et al.，1971）。1978 年，荷兰科学家 De Wit 研发出第一个作物计算仿真模型 EL-CROS（Wit and Goudriaan，1978）。自此以后，欧美等发达国家的学者相继提出了 ARIDCROP（Keulen et al.，1981）、GOSSYM（Baker et al.，1983）、CERES（Jones et al.，1986）、BACROS、SUCPOS（Spitters et al.，1989）、Wageningen（Ittersum et al.，2003）等模型，这些模型从物质循环和能量转换的观点出发，借助于系统分析方法，将环境因子作为输入，通过建立数学模型，再现了作物生长和发育的基本机理和过程及其与环境因子的关系（Ahmad et al.，2014；Rauff and Bello，2015）。与此同时，温度、降水量等气候因素的影响也开始受到重视，一些学者采用相关函数对作物光合潜力进行修正，逐渐过渡到气候生产潜力的研究阶段（Fischer，1975；Fischer and Maure，1976；Gifford et al.，1984；Amthor，1989）。如 Hanks（1983）提出了基于作物对水分有效利用的计算模型；Higgins 和 Kassam（1981）深入研究了对气候生产潜力的有限性；还有学者探讨了蒸散、土壤水有效性、CO_2浓度等对粮食生产潜力的影响。20 世纪 80 年代，联合国粮农组织（FAO）和国际应用系统分析研究所（IIASA）联合研发的农业生态区（agro-ecological zones，AEZ）模型，不仅考虑了光、温、水等因素对作物产量的影响，还将土壤、地形等因素纳入到该模型当中，获得了光、温、水、土共同影响下的粮食生产潜力（Fischer et al.，2002，2005，2006，2007，2008，2009）。农业生态区模型程序规范，所需资料较少，操作简单，且能够相对准确地估算出潜在产量，在世界范围内，特别是发展中国家，得到了广泛应用，并取得了较好效果（Fischer et al.，2001；Liu et al.，2015），该模型的最新版本为 GAEZ。但是，该模型忽略了太阳总辐射、温度等的季节分布特征对作物产量的影响，模型参数的区域适用性也降低了其在区域尺度上的精确性（Wart et al.，2013；Tian et al.，2014）。

20 世纪 90 年代以来，随着计算机技术、生物技术、地理信息系统（GIS）技术的快速发展，粮食生产潜力估算模型和高新技术的结合日益深入和广泛（Priya and Shibasaki，2001；Nuarsa et al.，2012；Tripathy et al.，2013）。地理信息系统强大的空间计算分析功能，使模拟粮食生产潜力的空间分布及其与气候、土壤、地形和土地利用的关系成为了可能（Sugawara and Edemir，2003；Garcia

et al., 2006)。例如，Sinclair 和 Seligman（1996）利用计算机和地理信息系统技术评价了美国花生主产区的生产潜力分布状况；Dhakhwa 和 Campbell（1998）结合 GIS 分析了粮食生产潜力对全球气候变化的响应；Lal 等（1993）提出了基于 GIS 技术实现粮食增产的措施，如合理灌溉、选育优良品种、确定最佳播种日期等；Cynthia（2014）利用 GIS 和计算机技术，对气候变化下 21 世纪农业风险进行了评价。实践表明，粮食生产潜力估算模型和 GIS 的结合，能够有助于扩大模型的研究和应用领域，准确评价多种管理情景下的粮食生产潜力，为区域规划和农业管理提供决策建议。

1.2.1.2 国内研究进展

相对于欧美等发达国家，我国在粮食生产潜力方面的研究起步较晚。1950 年，任美锷根据农业生产力对土地承载力进行了讨论，揭开了我国粮食生产潜力研究的序幕。1964 年，竺可桢通过分析我国粮食产量和气候资源之间的关系，首次探讨了我国光合生产潜力。此后，汤佩松（1964，1978）从气候和作物生理角度探讨了作物生产潜力。20 世纪 70 年代末，黄秉维将“光合生产潜力”的概念引入到国内，并改进了 Loomis 和 Williams 所提出的光合生产潜力计算公式（黄秉维，1985）。改进后的公式简单实用，但未考虑地区差异性。有鉴于此，国内相关研究者对光和生产潜力计算公式进行了本地化修正。例如，庞振潮（1984）对杭州湾黄麻、红麻光能利用率进行了评价；黄寿波（1986）探讨了我国南方地区柑橘的光合生产潜力；丁德峻和张旭晖（1993）计算了江苏省主要粮食作物的生产潜力。

20 世纪 80 年代，龙斯玉（1981）在探讨我国小麦最高产量时考虑了冠层面积的影响；梁荣欣和张瑞雪（1984）分析了春小麦、水稻、玉米等作物的最大叶面积系数与产量之间的相关关系；侯光良和刘允芬（1985）的研究结果表明作物光合潜力和叶面积系数线性相关。于沪宁和赵丰收（1982）以栾城县为例探讨了提高作物光热利用效率的途径；龙斯玉（1983）计算得出了我国小麦气候生产潜力的地理分布；陈明荣和龙斯玉（1984）阐明了我国气候生产潜力的地域差异；陈明荣（1984）估算了黄土高原的气候生产潜力，以此为基础讨论了农、牧业的气候界线，并提出了计算气候生产潜力的温度系数降水量系数；李世奎（1988）则分别修正了不同喜温性作物的温度系数。此外，孙玉亭（1987）考虑了土壤系数，提出了计算地区平均生产潜力的“气候-土壤-产量”模式；梁荣欣和沈能展（1988）通过建立阶乘模型，系统地分析了环境因子对大豆生产潜力的影响；

江爱良和张福春（1988）将灾害因子等引入到粮食生产潜力的估算当中，使研究结果更加精确。

20 世纪 90 年代之后，国际上普遍采用数值模拟方法进行粮食生产潜力的估算，并将其与 GIS 等新技术结合起来（高志强和刘纪远，2000）。1999 年，党安荣等在国内首次利用 GIS 技术，实现了全国粮食生产潜力的空间模拟分析，成为我国粮食生产潜力研究的新趋势。同时，国外诸多先进模型也逐渐被引进到国内，如 AEZ 模型（张小川，1992；刘洛等，2014）、Miami 模型（刘洪杰，1997；罗永忠等，2011；李莉等，2014）、CERES 小麦模型（李军等，2001）、EPIC 模型（王宗明和梁银丽，2002）、WOFOST 模型（王涛，2010）等。其中，AEZ 模型在我国的应用最为广泛。例如，谢俊奇等（2004）利用 AEZ 模型对中国土地生产潜力进行研究，并根据粮食生产潜力分析了土地承载力；刘纪远等（2005）在气候观测数据和土地利用遥感监测数据的支持下，利用 AEZ 模型，分析了 LUCC 过程对粮食生产潜力的影响；徐新良等（2007）基于逐日气象站点数据和两期土地利用数据，采用 AEZ 模型模拟了我国东北地区粮食生产潜力的变化及其对气候变化、土地利用变化的响应。

总体上看，我国的粮食生产潜力研究已初具规模，且不断深入，并被广泛应用于各个相关领域，对指导我国农业发展、生态保持起到了重要作用。

1.2.2　土地利用优化研究进展

1.2.2.1　国外研究进展

土地利用优化是社会经济发展和生态环境保护在空间上的投影（高小永，2010）。自古以来，世界各国都不乏有关土地利用优化的记载。古埃及、古希腊、古罗马等早在公元前就已开展了对土地的丈量工作，俄、法、英等国家也都有相关文献（董祚继，2007）。而现代意义上的土地利用优化思想的产生，可以追溯到 18 世纪的工业革命时期。工业的迅速发展使得城市化进程加快，导致了城镇出现建筑拥挤、交通堵塞和环境污染等一系列问题，而同时农村则由于居民的大量迁出开始衰落。为解决这一问题，不同的学者提出了各种解决办法，当时的思想家们逐渐认识到规划的重要性，开始以土地利用优化的思想来解决城镇农村的布局问题。土地利用优化研究发展至今，按其时间顺序，可将之分为以下四个阶段。

(1) 19 世纪中期～20 世纪初

资本主义经济随着工业革命的兴起而快速发展，土地资源不合理利用等问题日益凸显，一些学者开始关注土地资源的优化配置（王建英，2013）。德国农业经济学家杜能被认为是该问题的最早研究者，他通过探讨距离成本对土地利用空间配置的影响，将区位理论引入到土地利用空间配置研究中（Thünen，1986）。Howard 在其代表作《明日的田园城市》中考虑了城市与乡村的统筹规划，是典型的现代土地利用规划观念。随着产业与人口日趋向大城市集中，Weber 于 1905 年出版了《工业区位论》一书，其中涉及城市空间布局理论。Christaller（1998）的"中心地理论"和 Losch（2010）的"市场区位论"，也都包含着土地利用优化的理念。这时期的社会科学理论逐步融入城市空间布局理论的研究中，研究对象主要是有关经济活动空间优化的区位论。

(2) 20 世纪初～20 世纪 50 年代

随着土地规划思想的发展，一些学者开始认识到土地利用合理配置的前提是土地利用现状调查，土地利用调查研究逐渐开展。20 世纪 20～30 年代，美国、英国的土地管理部门分别进行了区域或全国土地利用现状考察，并制作了相关专题图。在这一时期，土地利用优化以建设性规划为主，多以规划者的经验或主观愿望进行土地利用结构调整，更侧重从经济学的角度探讨影响土地利用结构变化的因素（Lipman，1935；White，1937；Oberg，1940）。

(3) 20 世纪 50 年代～70 年代

随着社会经济和生产体系的深刻变化，出现了建设用地增加、农村用地减少等问题，土地利用优化相关研究快速发展。学者们逐渐意识到自然环境从根本上制约着土地利用的空间布局，仅仅从社会经济的角度出发无法满足土地规划的需求，因而开展了一系列的土壤质量调查和土地评价工作，试图从自然科学的角度进行土地利用规划（Haar，1959；Flawn，1970）。20 世纪 50 年代以来，许多土壤学家开展了大量的土地评价工作，以土壤学理论为基础提出了基于土地适宜性评价和土地承载力的土地利用规划思想，这一思想有着深远的影响，至今仍是重要的土地利用优化理念（Schlager，1965；Klingebiel et al.，1966；Bibby and Mackney，1969；McHarg，1969；Shahid et al.，2013）。地理学家则分别从地形地貌、生态水文等方面对土地利用规划进行了阐释，如 Leopold（1968）分析了水文学对城市土地利用的影响以及在城市土地利用规划中的应用；Hills（1961）论述了土地利用规划的生态学基础；Travis 等（1975）通过计算能见区、坡度和坡向等地形因子，提出了土地利用的规划方案。联合国粮农组织（FAO）于 1976

年正式出版的《土地评价纲要》，为全球范围内的土地评价提供了统一标准，促进了各国土地利用规划工作的有效展开。这一时期的土地利用规划研究主要集中在城市用地的空间布局和农业区划两方面（Haar，1957；Chapin and Kaiser，1965；Vink，1975），研究方法以线性规划和多目标规划为主（Schlager，1965；Barber，1975）。如，Dickey 和 Sharpe（1974）应用线性规划研究了交通系统对城市和区域系统宏观发展模式的长期影响；Chames 等（1975）利用线性规划和多目标规划方法评价了土地利用规划管理政策的经济和环境影响；Barber 等（1975）将交互式多目标规划模型纳入到了土地利用规划当中；Omi 等（1979）利用多元统计分析方法，通过土地单元分区，实现了土地利用规划研究。

（4）20 世纪 80 年代以来

随着可持续发展思想的提出，土地利用规划研究受到广泛重视，逐渐发展成为以调控土地利用变化和可持续发展为目的且具有广泛民众参与的公共决策，规划时不仅仅考虑经济效益，还要考虑社会效益、生态效益等，使其更加符合可持续发展的理念。Marten 和 Sancholuz（1982）基于生态学基础和承载力评价；Nald 和 Brown（1984）基于土地适宜性方法分析了城市边缘地区的土地利用战略，并提出了满足不同利益相关者需求的规划方案；Pricovic（1990）建立了一个分析土地利用战略多准则模型，可以有效减少未来地震后的社会和经济损失；Senes 和 Toccolini（1998）基于对现有土地资源的深入分析和社会经济发展特征的深刻理解，利用“最大环境阈值”方法优化配置了意大利自然保护村的土地利用；Herrmann 和 Osinski（1999）以可持续发展为核心，利用系统动力学模型实现了乡村土地利用结构的优化设计。此后，Godschalk（2004）指出，土地利用规划面临着调和可持续发展和建立宜居社区之间矛盾的挑战；Barton（2009）基于生态系统和健康决定理论探讨了土地利用规划和人类福祉之间的关系；Marull 等（2010）分析了土地利用规划对社会新陈代谢和景观变化的影响；Rudel 和 Meyfroidt（2014）认为，发展中国家农村地区的土地利用规划能够确保全球粮食安全，并维持重要的环境服务。

随着科技的进步，新技术、新方法在土地利用优化研究当中的应用日益广泛，促使土地利用优化向模型化、智能化、动态化发展。系统动力学（system dynamic，SD）、多目标决策规划（multiple objective decision programming，MODP）、元胞自动机（cellular automata，CA）、agent-based 等模型成为现代土地利用优化的主流方法，提高了优化结果的科学性和精确度。例如，Shakya 和 Leuschner（1990）基于多目标决策规划模型，对尼泊尔山区农场的土地利用进行了规划；Engelen

等（1995）基于 GIS 技术与 CA 模型相结合设计出土地利用优化配置方案；Matthews 等（1999）通过集成地理信息系统和环境模型建立了土地利用规划的空间决策支持系统；Kim 和 Chuang（2005）基于 CA 模型和生态承载力建立了农村居民点规划的空间扩散模型；Miller 等（2009）通过建立了 SAM-M/LAM 模拟系统预测了不同规划理念下的未来土地利用变化；Meyer 等（2013）提出了 OSMOSE 模型的概念框架，并将之与空间决策支持系统结合，进行了土地利用优化研究。

1.2.2.2　国内研究进展

我国的土地利用规划历史悠久，最早可追溯到殷商时期的“井田制”，《禹贡》《管子·地员篇》《汉书·地理志》等古籍中也均有对土地利用规划思想的精辟描述（欧海若，2004；王万茂等，2014）。而我国现代意义上的土地利用优化研究始于 20 世纪 80 年代，理论体系主要是借鉴国外相关研究结果，结合我国具体情况和特点，加以综合和应用（罗鼎等，2009）。

早在中华人民共和国成立以前，我国学者已经有了关于土地利用优化相关研究的论述，如范金台和孙承烈（1941）、鲍觉民和张景哲（1944）在流域尺度上勘测了我国西南地区的土地利用状况，分析了土地利用区划与灌溉的关系。中华人民共和国成立后，土地利用优化研究发展缓慢，多以描述为主。例如，张心一等（1954）为了澄清黄河泥沙，充分利用其水土资源，通过考察西北黄土高原土地利用方式和农业生产、土壤侵蚀的关系，提出了土地利用合理利用的方向和途径；高尚武（1957）则进一步提出了黄土高原土地规划的意见和建议；在 1955 年，西北黄河工程局和绥德水土保持推广站联合工作组在小尺度上对土地利用进行了详细规划（西北黄河工程局和绥德水土保持推广站联合工作组，1955）；赵松乔（1958）详细地讨论了不同地貌（平原、台地、丘陵、山地、高原等）上不同的地形因子对土地利用评价的影响；吴传钧（1979）指出开展土地利用调查，能够揭露当前土地利用中存在的问题，并为土地利用优化提供借鉴。

20 世纪 80 年代以后，我国土地利用优化研究日趋深入，不仅发展了基础理论，而且拓宽了研究领域和技术方法。例如，许牧（1982）认为土地利用区划是国家重要的战略措施，提出了对全国土地进行 3 级区划的思路和方法；李璧成（1983）运用线性规划模型，优化了安塞县的土地利用结构，结果证明，在不增加农业投入和生产成本的前提下，只调整土地利用结构就能大幅提高土地生产潜力；李培德等（1984）、刘震等（1984）将系统分析方法引入到土地利用优化研究当中，探讨了小流域上林、牧、农等的土地利用优化比例；江可力等（1987）、董杰（1991）开始在土地利用优化时考虑不同的决策目标，为合理开发区域土地资源提供了一个“定量综合”的方法；刘黎明和卿尚华（1995）基于土地适宜性评价在流域尺度上对各类用地面积进行了数量优化和空间配置；严金明（1996；2002）、刘彦随（1998；1999a；1999b；1999c）、倪绍祥和刘彦随（1999）分别基于系统科学的理论与方法，提出了区域土地利用优化调控模型，并就其实际应用问题进行了辩证剖析。

由于计算机技术和地理信息系统技术的发展，系统动力学（华楠和江景波，1997）、元胞自动机（黎夏和叶嘉安，2005）、神经网络（宋嗣迪和陈燕红，1997）等各类模型被广泛应用到我国土地利用优化研究中来，同时在多目标规划求解过程当中也引入了遗传算法（董品杰和赖红松，2003）、蚁群算法（高小永，2010）等新方法。随着研究的深入，单一模型已难以解决复杂的土地利用系统优化问题，集成多个模型成为我国土地利用优化研究的新趋势，如系统动力学模型与元胞自动机模型的结合（何春阳等，2005）、多目标规划模型与元胞自动机模型的结合（王汉花和刘艳芳，2009；潘竟虎等，2010）、系统动力学模型和多目标规划模型的结合（李秀霞等，2013）等。另外，随着我国经济快速发展所带来的环境负效应日益明显，越来越受到土地利用优化研究者的关注，不同学者从不同侧面开展了相应研究，如生态绿当量（刘艳芳等，2002；肖强，2013；陈侥侥，2014）、碳排放（向毓，2013；李雪原，2013；曾永年和王慧敏，2015；王慧敏和曾永年，2015）、生态边缘效应（俞炜，2014）、生态保护（冯长春等，2014）、生态安全（喻锋等，2014）、生态承载力（钟华，2014），等等。

综上所述，经过长时间的发展，我国土地利用优化研究日趋成熟。立足于土地系统，充分利用“3S”技术和计算机技术，与景观生态学、经济学等其他学科进一步紧密结合，从生态系统演替的角度出发进行土地利用优化研究将是未来重要的趋势。

1.3　恢复生态学基础理论

恢复生态学是一门以生态系统退化的过程与原因、退化生态系统恢复的过程与机理、生态恢复与重建的技术与方法为研究对象的科学。恢复生态学起源于100多年前关于山地、草原、森林和野生生物等自然资源管理的研究，发展至今，通过借鉴和吸收相关学科的理论，恢复生态学形成了自我设计理论、人为设计理论、生态恢复参照系理论以及生态系统服务功能等基础理论。

(1) 自我设计理论

自我设计理论认为在足够的时间内，随着时间进程，退化生态系统将根据环境条件合理地组织并会最终改变其组分。该理论的实质是强调生态系统的自然恢复过程，从生态系统层次考虑生态恢复的整体性。

(2) 人为设计理论

人为设计理论认为通过工程和其他措施可以恢复退化生态系统，但恢复类型可能是多样的（人为恢复演替）。这一理论把物种的生活史作为群落（尤其是植物群落）恢复的重要因子，并认为通过调整物种生活史的方法可以加速群落的恢复。

(3) 生态恢复参照系理论

生态恢复参照系是制定生态恢复目标的原型。生态恢复的目标是将生态系统恢复到历史轨迹中的某一状态，因此历史发展轨迹中的任何状态都可以作为恢复设计的目标。历史轨迹状态的方向和边界可以通过受损生态系统的结构、组成和功能与未受干扰的参照系统比较，或者参考地区环境信息、其他生态信息、文化和历史信息得到。确定适合的生态恢复目标对决定要描述哪些参照物的细节非常关键。一般来说，景观尺度的生态恢复的目标较为笼统，因而参照系的描述通常只是概括性的，例如，航空像片、卫星影像是描述生态恢复参照系的最为重要的依据。而恢复一个正常尺度上的生态系统，其参照系需要更详尽的信息，如实际地点中小样方的数据。

(4) 生态系统服务功能理论

生态系统在为人类提供必不可少的环境资源条件的同时，也为社会、经济和文化生活提供了多种类型的生态服务。生态系统服务功能理论能比较清晰地描述人对自然的依赖性。人们需要运用这种知识，对各种社会、经济、技术发展方式的长远影响进行评价，以防止或减少带有自我毁灭性的经济和社会活动。在生态恢复过程中，也需要对生态系统服务功能及其变化进行评价，以确定生态恢复设计的价值和生态恢复的效益。

1.4 研究内容与技术路线

1.4.1 研究内容

基于以上论述，本研究拟选择吉林省西部为研究区，采用 GAEZ 模型估算粮食生产潜力，从而基于恢复生态学进行土地利用优化。

恢复生态学视角下的土地利用优化研究基本思路为：首先，基于恢复生态学的基本理论，寻找合适的土地利用优化参照系统，即某一历史时期的土地利用状态；其次，通过粮食生产潜力分析，明确基于生态恢复进行土地利用优化的合理性，确保国家和地区的粮食安全；然后，以历史时期土地利用数量作为约束条件，结合土地利用现状，设置双重目标函数，采用多目标规划模型优化土地利用结构；最后，根据气候、地形、地貌、土壤、多期土地利用等数据，同时考虑人类活动的影响，利用相关模型模拟未来土地利用的分布概率，按照一定的原则进行空间配置，实现土地利用的优化，并对结果进行评价（图 1.1）。

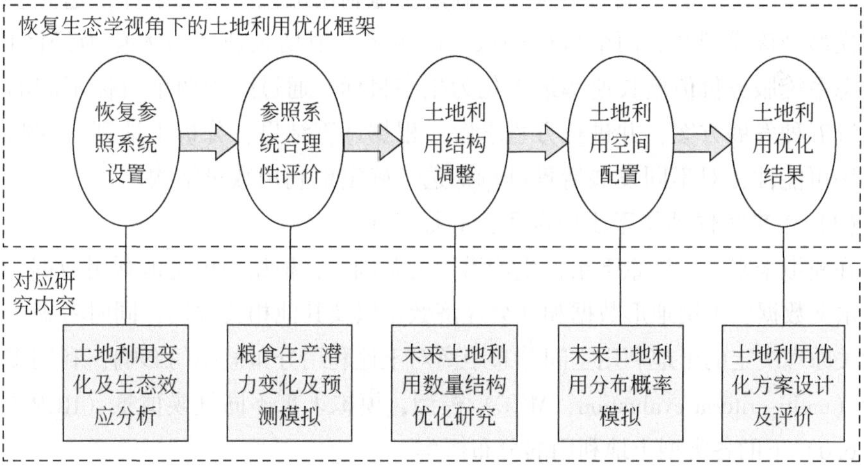

图 1.1　恢复生态学视角下的土地利用优化研究框架

因此，本研究主要包括以下内容：

（1）土地利用变化及生态系统服务价值分析

本研究采用生态系统服务价值来评估土地利用的生态效益。首先，根据遥感影像、地形图、历史文献和年鉴、社会经济统计资料等数据，重建吉林省西部历史土地利用数据，阐述其近百年来的历史变化过程；然后，定位定量分析 1976 年以来吉林省西部土地利用变化规律和区域差异性以及不同因素的驱动作用；最后根据相关研究，估算吉林省西部生态系统服务价值，并探讨生态系统服务价值对土地利用变化的响应。

（2）粮食生产潜力变化及影响因素分析

根据 1976 年、2000 年、2005 年和 2013 年共 4 期土地利用数据、DEM 数据、气象站点观测月数据（包括最高气温、最低气温、降水量、太阳辐射、日照时数、风速、相对湿度和降雨天数等）、土壤数据以及其他相关历史统计资料，利用 GAEZ 模型，模拟研究区不同时期的粮食生产潜力分布，并分析土地利用变化和气候变化对粮食生产潜力的影响。然后，根据跨部门影响模式比较计划（the intersectoral impact model intercomparison project, ISIMIP）提供的未来气候情景模拟数据，利用 GAEZ 模型模拟未来不同气候情景（RCP4.5 和 RCP6.0）下的粮食生产潜力，确保优化后粮食生产潜力能够有所提高，保障国家粮食安全。

（3）基于多目标规划模型优化土地利用数量结构

通过分析土地利用变化及其环境效应和对粮食生产潜力的影响，选取作为优化方向和参照系统的土地利用状态，确定土地利用优化的约束条件，建立多目标规划模型。该模型共有两个目标函数，以经济产值增长速率最大化为经济目标，以生态系统服务价值增长速率最大化为生态目标。通过赋予两个目标不同的权重以设置五种发展方案，并进行方程求解。根据计算结果，分析土地利用现状和未来发展可能性，对不同发展情景进行筛选，确定地利用数量结构。

（4）未来气候情景下土地利用分布概率模拟

在模拟未来气候情景下粮食生产潜力的基础上，根据历史土地利用数据、未来气象水文数据、土壤地形数据和社会经济数据以及其他相关数据，同时考虑由空间自相关原理决定的土地利用空间分布距离对土地利用分布概率的影响，利用多准则评价（multi-criteria evaluation, MCE）模型，模拟未来不同气候情景（RCP 4.5 和 RCP 6.0）下的各类型土地利用的分布概率。

（5）土地利用优化方案设计及评价

将吉林省西部分成若干 1000m×1000m 的格网，结合土地利用数量优化结果、未来各地类的分布概率、粮食生产潜力、土地利用现状，计算出每个格网内各地类的面积百分比，同时使粮食生产潜力在该用地面积的约束下最大化，生成不同气候条件和灌溉水平下的土地利用优化方案，并从土地利用程度、土地利用空间结构、生态系统服务价值和粮食生产潜力 4 个方面，对优化结果进行评价。

1.4.2 技术路线

本研究技术路线如图 1.2 所示。

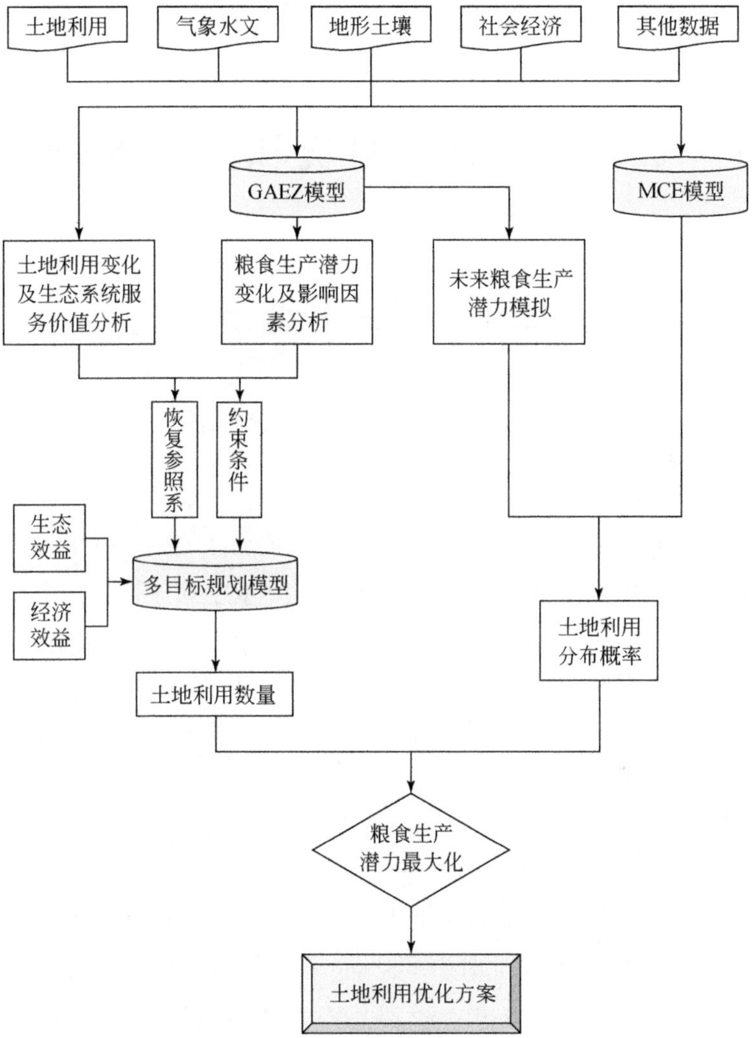
土地利用
气象水文
地形土壤
社会经济
其他数据
GAEZ模型
MCE模型
土地利用变化及生态系统服务价值分析
粮食生产潜力变化及影响因素分析
未来粮食生产潜力模拟
恢复参照系
约束条件
生态效益
经济效益
多目标规划模型
土地利用数量
土地利用分布概率
粮食生产潜力最大化
土地利用优化方案

图 1.2　技术路线

2 研究区概况和数据准备

2.1 研究区概况

2.1.1 地理环境

吉林省西部包括白城、松原两市，地理坐标为43°59′～46°18′N，121°38′～126°12′E，总面积约4.69万km^2。吉林省西部在地貌上属于冲积、洪积平原，平均海拔160m左右；年均气温4～5℃，年内温差高达60℃；降水集中在7月、8月，多年平均降水量在350～500mm，远小于蒸发量；风力资源丰富，属于温带半湿润大陆性气候向半干旱大陆性气候过渡的地区。受地貌和气候的影响，土壤以淡黑钙土和草甸土为主。

2.1.1.1 气候特征

吉林省西部气候属于半湿润向半干旱气候过渡的气候区，年均温度为4～5℃，多年平均降水量自东而西由500mm减少至350mm，蒸发量在1500～1900mm。区域内风力资源充足，多西风，平均风速约4.5m/s（李晓燕等，2006）。≥10℃年积温为2800～3000℃，年总日照时数在2900小时左右，年总辐射量为5100～5200MJ，无霜期为140～160天，平均相对湿度为60%～65%（李晓燕，2006）。总的来说，相对于吉林省其他地区，吉林省西部降雨较少，蒸发量较大，积温和日照较多，无霜期较长。

诸多研究表明，近60年（1952～2012年）来，吉林省西部平均气温增温2.0℃左右（图2.1），温度增幅高于全球平均水平；同时，年均降水量明显减少（图2.2），现在比20世纪50年代减少了约100mm（陈社明等，2013；神金祥等，2014）。

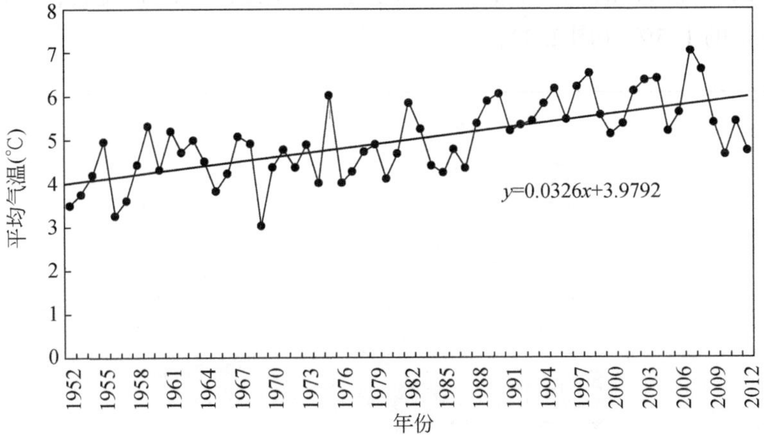

图 2.1　吉林省西部近 60 年来平均气温变化

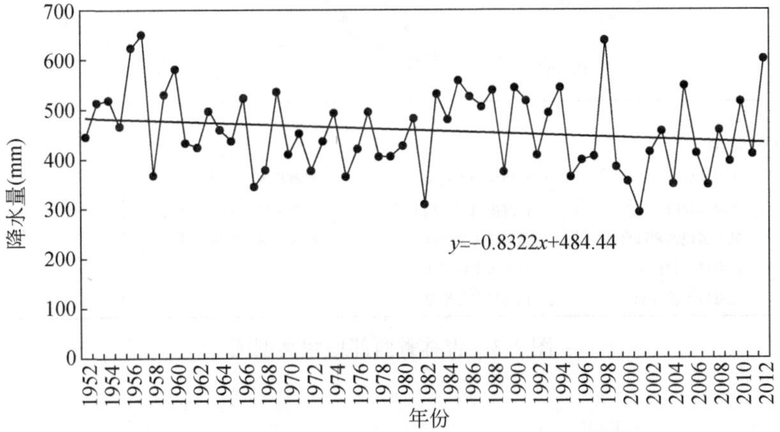

图 2.2　吉林省西部近 60 年来年均降水量变化

2.1.1.2　地貌特征

吉林省西部西北部为大兴安岭东麓，多小起伏低山和低海拔丘陵，海拔 300 ~ 640m，是区域内海拔最高的地区；中部海拔多在 140m 以下，主要由低海拔冲积、洪积、湖积和河谷平原组成；东南部为低海拔侵蚀剥蚀台地，海拔 220 ~ 285m；东北部为低海拔冲积、洪积、湖积台地，海拔一般低于 250m；西南部和南部沙丘、沙垄广布，主要为西北－东南走向，海拔在 180 ~ 210m（谢丽波，2007）。本区地貌类型以平原为主，约占吉林省西部总面积的 80.7%；其次为台地，约占区域总面积的 17.8%；丘陵和小起伏低山共 1000km^{2}左右，约占吉林省西部总面积的 1.5%（图 2.3）。

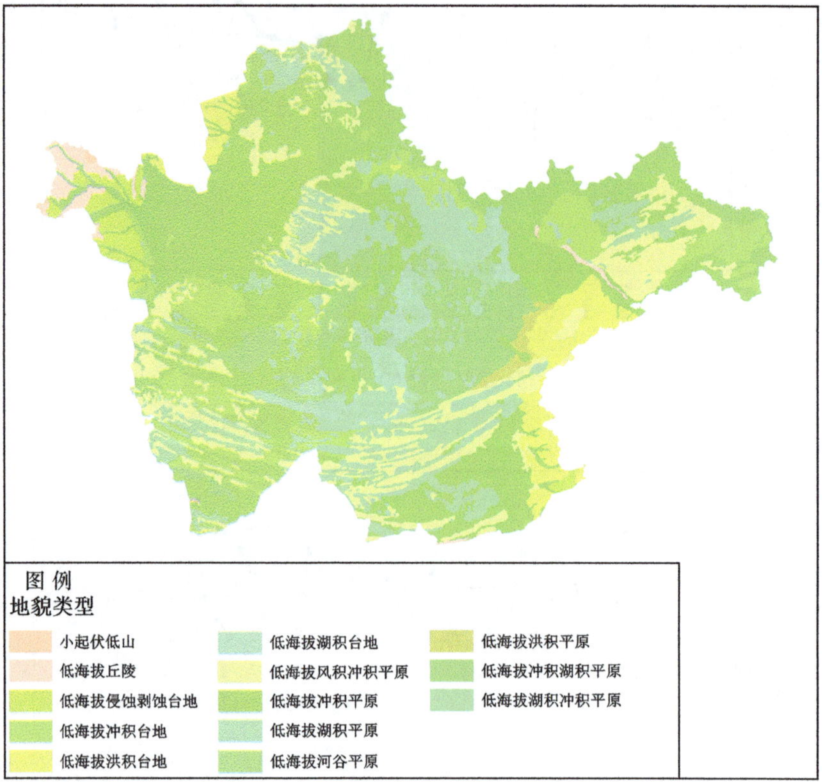

图 2.3　吉林省西部地貌类型图

2.1.1.3　水文特征

吉林省西部河流稀少，且分布不均，主要集中在区域内的扶余、松原、洮南、大安和镇赉等县（市）（图 2.4）。20 世纪 70 年代以来，上游水库、大坝等水利工程设施的建设截留了大量河水，减少了下游水量，致使部分河流河床干涸，出现断流现象。受新华夏系地质构造作用的影响，吉林省西部湖泊星罗棋布，大小泡沼近千个，如查干湖、月亮湖、大布苏和向海等（图 2.5），乾安、镇赉、大安是湖泊泡沼分布的主要地区。受地质地貌等的影响，区域内湖沼多为水源补给来自降水的咸水湖。近年来，受气温增高、降水减少等气候变化的影响，较小的泡沼大多已干涸，并发生盐碱化，形成巨大的碱斑。另外，有一些泡沼在水面下降之后被开垦为水田。吉林省西部地貌条件和地质构造为存储地下水提供了良好的条件，因此地下水（主要包括潜水和承压水）较为丰富。

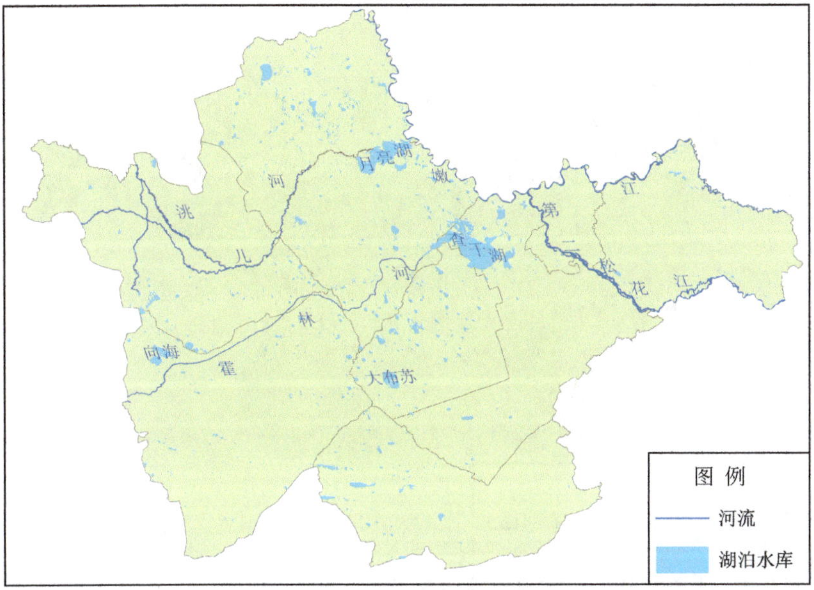

图 2.4　吉林省西部水系分布图

2.1.1.4　土壤植被

受地貌和气候的影响，区内以淡黑钙土和草甸土为主，分别约占吉林省西部总面积的 26.9% 和 20.3%，主要分布在乾安、大安、镇赉、通榆东北部等地，植被多为羊草群落，部分地区广泛分布着贝加尔针茅群落；风砂土和黑钙土分布也较广泛，所占比例分别约为 15% 和 14%，其中，风砂土多集中在通榆、长岭两县，植被以榆树疏林和灌丛为主；扶余、松原和白城则是黑钙土的主要分布地区，自然植被较少，多种植有玉米、水稻等作物（图 2.5）。盐碱地上多长有拂子茅等盐生植物群落，湿地植被主要为芦苇群落（张亮，2014）。

2.1.2　社会经济概况

根据历史文献可知，吉林省西部虽早有人类活动，但一直人烟稀少，17 世纪以前，平均人口密度不足 1 人/km^2。1860 年，东北局部开禁之后，开始有移民流入；公元 1901 年，清政府颁布了“移民实边”的相关政策；1904 年，实施

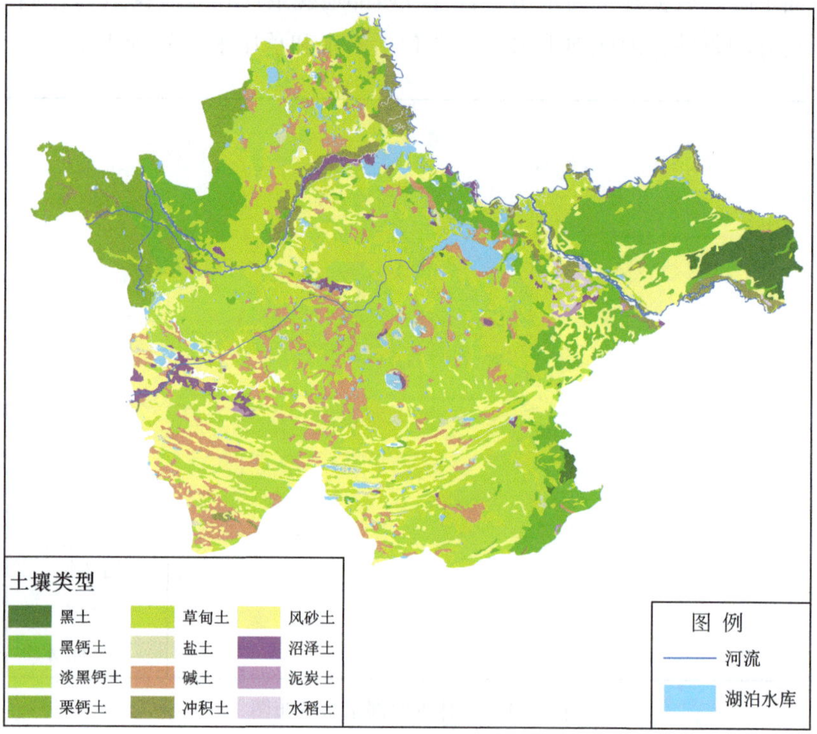

图 2.5 吉林省西部土壤分布图

"蒙旗地开放"，开禁招垦。由于东北地区土地开发政策较为宽松，再加上关内连年的战争和灾荒，促使大规模的移民涌入东北（吕妍等，2010），进而深入到吉林省西部腹地。到 1915 年，吉林省西部总人口数为 73.28 万，人口密度达到 15 人/km^2。

民国以后，由于相对比较稳定的社会环境，由关内迁入吉林省西部的农民与年俱增，清末至1930 年间，人口增加了一倍，1930 年总人口约为 150 万人。"九一八"事变之后，由于战乱频仍，人口增加较为缓慢，到 1945 年，人口总数为 138.93 万人，仅比 1930 年增加了 3 万多人。中华人民共和国成立以来，吉林省西部人口以 6 万人/年的速率快速增长；2000 年时，吉林省西部总人口为 472.71 万人。2000 年以来，吉林省西部人口变化较少，基本稳定在 485 万人左右；2010 年之后，吉林省西部人口甚至出现了负增长（图 2.6）。

截至 2013 年年末，吉林省西部总人口为 482.06 万人，其中农业人口 318.46 万人，城镇化率为 33.9%。2013 年 GDP 为 2342.8 亿元，其中第一产业 GDP 为

380.6 亿元，人均 GDP 为 4.86 万元，一二三产业的结构比为 16：48：36。其中，农业产值主要由种植业和牧业产值构成。

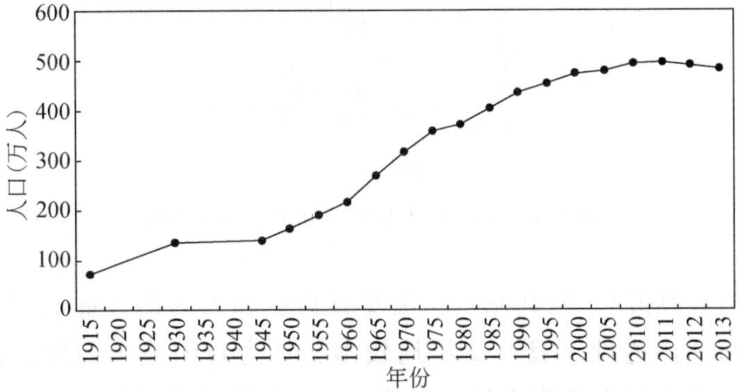

图 2.6 吉林省西部近 100 年来人口变化图

2.1.3 主要生态环境问题

目前，由吉林省西部土地利用变化引起的生态问题主要包括土地利用结构不合理、土地盐碱化、草地退化、土地沙化以及湿地萎缩等。

2.1.3.1 土地利用结构不合理

气候、地貌和土壤条件的影响和制约，吉林省西部为典型的农牧交错地区，应以牧业为主，或农牧业结合。但是，由于近几十年人类活动的影响，再加上气候干旱化加剧，使农牧用地比例严重失衡。根据遥感影像解译结果，截至 2013 年年末，吉林省西部耕地面积为 254.2 万 hm^2，约占土地总面积的 54.2%；草地 45.2hm^2，约占土地总面积的 9.6%，农牧比例为 5.6：1；盐碱地、林地、沼泽分别约占吉林省西部土地总面积的 16.4%、5.7% 和 5.6%（图 2.7）。严重失衡的农牧用地比例，以及其他不合理的土地利用结构，大大减弱了生态系统的稳定性和生产能力。

2.1.3.2 土地次生盐碱化

20 世纪 50 年代，吉林省西部盐碱地面积不足 10 万 hm^2；到 2013 年，盐碱地面积已达 80 万 hm^2，占吉林省西部总土地面积的 16.4% 以上，每年因盐碱化

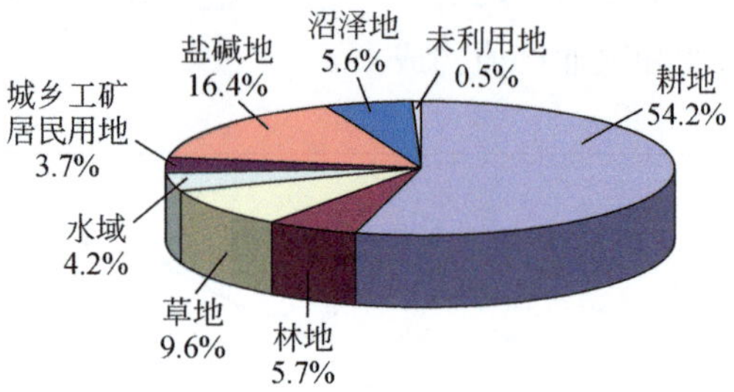

图 2.7　2013 年吉林省西部土地利用结构

失去的土地约 6 万亩[①]。究其原因，主要有自然和人为两方面的因素。前者包括：①成土母质渗透性不良；②洼地较多，且为封闭或半封闭，排水不畅；③降水不足，蒸发量大于降水量。影响土地盐碱化的人为因素主要是盲目毁草开荒、超载放牧和雨季放牧以及水利工程建设等（宋长春和邓伟，2000；刘昌明等，2007）。

2.1.3.3　草地退化

作为欧亚草原的延伸，吉林省西部草原植被以羊草为主，区域内地貌、水热条件良好，曾是我国的优良草场之一。20 世纪 50 年代初期，吉林省西部草原面积有 100 多万公顷，产草量为 1500 ~ 3000kg/hm^2；根据草地调查资料统计，1976 年吉林省西部草地面积约为 78 万 hm^2，干草产量为 900 ~ 3000kg/hm^2；到 2013 年，草地面积仅为 45 万 hm^2，较 1976 年退化了约 42%，平均每年减少近 900hm^2。草地退化的主要原因有：①盲目开垦草地；②草场超载、过度放牧；③气候变化导致的盐碱化（刘志明和晏明，2001；石玉林和戴景瑞，2007）。

2.1.3.4　土地沙化

由于吉林省西部紧靠科尔沁沙地和松嫩沙地且风大沙多，盲目开垦耕地极易致使土地沙化。目前，通榆和长岭两县沙丘沙垄较多，土地沙化形势最为严峻。吉林省西部土地沙化的产生，主要有以下几个的原因：①吉林省西部的沉积物松散多沙，物源丰富；②气候变化使区域干旱化趋势加重（图 2.1，图 2.2）；③在沙地草原上毁草开荒、过度放牧使原本植被完好的固定沙地逐步活化；④防护林

---

① 1 亩≈666.67m^2。

遭到破坏，防护林建设本身也存在缺陷（裘善文等，2008）。

2.1.3.5　湿地萎缩

湿地对维持区域生态平衡具有重要意义。作为我国湿地重要分布地区之一，在气候变化和人类活动的双重影响下，吉林省西部湿地逐年萎缩。在20世纪50年代，吉林省西部湿地面积为62万hm^2，约占区域总面积的13.2%，主要分布在镇赉、通榆、乾安等县以及嫩江、松花江沿岸。到20世纪70年代中期，吉林省西部湿地面积减少了50%，约剩31万hm^2；而在2013年，吉林省西部湿地面积仅为26万hm^2，已不足区域总面积的6%。

造成吉林省西部湿地萎缩的人为原因主要有：①大规模的围垦开荒；②抽水灌溉，减少了湿地可供水源；③水利工程设施的建设改造；④湿地内部道路、沟渠、桥涵等的建设（刘兴土等，2002；刘昌明等，2007）。湿地面积减少的主要自然因素是气候变化，减少了湿地的水源补给；此外，气温增温提高了粮食生产潜力，导致更多的湿地被开垦为农田，加大了灌溉用水的需求，间接加剧了吉林省西部湿地的萎缩和退化（刘兴土等，2002；刘昌明等，2007）。

2.2　数据收集与处理

本研究所使用的数据主要有土地利用、气象、水文、地形、地貌、土壤和社会经济数据等。

2.2.1　土地利用数据

土地利用数据包括1976年、2000年、2005年和2013年四期。其中，1976年的土地利用数据通过目视解译1976年8月Landsat MSS遥感影像（分辨率为80m），并辅以1∶5万和1∶10万地形图获取；2000年和2005年的土地利用数据源为相应年份30m分辨率的假彩色Landsat TM遥感影像；2013年土地利用解译所用的卫星遥感数据为2013年Landsat 8 OLI遥感影像数据（分为春、秋两个季相，以春季为主，其他季相作为参考）和2010年Landsat ETM遥感影像数据。所有遥感影像都采用地面控制点法进行几何校正，并通过实地调查访问、查阅历史资料，建立解译标志（图2.8）。

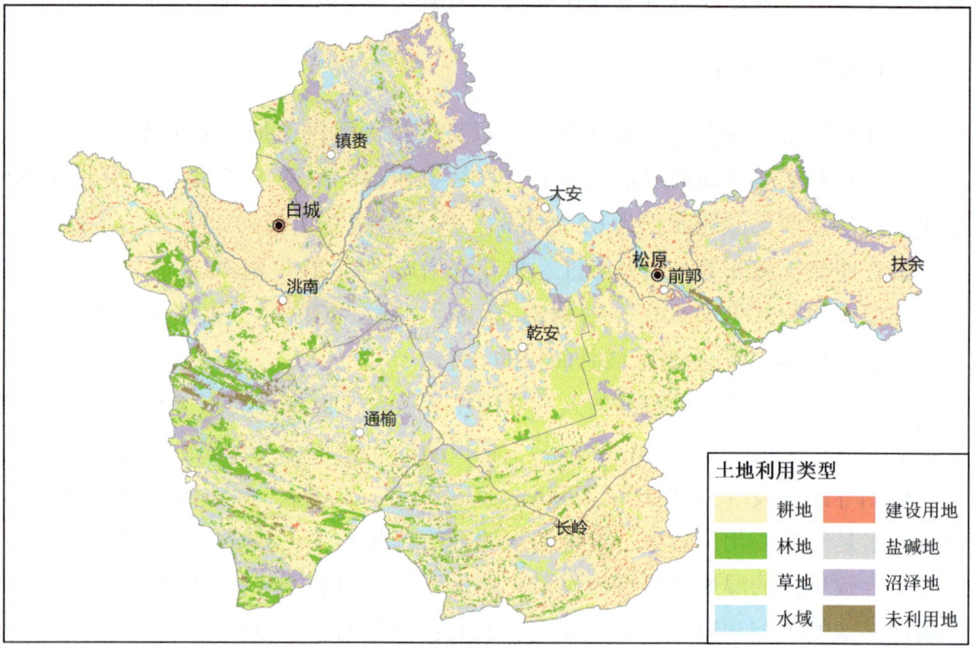

a. 1976年吉林省西部土地利用图

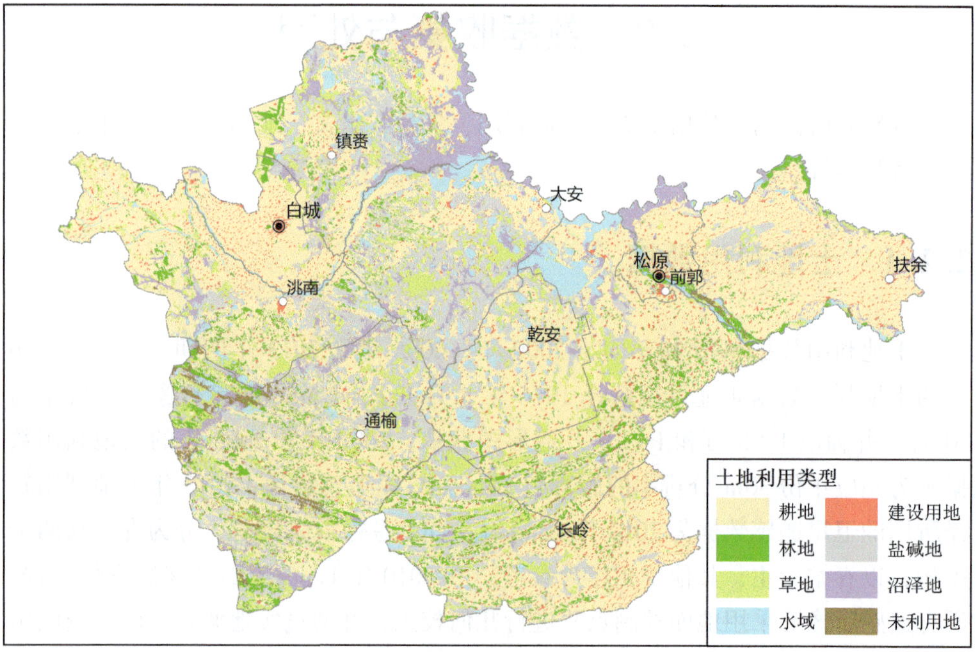

b. 2000年吉林省西部土地利用图

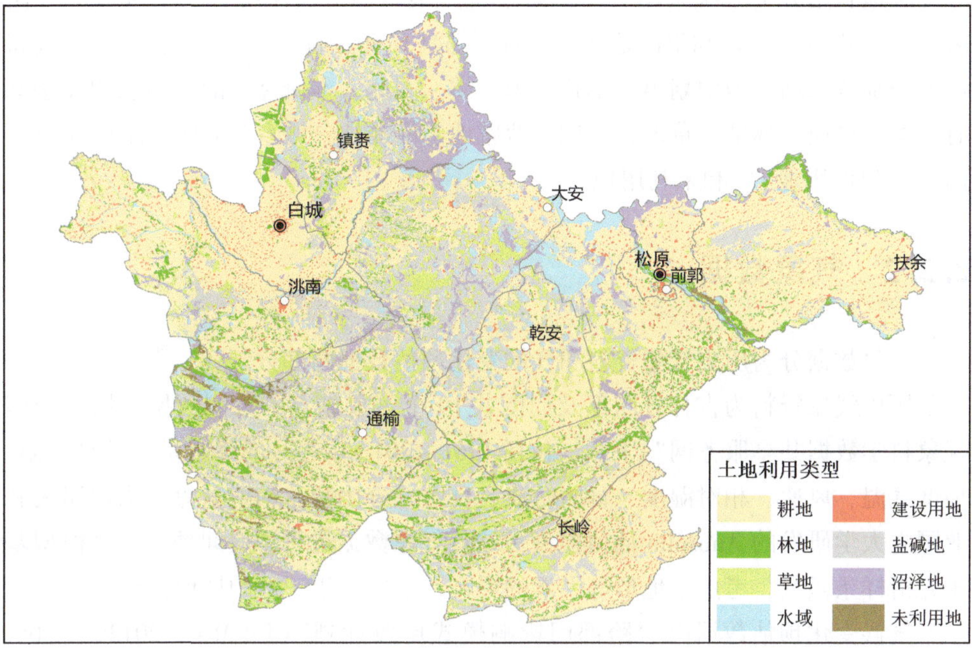

c. 2005年吉林省西部土地利用图

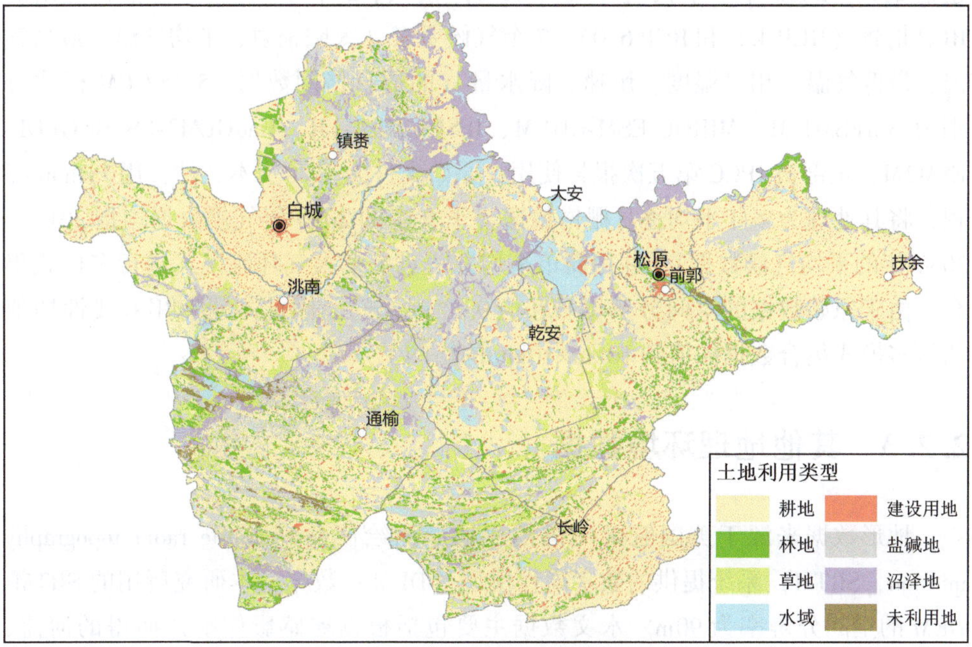

d. 2013年吉林省西部土地利用图

图 2.8 吉林省西部四期土地利用图

土地利用分类系统采用“中国科学院土地资源分类系统”的一级分类（附表I）。考虑到盐碱地和沼泽地在吉林省西部具有重要的生态指示意义，本研究将两者分别从未利用地中划出，单独分为一类。因此，本研究中的土地利用类型共有8类：耕地、林地、草地、水域、盐碱地、沼泽地、城乡工矿居民用地（以下简称“建设用地”）和未利用地。

2.2.2 气象数据

气象数据分为历史气象资料和气候变化预估数据两部分。

历史气象资料为吉林省西部及周围共19个气象站点的观测数据，从“中国气象科学数据共享服务网”下载，包括1961～2013年逐月的降水量、最高气温、最低气温、风速、相对湿度、日照时数、日照百分比和总辐射量等。采用澳大利亚国立大学研发的Anusplin插值模型对站点气象数据进行了空间插值，该模型基于光滑样条函数，考虑了地形等因素的影响，精度高于一般的插值方法。

气候变化预估数据由“跨部门影响模式比较计划”（ISI-MIP，2013）提供，包括2015～2030年5个大气环流（GCM）模式、2个IPCC第五次报告提出的RCP情景（RCP 4.5和RCP 6.0）、7个气候要素（太阳辐射、平均气温、最高气温、最低气温、相对湿度、风速、降水量）的逐日格网数据。5个GCM模式分别为NorESM1-M、MIROC-ESM-CHEM、IPSL-CM5A-LR、HadGEM2-ES和GFDL-ESM2M，全部被IPCC第五次报告使用。原始文件为TXT文本文件，用Python编程，将其处理为多年平均逐月栅格数据（下文中的2030年气候数据均指2015～2030年的平均气候数据），并用简单平均方法对5个大气环流模式进行多模式集合。由于原始数据的空间分辨率较小（0.5°×0.5°），因此本研究用双线性插值法将多模式集合数据插值到10km×10km的格网上。

2.2.3 其他地理环境数据

地形数据来源于美国航天飞机雷达地形测绘使命（shuttle radar topography mission，SRTM）系统提供的数字高程模型（DEM）数据。本研究所用的SRTM-DEM的空间分辨率为90m。水文数据主要包括根据遥感影像解译而得的河流、湖泊、水库等数据，以及中国科学院东北地理与农业生态研究所湿地生态与环境重点实验室提供的《吉林省西部河湖连通工程总体布置图》（图2.9）。

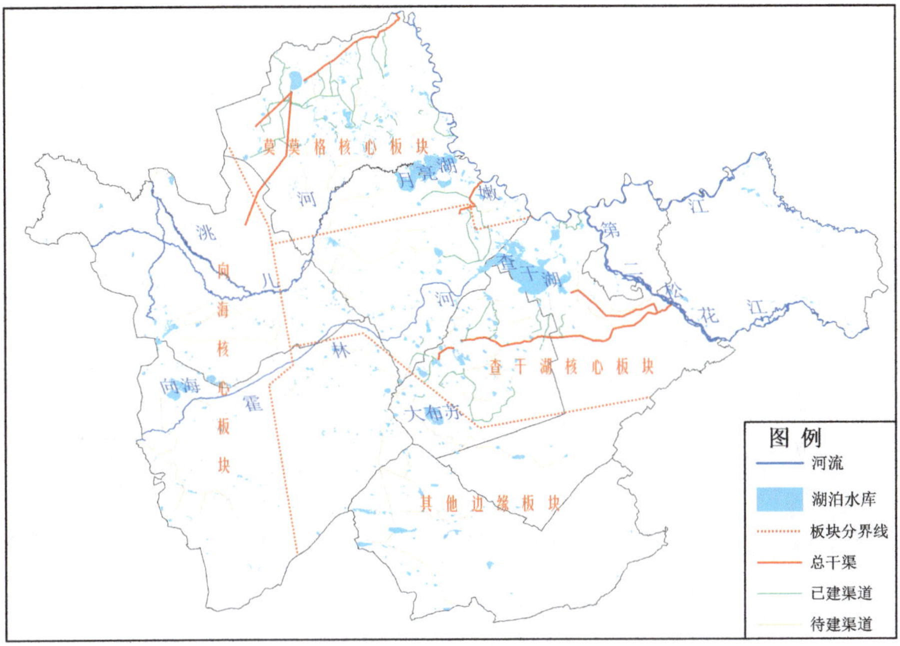

图 2.9　吉林省西部河湖连通总体布置图

地貌数据根据《1∶100 万中华人民共和国地貌图》矢量化生成（李吉均等，2008；周成虎和程维明，2008），吉林省西部共包括 13 类地貌类型（图 2.3）。土壤数据来源于吉林省白城地区土壤普查办公室于 1988 年编绘的 1∶20 万白城地区土壤图。吉林省西部共有土类 12 类，土种 174 种（图 2.5）。

2.2.4　社会经济数据

本研究使用的社会经济数据主要包括吉林省西部最近 100 年的人口、耕地、国内生产总值（GDP）、农业产值、牧业产值、渔业产值、林业产值、水浇地面积以及行政界线等。

1915 ~ 1945 年的社会经济数据主要来自《伪满蒙经济统计图表》（第 1 部、第 2 部）、《伪满洲产业统计》（1929 ~ 1931 年）、《伪满洲国年报》（第 1 次）、《伪满洲帝国年报》（第 1、第 2 次）、《伪满洲经济年报》（1933 ~ 1938 年）、《伪满洲经济统计》（1927 年、1928 年）、《伪满洲经济图表》（1935 ~ 1938 年）、《伪满洲经济统计年报》（1933 ~ 1945 年）。

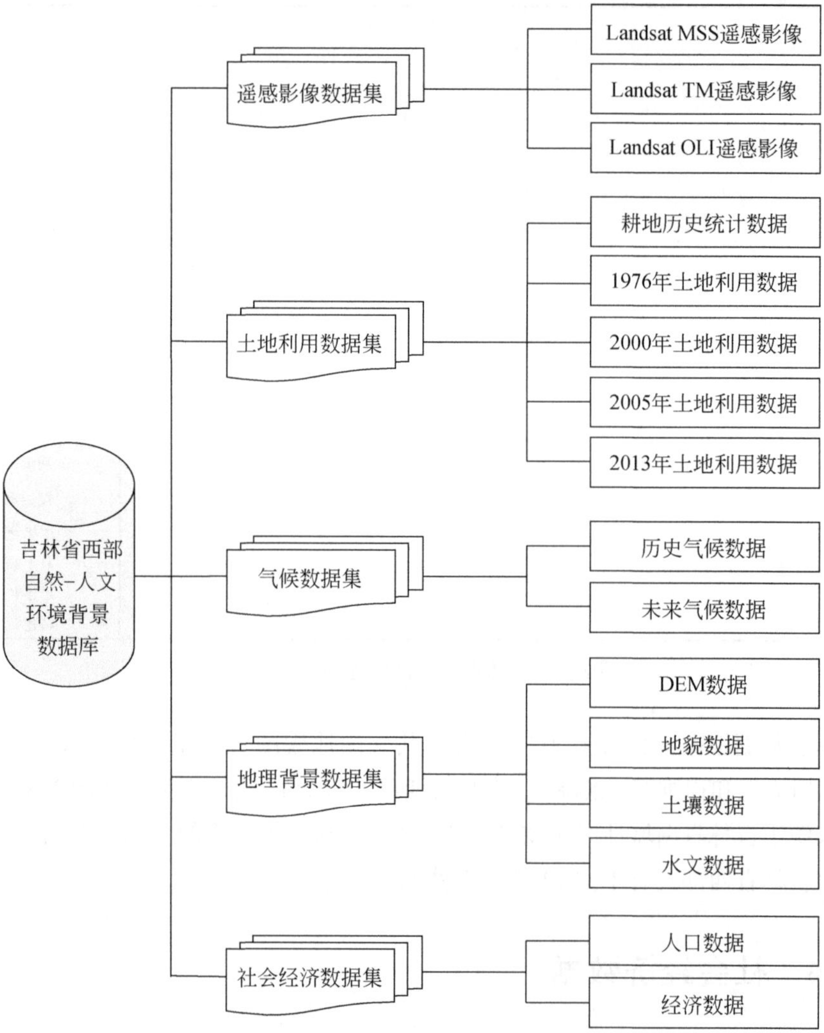

图 2.10　吉林省西部自然-人文环境背景数据库

1949～1978 年的社会经济数据主要来自《吉林省国民经济统计资料(1949～1978)》；1979～2013 年的社会经济数据主要来源于《吉林省统计年鉴》（1992～2013）、《全国分县市人口统计资料（1986）》《中国分县农村经济统计概要（1980～1987）》。

根据中华人民共和国民政部编撰的《中华人民共和国行政区划（1949～1997)》、中国地图出版社出版的《吉林省地图集》、国际地学协会于 1942 年出版的《伪满洲帝国分省地图与地名总览》及《白城地名志》等分析了吉林省西部行政区划的变革，并将各时期数据修正到吉林省西部2013年的行政区划上。

2.2.5 地理环境与社会经济数据库的集成

通过对多源数据进行分层、分类编辑，分析相应的属性关系，建立了综合集成各种地理环境数据和社会经济数据的吉林省西部自然–人文环境背景数据库，该数据库由遥感影像、土地利用、气候、地理背景和社会经济等5个数据集组成(图2.10)。为了便于不同数据的空间分析，本数据库采用了统一的坐标系和投影方式。

3 土地利用变化及生态系统服务价值分析

土地是在自然和人类活动长期相互作用下形成的一个不断发生、发展与演替的复杂系统（Turner et al., 1995; Lambin et al., 2000; 2001）。人们为了满足某种经济或社会目的，对土地进行开发与经营，便形成了土地利用，因此，土地利用是一种建立在自然条件基础之上的社会现象（Gutman, 2004; Rindfuss et al., 2004）。区域内诸如地形、海拔、气温、降水、人口、经济、政策、文化等各种因素无不深刻影响着土地利用的变化（Turner, 1993; Geist and Lambin, 2002; 2004; Fridolin et al., 2003; Bruno et al., 2005）。本章将着重探讨吉林省西部土地利用的演变历史、影响因素、生态效应和未来趋势，研究结果不但能够论证吉林省西部为何亟须进行科学的土地利用优化，并且能够为吉林省西部土地利用优化提供一个较为合理可行的优化方向。

3.1 吉林省西部土地利用演变历史概述

吉林省西部土地利用方式和格局的变化与人类活动密切相关（林年丰等，1999；张殿发和林年丰，1999）。11 世纪之前，吉林省西部人烟稀少，生态良好，曾是我国著名的优良草原之一。辽王朝建立之后，人口增加导致耕地开垦逐渐扩大，12 世纪时部分土地开始沙化。元明时期，政治中心移至关内使得吉林省西部农垦程度有所减弱。尤其是 17 世纪之后，清朝政府对东北实行封禁政策，天然植被开始恢复（汪雪格，2008）。

吉林省西部的大规模开垦肇始于 19 世纪。鸦片战争以来，连年的战争导致大量流民涌入该地区，开垦耕地；再加上列强的入侵，大肆掠夺粮食、木材、煤炭以及矿产资源，促使吉林省西部的土地利用发生了剧烈变化。中华人民共和国成立之后，由于不当政策的引导，更加剧了吉林省西部生态环境的恶化。纵观吉林省西部近 100 多年来的土地利用变化轨迹，可将其分为以下六个阶段：清朝末年（19 世纪至 1911 年）、民国时期（1912 ~ 1930 年）、抗日战争时期（1931 ~ 1945 年）、解放战争时期和中华人民共和国成立初期（1946～1954 年）、“大跃进”和“文化大革命”时期（1955～1977 年）、改革开放以来（1978～2013 年）。

（1）清朝末年：19 世纪至 1911 年

由于清朝政府对东北地区实行封禁政策，在清朝中叶以前，吉林省西部基本上为辽阔的草原。根据历史资料记载，吉林省西部土地的开发利用主要开始于 1860 年东北局部开禁之后。第二次鸦片战争之后，沙俄割占东北大片领土，东北地方当局开始注重对东北土地的开发，各管辖将军不断上书清政府要求开禁，而随着流民涌入东北，官民结合形成了一股冲破封禁的潮流。清政府迫于形势，开禁招垦，移民开始深入到吉林省西部地区，造成吉林省西部土地被大量开垦，草原逐步遭到破坏，耕地面积不断增加（张树文等，2006；吕妍等，2010）。中东铁路的修建也对吉林省西部土地开垦产生了巨大的推动作用（张树文等，2006）。

（2）民国时期：1912～1930 年

辛亥革命前夕，清政府为了屯垦之用，曾一度中停了东北地区的土地开垦。辛亥革命之后，北洋政府恢复了对东北土地的开发。中华民国成立后不久，吉林省当局颁发了《新订限制垦荒章程》，进一步促进了吉林省西部耕地面积的增加（陈楠，2007）。吉林省西部相对稳定社会环境、较好的经济发展形势，促使区域内人口与日俱增。从清末至 1930 年的 20 余年时间里，吉林省西部总人口增长了约 60 万人，在 1930 年总人口接近 140 万人。与此同时，吉林省西部耕地总面积达到了 80 万 hm^2，比 1915 年的 53 万 hm^2，增加了 51%。

（3）抗日战争时期：1931～1945 年

九一八事变之后，日本武力侵占东北，通过大规模移民对东北地区进行了掠夺式开发，对吉林省西部土地利用变化产生强烈影响。在此期间，耕地以 3.6 万 hm^2/年的速度增加，到 1943 年耕地面积已达 128 万 hm^2；虽然耕地面积比 1930 年增加了近 50 万 hm^2，但单位面积耕地的粮食产量却由 1930 年的 1374.7kg/hm^2，减少到 1943 年的 965.8kg/hm^2，下降了 42%（表 3.1）。另外，日伪政府为方便掠夺草地资源，对畜牧业实行“统制”政策，造成大面积的草地被开垦和草地退化，土地利用方式发生较大变化（张树文等，2006）。

表 3.1　1930～1943 年吉林省西部耕地、人口及粮食产量变化

	1930 年	1943 年
耕地面积（万 hm^2）	80.3	127.6

续表

	1930 年	1943 年
人口（万人）	135.8	138.9
粮食总产量（t）	1103950	1232363

（4）解放战争时期和中华人民共和国成立初期：1946～1954 年

1946～1954 年，吉林省西部耕地面积增长缓慢，主要是因为这一时期属于战乱之后生产活动的恢复期。

（5）“大跃进”和“文化大革命”时期：1955～1977 年

在“大跃进”和“文化大革命”时期，受不当的政策方针的引导，大规模开荒造田，忽略了农业生态环境的客观规律，加剧了吉林省西部草地、沼泽地等向耕地的转化，使区域内生态环境遭到破坏。在 20 世纪 50 年代中期，吉林省西部共有草地约 128.4 万 hm^2，沼泽地约 62.1 万 hm^2，耕地 126.1 万 hm^2，农牧比例为 1∶1，盐碱地面积不足 10 万 hm^2。但由于人口成倍增加，到 20 世纪 70 年代后期，耕地面积已高达 234 万 hm^2，草地退化严重，仅剩 78.3 万 hm^2，退化面积约为 50 万 hm^2，沼泽湿地萎缩了近 50%，土地盐碱化日益加剧，1976 年盐碱地面积为 65 万 hm^2。

（6）改革开放以来：1978～2013 年

长期以来，吉林省西部土地被开垦的同时，往往伴随着草地的退化、沼泽湿地的萎缩以及盐碱地和沙地的增加，致使生态系统结构失调、功能降低。生态环境恶化严重制约着当地发展，甚而威胁到人类生存，引起相关部门的高度重视，生态环境研究、建设工作得到广泛开展，在研究区内逐渐实施了治碱治沙、退耕还林、退耕还草、退耕还湿等政策，减缓了耕地的开垦和生态环境的继续恶化。相比于前几个时期，1978～2013 年的土地利用变化更明显地受到人类活动和环境变化的共同影响，主要表现为其他地类向耕地的转化。

1976～2013 年，共新开垦出耕地 30.9 万 hm^2，主要来自于草地（15.1 万 hm^2）、林地（6.7 万 hm^2）和盐碱地（6.2 万 hm^2）。其中，被开垦为耕地的草地主要分布在通榆、乾安东部和前郭西部等地区；被开垦为耕地的林地主要分布在洮南中部、通榆中部以及前郭的东部地区；种稻治碱技术的推广，使松花江沿岸以及白城、大安、镇赉等地的部分盐碱地转变为水田，是该时期耕地增加的一个重要原因。改革开放以来，经济快速发展加快了城市化进程，建设用地吞噬了大量农田，这是吉林省西部耕地的主要流向。在此 38 年间，他化耕地约有 8.7 万 hm^2。其中，转为建设用地的有 3.4 万 hm^2，约占 39%；环境变化和防护林的建设导致 3.2 万 hm^2的耕地转化为林地；还有一部分由于气温升高和降水量减少，使得农田生产力下降，最终农田弃耕，转化为草地。另外，研究区内施行的退耕政策也是耕地向其他土地利用类型转化的一个不可忽视的因素。2013 年的草地面积比 20 世纪 70 年代中期减少了 33 万 hm^2，沼泽萎缩了 5 万 hm^2，而盐碱地面积增加了近 12 万 hm^2，为 77 万 hm^2，约占吉林省西部总面积的 16%（图 3.1）。

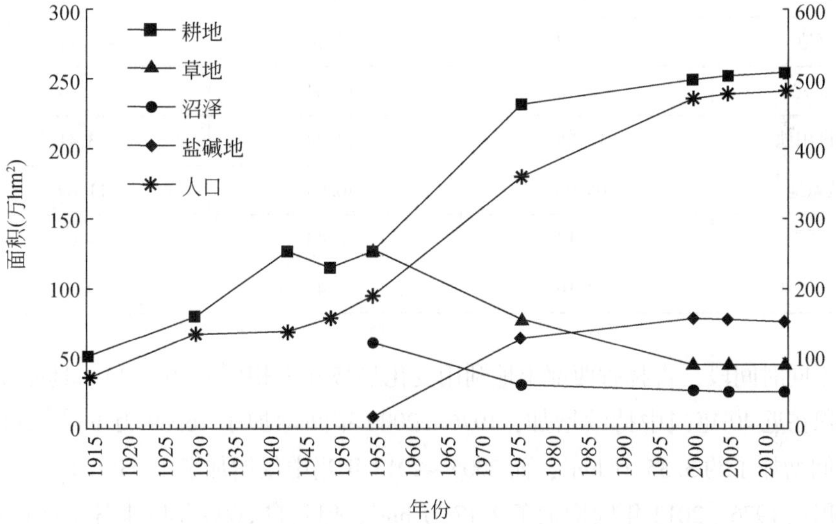

图 3.1　近 100 年以来吉林省西部人口及主要土地利用类型的变化

3.2　近 40 年吉林省西部土地利用变化分析

研究吉林省西部地区的土地利用时空演变，探讨其人地关系在时间和空间上的发展变化规律，不但能够重建和研究吉林省西部生态环境变迁的历史，而且有助于把握吉林省西部土地利用变化的动态规律，从而对未来土地利用变化进行科学的预测，并对其进行合理优化。

3.2.1　土地利用面积变化及类型转换特征

根据 1976 年、2000 年、2005 年和 2013 年四期土地利用空间分布数据，计算了其面积变化（表 3.2）。从统计结果来看，在整个研究时段，草地大面积减少，共约减少 33 万 hm^2；耕地增长明显，约净增加 22 万 hm^2；土地盐碱化面积大范围增加，净增加了近 12 万 hm^2。

表 3.2 1976~2013 年吉林省西部土地利用面积变化 （单位：万 hm^2）

土地利用类型	1976 年面积	2013 年面积	变化面积
耕地	231.98	254.17	22.19
林地	24.61	26.78	2.17
草地	78.27	45.16	−33.11
水域	21.78	19.64	−2.14
建设用地	13.88	17.29	3.41
盐碱地	65.06	76.95	11.89
沼泽地	31.12	26.43	−4.69
未利用地	2.16	2.44	0.28

在不同时间段，吉林省西部土地利用变化趋势并不相同（图 3.2）。具体而言，耕地面积在近 40 年当中持续增加，1976~2000 年间增加了 16.89 万 hm^2，2000~2005 年间增加了约 3.35 万 hm^2，而 2005~2013 年当中仅增加了 1.95 万 hm^2；虽然林地面积在 1976~2013 年间增加了 2.17 万 hm^2，但是自 2000 年以来林地面积却呈现出逐渐减小的趋势；草地面积的减少主要发生在 2000 年以前，1976~2000 年，吉林省西部草地面积共减少 32.66 万 hm^2，占近 40 年草地减少总面积的 98.6%；近 40 年间，水域面积持续减小，但面积变化较小，2000~2005 年是水域面积减少最快的时期；随着社会经济的发展，建设用地面积不断扩大，前 25 年间共增加 2.59 万 hm^2，后 13 年间共增加 0.82 万 hm^2；1976~2000 年是盐碱地扩展最为迅速的时期，平均每年增加 0.57 万 hm^2，由于土地盐碱化越来越受到政府和科研部门的重视，加大了对盐碱地治理的投入，自 2000 年以来，盐碱地面积逐年减小，2000~2005 年间盐碱地面积减少了 0.64 万 hm^2，2005~2013 年，盐碱地面积减少了 1.83 万 hm^2；沼泽地面积在 1976~2000 年间减少了 3.78 万 hm^2，2000 年以后共减少 0.91 万 hm^2。

从各地类之间的转换面积来看，耕地、草地、盐碱地、林地和沼泽地之间的转化是 1976~2013 年吉林省西部土地利用变化的显著特征（图 3.3）。

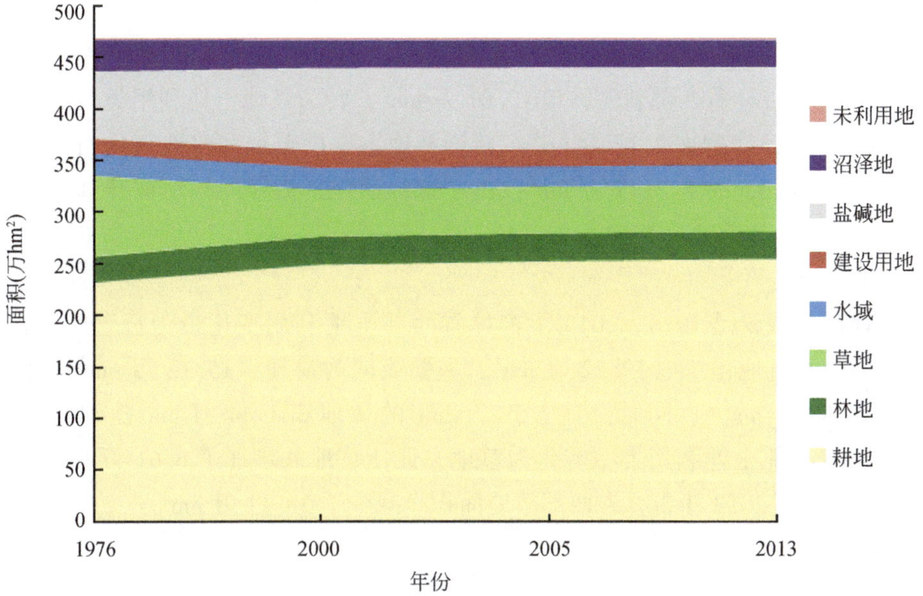

图 3.2 不同时期吉林省西部各土地利用类型面积

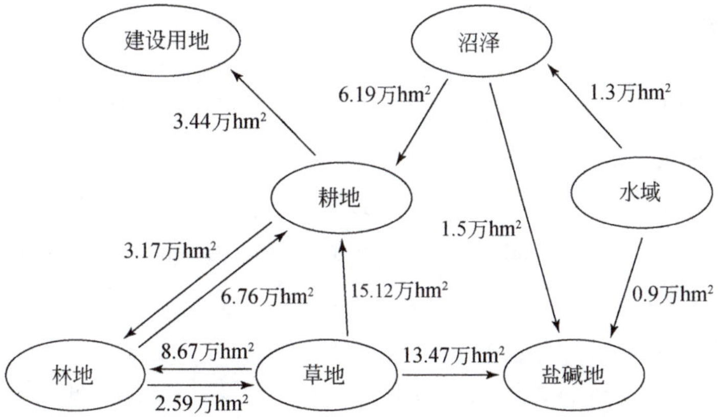

图 3.3 吉林省西部 1976 ~ 2013 年土地利用类型之间转换关系

(1) 耕地

1976 ~ 2013 年，耕地净增加了 22.19 万 hm^2，其中新增耕地 30.92 万 hm^2，他化耕地 8.73 万 hm^2。新增耕地主要来自于草地（15.12 万 hm^2）、林地（6.76 万 hm^2）和沼泽地（6.19 万 hm^2）；耕地向建设用地和林地的转化是耕地他化的主要方向，分别约占他化耕地的39.4%和36.3%。

(2) 林地

防护林的建设和森林砍伐是吉林省西部林地变化的最主要原因。在1976～2013年当中，吉林省西部新增林地12.01万hm^2，转为其他土地利用类型的面积为9.83万hm^2，净增加2.17万hm^2。新增林地主要由草地和耕地转化而来，面积分别为8.67万hm^2和3.17万hm^2；由于森林砍伐，成片的林地被开垦为农田（6.76万hm^2）和草地（2.59万hm^2）。

(3) 草地

草地面积减少是1976～2013年吉林省西部土地利用变化最为显著的特征。在此期间，共有他化草地39.72万hm^2，主要流向为耕地（15.12万hm^2）和盐碱地（13.47万hm^2）；同时，有2.59万hm^2的林地和1.44万hm^2盐碱地以及2.58万hm^2其他土地利用类型转化为草地，促使草地共增加了6.61万hm^2。总的来说，1976～2013年吉林省西部草地面积净减少了33.11万hm^2。

(4) 水域

1976～2013年，吉林省西部水域面积共减少2.13万hm^2，其中新增水域面积1.33万hm^2，消失水域面积3.46万hm^2。减少的水域主要转化为沼泽地（1.3万hm^2）；另外由于气候变化，湖泊干涸盐碱化（0.9万hm^2）也是水域面积减少的重要原因。

(5) 建设用地

1976～2013年，建设用地面积共增加了3.42万hm^2，主要来自于耕地。

(6) 盐碱地

1976～2013年，盐碱地净增加约11.89万hm^2：新增盐碱地17.02万hm^2，主要来自草地（13.47万hm^2）；他化盐碱地5.130万hm^2，主要转化为沼泽地和草地，面积分别约为1.57万hm^2和1.44万hm^2。

(7) 沼泽地

1976～2013年，沼泽地净减少约4.7万hm^2；新增沼泽地4.60万hm^2，主要由盐碱地（1.57万hm^2）、草地（1.45万hm^2）和水域（1.30万hm^2）转化而来；他化沼泽地9.29万hm^2，主要转化为耕地（6.19万hm^2）和草地（1.44万hm^2）。

3.2.2 土地利用程度变化

土地利用程度反映了人类活动对土地系统的影响程度，Liu等（2003）从生态学角度出发提出了土地利用程度分级标准，将土地利用分为 4 级（表 3.3），并给出了土地利用程度的定量化表达式：

$$LUDCI = 100 \times \sum_{i=1}^{n} A_i \times C_i \tag{3.1}$$

式中，LUDCI 为土地利用程度综合指数；A_i 为第 i 级土地利用程度分级指数；C_i 为第 i 级土地利用程度分级面积百分比。LUDCI 的值越大，土地利用程度越高，人类活动对土地的干扰越强烈；反之，则越微弱。

表 3.3　土地利用类型和分级

类型	未利用土地级	林草水用地级	农业用地级	城镇聚落用地级
土地利用类型	未利用地、难利用地	林地、草地、水域	耕地、原地、人工草地	城镇、居民点、工矿用地、交通用地
分级指数	1	2	3	4

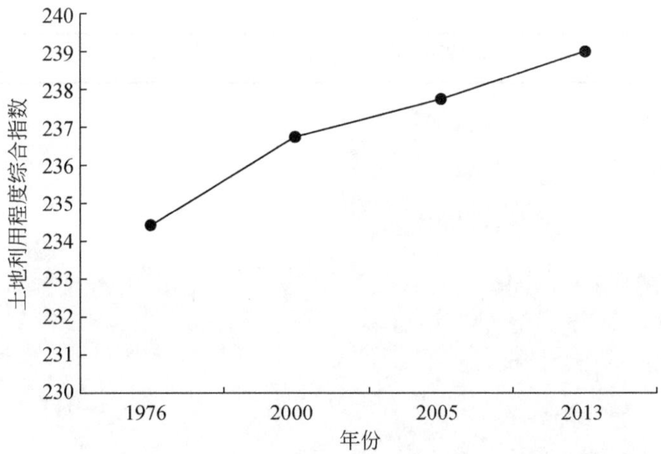

图 3.4　1976～2013 年来吉林省西部土地利用程度变化

分析结果显示，近 40 年来，LUDCI 不断增加（图 3.4，图 3.5），人类对土地利用的干扰日趋严重。在 1976 年，吉林省西部 LUDCI 仅为 234.4，到 2013 年增加到了 239.0。从 LUDCI 的空间分布来看，在 2013 年，吉林省西部东部的扶余、松原、前郭，南部的长岭和西北部的白城等地区的土地利用程度较高，其 LUDCI 多大于 260，局部地区在 300 以上；在吉林省西部中部的大安、北部的镇赉和西南部的通榆，土地利用程度较低，LUDCI 在 200 以下，相当一部分地区

a. 1976年吉林省西部土地利用程度图

b. 2000年吉林省西部土地利用程度图

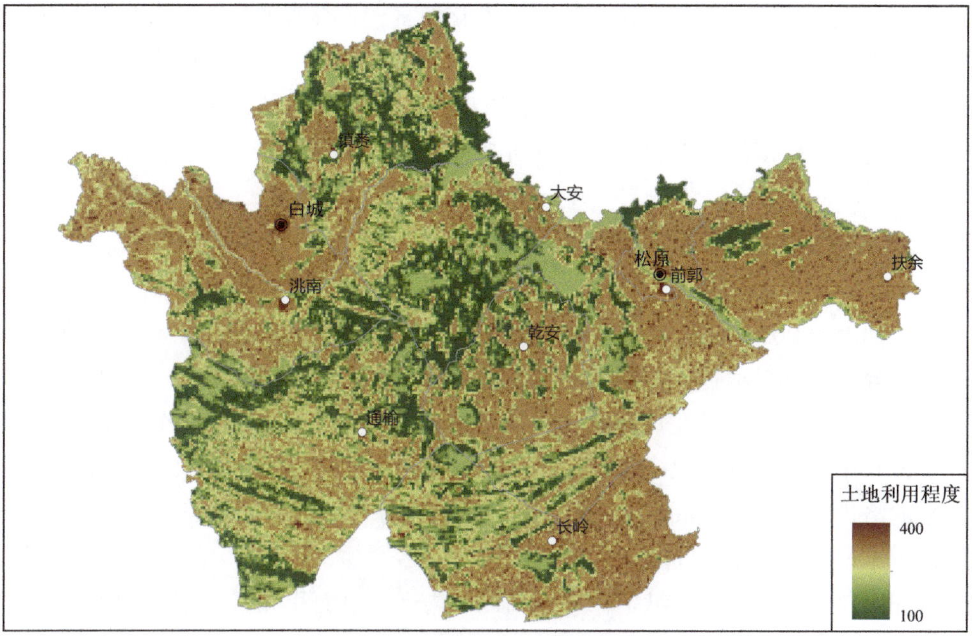

c. 2005年吉林省西部土地利用程度图

d. 2013年吉林省西部土地利用程度图

图 3.5　吉林省西部不同时期的土地利用程度

小于 120（图 3.5）。就空间格局的时间变化而言，吉林省西部大部分地区 LUDCI 的变化都在 5 左右，在乾安东部、白城东北部、通榆西南部、洮南中部以及松花江沿岸 LUDCI 度变化较大，增加了 20 以上，在前郭西南部，大安、长岭、通榆及乾安的部分乡镇的土地利用程度有所减弱，LUDCI 减少了 20 左右。

3.2.3 土地利用空间结构变化

不同土地利用类型的分布格局可以用土地利用空间结构来表征。土地利用空间结构分析能够揭示各土地利用类型空间分布的聚散规律，并对研究各类土地利用分布的合理性和差异性具有重要作用（徐新良等，2014）。为了分析吉林省西部土地利用的空间分布规律和结构变化，本研究引入西方经济学中用于衡量收入公平的洛伦兹曲线（Lorenz curve，LC）和基尼系数（Gini coefficient，GC），以评价各土地利用类型空间分布的均匀程度。

如图 3.5 所示，横、纵坐标分别为区域内土地总面积和某土地利用类型总面积累积百分比，将两者的对应关系描绘在坐标系中得到的曲线即为洛伦兹曲线。用面积 S 除以面积 S 与 D 之和即为尼基系数，其值为 0 ~ 1。某类土地利用的 GC 越小，其分布越为分散；反之，则越为集中（徐新良等，2014）。

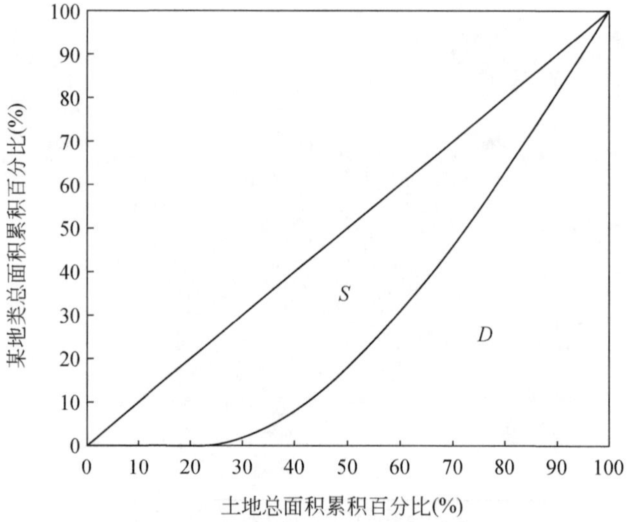

图 3.6 土地利用空间洛伦兹曲线

在绘制洛伦兹曲线，首先将研究区分为若干 1000m×1000m 的格网，分别计算每个格网内某类土地利用总面积占区域内其总面积的百分比（a'）和该格网面积占区域总面积的百分比（b'）；然后，再计算 a'和 b'的比值（Q，即土地利用类型区位商），并在对 Q 进行升序排列之后分别计算 a'和 b'的累积值，即可绘制出该土地利用类型的空间洛伦兹曲线。

GC 用下式计算：

$$GC = 1 - \frac{D}{5000} \tag{3.2}$$

$$D = \sum_{i=2}^{n} \frac{(a'_i + a'_{i-1}) \times (b'_i - b'_{i-1})}{2} \tag{3.3}$$

式中，a_i'和 b_i'分别为格网按 Q 升序排列之后的第 i 个格网内某类土地利用面积占区域内其总面积的百分比和第 i 个格网面积占区域总面积的百分比；n 为格网个数。

吉林省西部 1976～2013 年土地利用空间洛伦兹曲线和 GC 变化如图 3.7 和表 3.4 所示。在 1976 年，各土地利用类型空间分布均匀程度由耕地、草地、盐碱地、建设用地、林地、沼泽地、水域、未利用地依次减弱，说明耕地空间分布最为分散，而未利用地的空间分布最为集中；而在 2000 年和 2013 年，盐碱地的 GC 都要低于草地，与 1976 年正好相反，表明盐碱地的分布区域分散，而草地分布日益集中，这主要是因为草地被开垦或盐碱化致使草地面积大幅减少，而盐碱地面积有所增加。

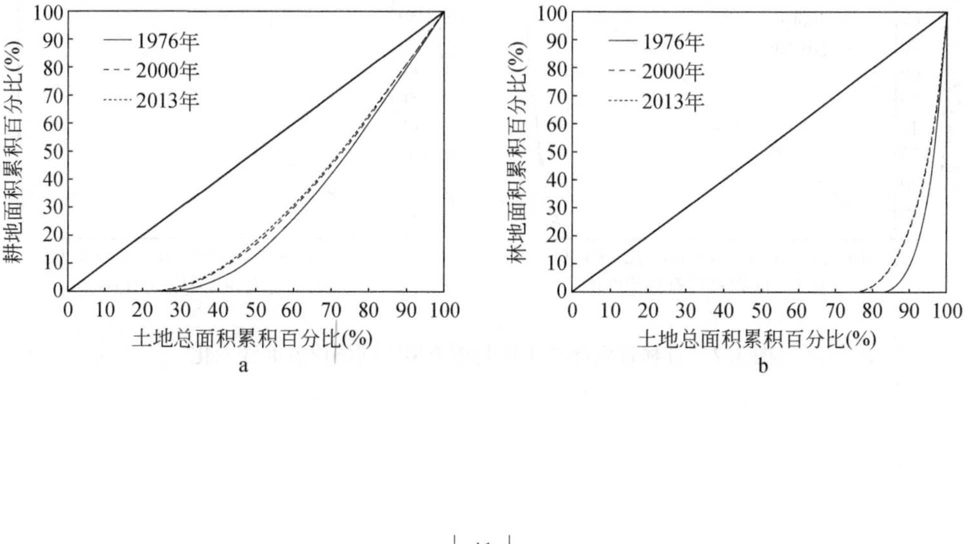

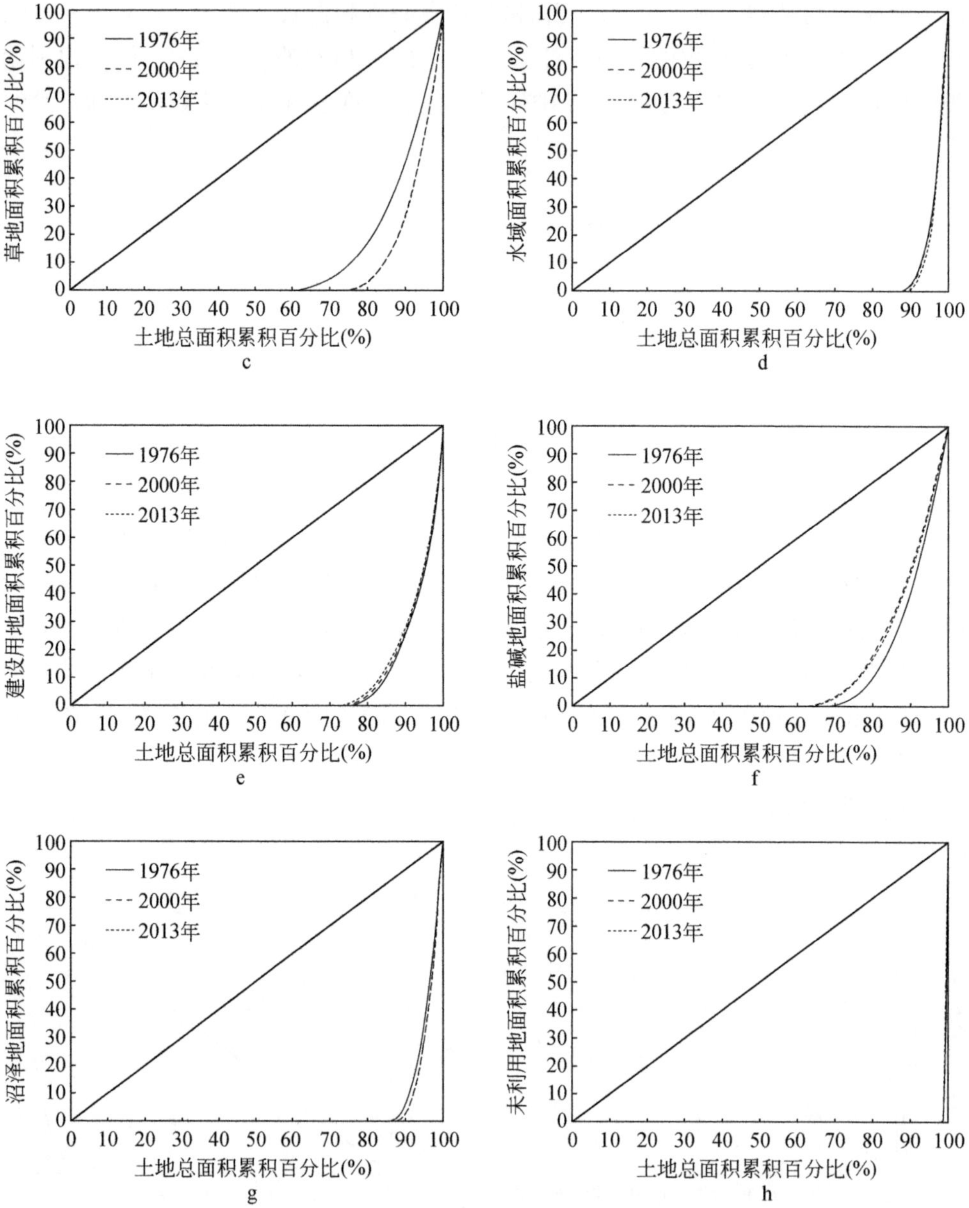

图 3.7　吉林省西部各土地利用类型空间洛伦兹曲线变化

表 3.4　吉林省西部各土地利用类型基尼系数变化

年份＼地类	耕地	林地	草地	水域	建设用地	盐碱地	沼泽地	未利用地
1976	0.4539	0.9142	0.7729	0.9355	0.8700	0.8121	0.9160	0.9923
2000	0.4135	0.8748	0.8546	0.9368	0.8640	0.7725	0.9253	0.9908
2013	0.4027	0.8751	0.8557	0.9426	0.8585	0.7777	0.9271	0.9913

从 GC 的变化来看，1976～2000 年草地和耕地的空间结构变化最大。其中，草地 GC 增加了 0.0817，耕地 GC 则减少了 0.0414，表明耕地的空间分布更加均匀，而草地的空间分布更加不均衡。另外，林地、盐碱地的 GC 也都呈减小趋势，空间结构更加分散。2000～2013 年，土地利用的空间结构变化不明显，仅耕地和建设用地的 GC 有所减少，空间结构更加均匀分散；其他土地利用类型的空间结构则更加聚集。其中，林地和未利用地的 GC 仅分别增加了 0.003 和 0.0005，说明其空间结构变化极为不明显，只有极微弱的增强趋势。总的来说，吉林省西部土地利用空间结构有日益集中的趋势，造成区域景观的单一化，减弱了生态系统的稳定性和抗干扰性。

3.2.4　土地利用变化预测

预测未来土地利用变化有助于更加深入地了解区域内土地利用变化的发展趋势，并且能够指导土地利用的合理优化（Haney and Cohen，2015）。本研究根据 2000～2013 年的土地利用转移概率和系统动力学模型简单预测 2014～2030 年的土地利用变化。

土地利用转移概率反映了土地利用类型间的转换关系和可能性，是进行土地利用变化预测的重要依据，其计算公式如下：

$$P_{ij} = \frac{A_{ij}}{A_i} \times 100\% \tag{3.4}$$

式中，P_{ij} 为土地利用类型 i 转换为 j 的概率；A_{ij} 为土地利用类型 i 转换为 j 的面积；A_i 为起始时间土地利用类型 i 的面积。根据上式计算了吉林省西部 2000～2013 年的土地利用转移概率（表 3.5）。

表 3.5　2000 ~ 2013 年吉林省西部土地利用转移概率　　（单位:%）

	耕地	林地	草地	水域	建设用地	盐碱地	沼泽地	未利用地
耕地	98.5	0.4	0.3	0.0	0.5	0.2	0.0	0.0
林地	4.2	95.0	0.5	0.0	0.2	0.1	0.0	0.0
草地	5.4	0.1	91.5	0.1	0.1	2.4	0.4	0.0
水域	3.9	0.0	1.0	86.0	0.6	2.0	6.6	0.0
建设用地	5.8	0.1	0.1	0.0	93.8	0.2	0.0	0.0
盐碱地	1.9	0.0	2.1	0.7	0.4	94.1	0.8	0.0
沼泽地	7.7	0.0	1.8	1.4	0.1	0.7	88.3	0.0
未利用地	0.2	0.7	7.0	0.0	0.0	0.2	0.1	91.9

2000 ~ 2013 年的土地利用类型转换当中，沼泽地向耕地、水域向沼泽地以及草地向耕地的转移概率较大，分别为 7.7%、6.6% 和 5.4%（理论上建设用地难以向其他类型转换，故本研究认为，建设用地向其他土地利用类型的转移概率都为 0）。

系统动力学模型能够处理非线性、多重反馈复杂系统的问题（Ford，2011；钟永光等，2013）。因此，本研究在假设预测期内各土地利用转换概率不受其他因素影响的前提下建立了吉林省西部土地利用变化的系统动力学模型（图 3.8），并预测了 2014 ~ 2030 年间的土地利用转换过程。

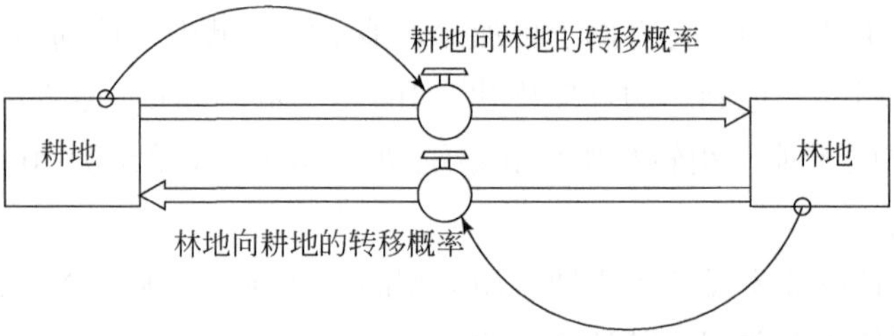

图 3.8　吉林省西部土地利用变化的系统动力学模型示意图

结果显示，吉林省西部各类土地利用若按 2000 ~ 2013 年的转移概率变化，到 2030 年吉林省西部耕地、林地、草地、水域、建设用地、盐碱地、沼泽地和未利用地的面积分别为 284.33 万 hm^2、26.68hm^2、19.69hm^2、17.56hm^2、19.78hm^2、73.51 万 hm^2、25.08hm^2 和 2.23 万 hm^2。其中，相比于 2013 年，草地和水域分别减少了 56.4% 和 10.6%，建设用地和耕地分别增加了 14.4% 和 11.9%；同时，吉林省西部土地利用程度将达到 247.6，比 2013 年增加了 8.6。

3.2.5 土地利用变化驱动力分析

土地利用变化的驱动因素主要分为两大类：生物物理因素与社会经济因素（Turner et al.，1990）。其中，生物物理因素包括气候、土壤、岩石、地形、地势、水文和植被等（Bruno et al.，2005），它们在短期内没有大的变化，但作为土地系统变化的内生驱动因素在长时间尺度上发挥着相对稳定的累积效应，制约着土地利用与土地覆被的格局演变（Turner et al.，1990；Lambin et al.，2001）；社会经济因素包括人口、文化、经济、技术、政策和意识形态等（鲁奇等，2001；Turner et al.，2007），这些因素是通过影响人们土地利用决策而直接作用于土地系统变化，作用时间相对较短而且作用方式也更为活跃（邵景安等，2007）。

结合吉林省西部具体情况及数据获取与分析的难易程度，本研究重点分析了气温、降水和人口密度对土地利用变化的影响。这是因为在近几十年当中，影响吉林省西部土地利用变化的生物物理因素当中仅气候要素发生了明显的变化，而气温和降水是表征气候变化的最常用指标；考虑到社会经济因素多难以定量定位表达，本研究使用人口密度的大小来表示人类活动对土地利用变化的影响程度。

(1) 气温对土地利用变化的影响

本研究根据澳大利亚国立大学研发的 Anusplin 模型对吉林省西部的气温和降水站点数据进行了空间插值，插值结果如图 3.9 和图 3.10 所示。Anusplin 模型是基于光滑样条函数且考虑地形要素的影响开发的，比普通的空间插值方法具有较高的精度。从空间插值结果来看，1976 ~ 2000 年，吉林省西部年均气温普遍升高，增温幅度在 0.68 ~ 2.09℃，洮南西北部和通榆南部升温最为明显，扶余东部气温升高幅度最小，小于 1℃；在 2000 ~ 2013 年，气温主要呈现降低的趋势，平均降温约 0.13℃，仅在洮南西北部、通榆南部及前郭东部部分地区的气温有所增加，增温幅度小于 0.5℃。

将气温变化与土地利用变化相叠加，结果表明，1976 ~ 2000 年，气温增温小于 1℃ 的地区的土地利用变化比增温大于 1℃ 的地区剧烈，无论是在 1976 年，还是在 2000 年，前者的 LUDCI 都要高于后者；在增温小于 1℃ 的地区，LUDCI 增加了 6.0，林地、草地和盐碱地的变化比例最大（林地和盐碱地面积分别增加了 67.9% 和 29.3%，而草地减少了 53.1%），但在增温大于 1℃ 的地区，LUDCI 升高了 1.0，林地面积仅增加了 2.6%，盐碱地增加了 20.8%，草地减少了 38.1%。

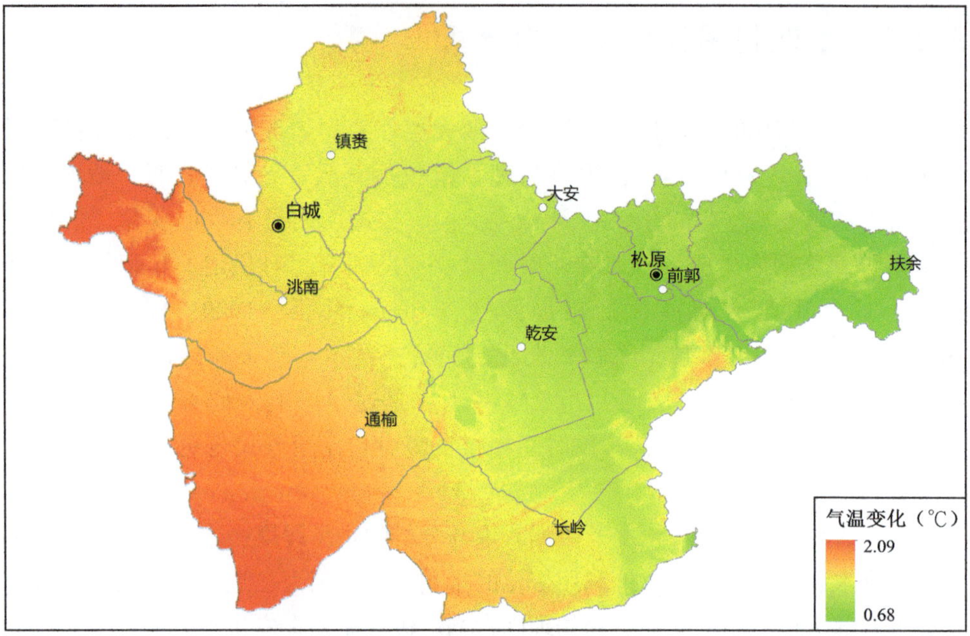

a. 1976~2000年吉林省西部气温变化

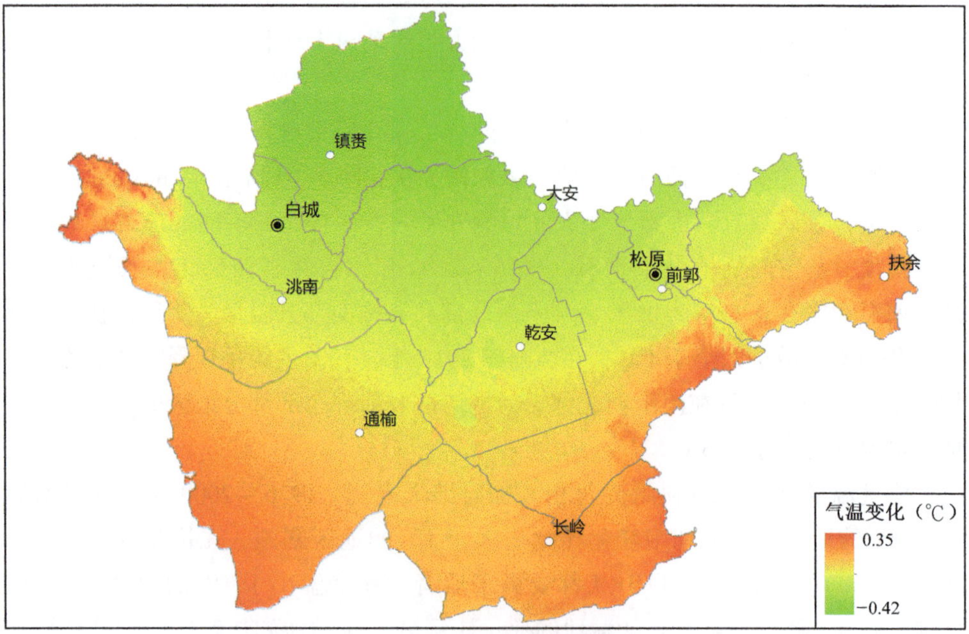

b. 2000~2013年吉林省西部气温变化

图 3.9　1976 ~ 2013 年来吉林省西部气温变化图

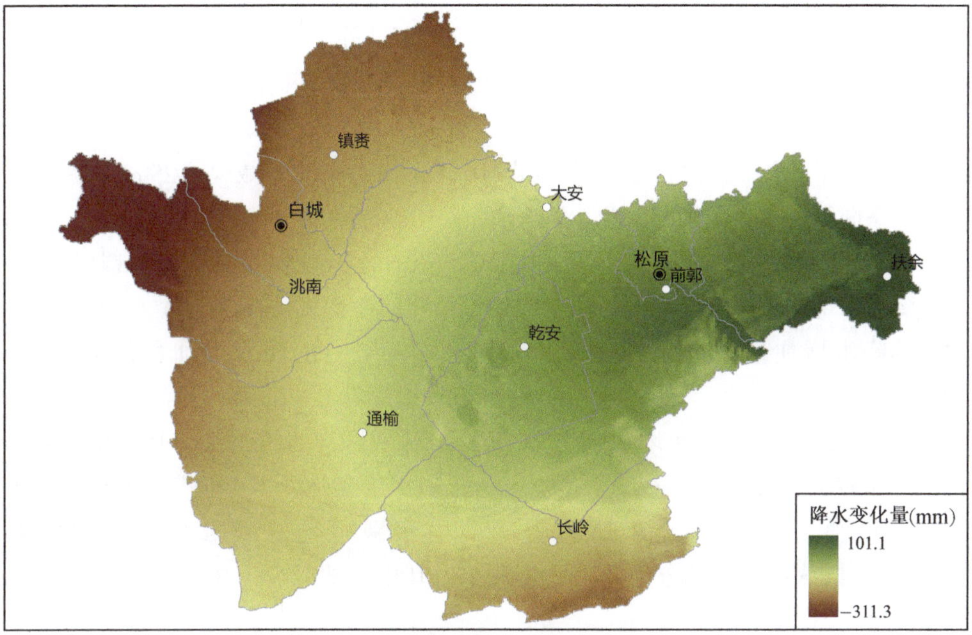

a. 1976~2000年吉林省西部降水变化

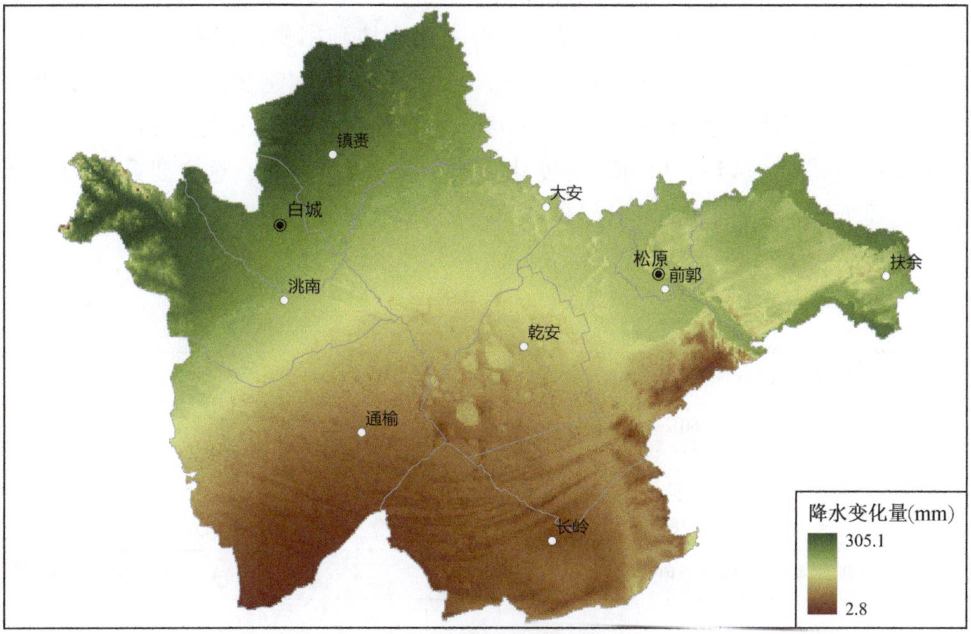

b. 2000~2013年吉林省西部降水变化

图 3.10　1976 ~ 2013 年来吉林省西部降水变化图

2000～2013 年，增温区的土地利用变化较降温区大，增温区的 LUDCI 仅增加了 0.8，降温区则由 236.2 增加到 238.5；在降温区，除了耕地和建设用地之外，其他各类土地利用面积都有所减少，而在增温区，草地面积增加了 4.1%。

(2) 降水对土地利用变化的影响

如图 3.10 所示，1976～2000 年，吉林省西部年均降水量减少了 25mm，降水变化量由东向西递减，在东部，尤其是扶余，降水增加量在 50mm 以上，而在西部降水量有减少趋势，洮南部分地区甚至减少了约 300mm；2000～2013 年，吉林省西部年均降水量增加了约 158.8mm，降水增加量由北向南递减（图 3.10），其中镇赉、洮南的降水增加量多在 200mm 以上，而通榆和长岭的降水增加量仅为 10mm 左右。

1976～2000 年，降水增加区的 LUDCI 由 249.0 上升到 255.4，其变化幅度远大于降水减少区（0.5）；在降水增加区，土地利用变化主要特征表现为林地面积增加（增加了 61.3%），草地和沼泽地面积减少（分别减少了 56.5% 和 27.5%）；降水减少区的土地利用变化较小，其中草地减少了 35.9%，主要转化为盐碱地、林地和耕地。

为了分析 2000～2013 年降水变化对土地利用变化的影响，本研究按表 3.6 对吉林省西部降水变化进行了分级，并将之与土地利用变化相叠加（图 3.11）。结果显示，在降水增加量小于 180mm 的地区，降水增加越多，土地利用变化越剧烈；在降水量变化为 180～240mm 的区域，土地利用变化最大，在降水变化量为 120～180mm 的区域，LUDCI 的变化最小，仅增加了 1.6，这主要是因为在降水变化量处于 120～180mm 的区域，沼泽地增加了 4.2%，而在降水变化量处于 180～240mm 的区域，沼泽地减少了 7.9%。

表 3.6 降水量变化分级

2000～2013 年间降水量变化（mm）	级别
< 60	1
60～120	2
120～180	3
180～240	4
> 240	5

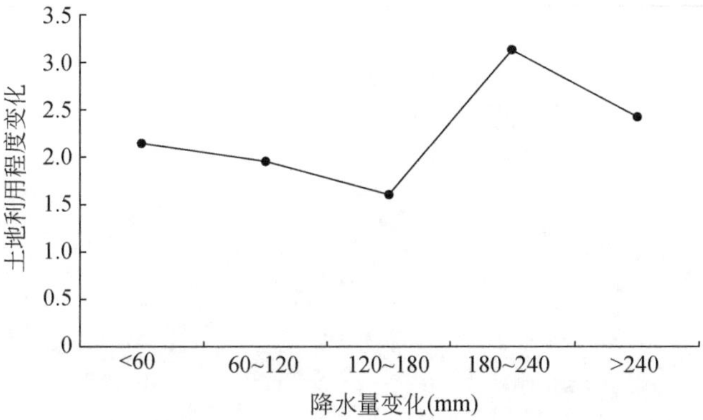

图 3.11　降水量变化对土地利用程度变化的影响

(3) 人口密度对土地利用变化的影响

1976～2013 年，吉林省西部人口共增加了约 124 万人。本研究根据历史统计资料，并采用核密度估计（kernel density estimation，KDE）的方法对人口数据进行了空间化处理。该方法的主要思路为，首先将居民点分为城镇和乡村两类，分县根据式（3.5）推算出每个居民点的人口；然后以居民点人口作为参数，用 KDE 求出每个栅格上的人口密度，从而实现人口数据空间化。

$$\mathrm{RK}_{ri}(\mathrm{RK}_{ui}) = a_{ri}(a_{ui}) \times \frac{\mathrm{TP}_{ri}(\mathrm{TP}_{ui})}{A_{ri}(A_{ui})} \tag{3.5}$$

式中，$\mathrm{RK}_{ri}(\mathrm{RK}_{ui})$为第 i 个乡村（城镇）的人口；$a_{ri}(a_{ui})$为该乡村（城镇）的面积；$\mathrm{TP}_{ri}(\mathrm{TP}_{ui})$为区域内乡村（城镇）总人口；$A_{ri}(A_{ui})$为区域内乡村（城镇）总面积。

将三期人口密度图进行叠加分析，即可得到 1976～2000 年和 2000～2013 年的人口密度变化，其结果如图 3.12 所示。

1976～2000 年，白城、洮南一带以及松原、前郭等地是人口密度增加的主要地区；而在长岭南部及通榆部分地区，人口密度有所下降。人口密度的变化对土地利用变化有着显著影响，在人口密度增加的地区，草地减少了44.8%，建设用地增加了28.5%，沼泽地减少了21.4%；而在人口密度减小的地区，草地减少了37.1%，沼泽地减少了3.5%，建设用地仅增加了0.6%；从土地利用程度来看，在人口密度降低的地区，LUDCI 仅增加了约 0.1，而在人口密度增加的地区，LUDCI 增加了3.7。

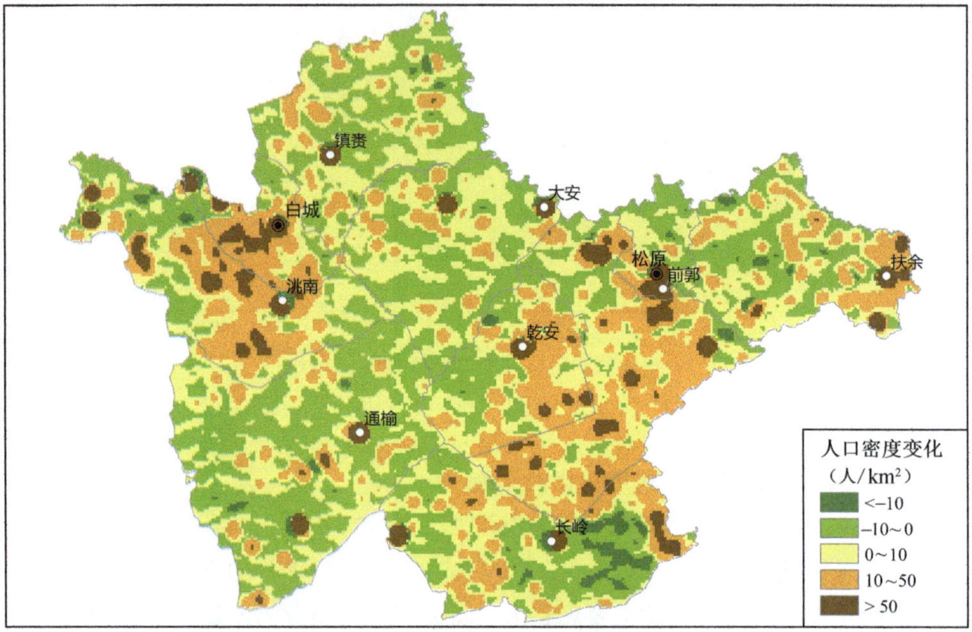

a. 1976~2000年吉林省西部人口密度变化图

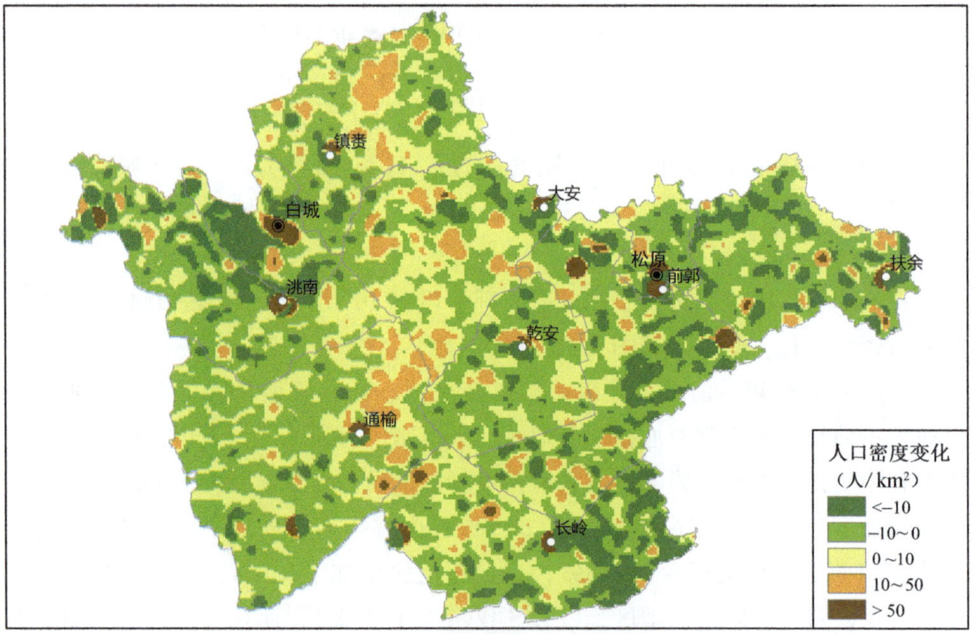

b. 2000~2013年吉林省西部人口密度变化图

图 3.12　1976 ~ 2013 年来吉林省西部人口密度变化图

2000～2013 年，人口密度降低的地区约占吉林省西部土地总面积的 60%，人口密度增加的区域主要集中在研究区的中部。与 1976～2000 年相似，在人口密度增加的地区，LUDCI 升高了近 3.5；而在人口密度降低的地区，LUDCI 仅增加了 1.6 左右。2000 年以来，无论是在人口密度增加的地区，还是在人口密度减小的地区，吉林省西部耕地面积和建设用地面积都有不同程度的增加，其他土地利用类型的面积则相对减少。这主要是由于区域总人口增长，迫使更多的自然景观被开垦为耕地以满足日益上涨的粮食需求量，同时，经济利益的驱动也是耕地面积增加的另一重要诱因；另外，经济发展导致乡村人口大规模地向城镇流动，造成城市的扩张和蔓延，农田、草地等不断向建设用地转换。

3.3 土地利用变化对生态系统服务价值的影响

3.3.1 生态系统服务价值计算方法

生态系统服务（ecosystem services，ES）是指从生态系统中获取的能够直接或间接支持人类生存和发展的福祉和惠益（Daily，1997）。由于生态系统服务与人类生活质量密切相关，吸引了来自不同学科的科学家的关注，诸多学者一直致力于生态系统服务价值（ecosystem services value，ESV）量化方式的研究，以求在全球范围内进行估算和评价。Costanza 等（1997a，1997b）通过总结前人研究实现了 ESV 的货币表达，将相关研究推进到一个全新阶段。谢高地等（2001a，2001b，2003，2005）参考 Costanza 提出的评价模型制订了“中国陆地生态系统单位面积生态服务价值表”（表 3.7），该表简洁可靠，在中国得到了广泛应用（谢高地等，2001a；2001b；2003；2005）。利用该表计算生 ESV 的公式为

$$\mathrm{ESV} = \sum (A_k \times \mathrm{VC}_k) \tag{3.6}$$

式中，A_k为研究区 k 类土地利用的面积（hm^2）；VC_k为 k 类土地利用的单位面积 ESV（元/hm^2）。

表 3.7 中国陆地生态系统单位面积生态服务价值表 （单位：元/hm^2）

生态系统	森林	草地	农田	湿地	水域	荒漠
单位面积 ESV	19 334	6 406.5	6 114.3	55 489	40 676.4	371.4

然而，该表给出的是我国国家尺度上的平均值，不适用于区域尺度上的计算，因此本研究综合参考国内学者的研究结果，根据不同生态系统的净初级生产力（NPP）对表 3.7 进行了修正，得到“吉林省西部不同陆地生态系统单位面积生态服务价值表”(表 3.8)。

$$VC' = VC \times \frac{NPP'}{NPP} \tag{3.7}$$

式中，VC′、VC 分别为吉林省西部和中国某类生态系统的单位面积 ESV；NPP′和 NPP 分别为吉林省西部和中国某类生态系统的净初级生产力（赵同谦等，2004；张美玲，2012；艾志华，2013）。

表 3.8　吉林省西部陆地生态系统单位面积生态服务价值表　（单位：元/hm²）

生态系统	森林	草地	农田	湿地	水域	荒漠		—
土地利用类型	林地	草地	耕地	湿地	水域	盐碱地	未利用地	建设用地
单位面积 ESV	16 627.2	6 534.6	5 869.7	55 489	40 676.4	371.4	371.4	0

3.3.2　1976～2013 年吉林省西部生态系统服务价值变化分析

计算结果表明，1976～2013 年吉林省西部 ESV 共减少 39.3 亿元。其中，1976～2000 年吉林省西部 ESV 由 491.98 亿元减损至 463.23 亿元，平均每年损失 1.2 亿元；到 2013 年，吉林省西部 ESV 仅为 452.68 亿元，平均每年约损失 0.81 亿元。由此可见，由于生态环境越来越引起人类的重视，加大了对环境保护和治理的投入，吉林省西部生态环境恶化趋势有所减缓。

从 ESV 的空间分布来看，吉林省西部大部分地区的单位面积 ESV 为 4000～6000 元/hm²；单位面积 ESV 较大的地区主要分布在镇赉东部、通榆西北部、前郭西北部及嫩江、松花江、洮儿河等河流沿岸附近，其单位面积 ESV 普遍大于 10 000 元/hm²；在大安南部、通榆东北部及扶余中部部分地区的单位面积 ESV 较低，小于 2000 元/hm²（图 3.13）。

在 1976 年，吉林省西部 ESV 主要由沼泽地、耕地、水域和草地贡献，四者分别约占吉林省西部 ESV 的 35.1%、27.7%、18.0% 和 10.4%；而在 2000 年和 2013 年，由于草地大面积减少，草地生态系统提供的 ESV 仅占吉林省西部 ESV 的 6.4% 和 6.5%；在 2013 年，对吉林省西部 ESV 贡献最大的四种土地利用为耕地（33.0%）、沼泽地（32.4%）、水域（17.7%）和林地（9.8%）(图 3.14)。

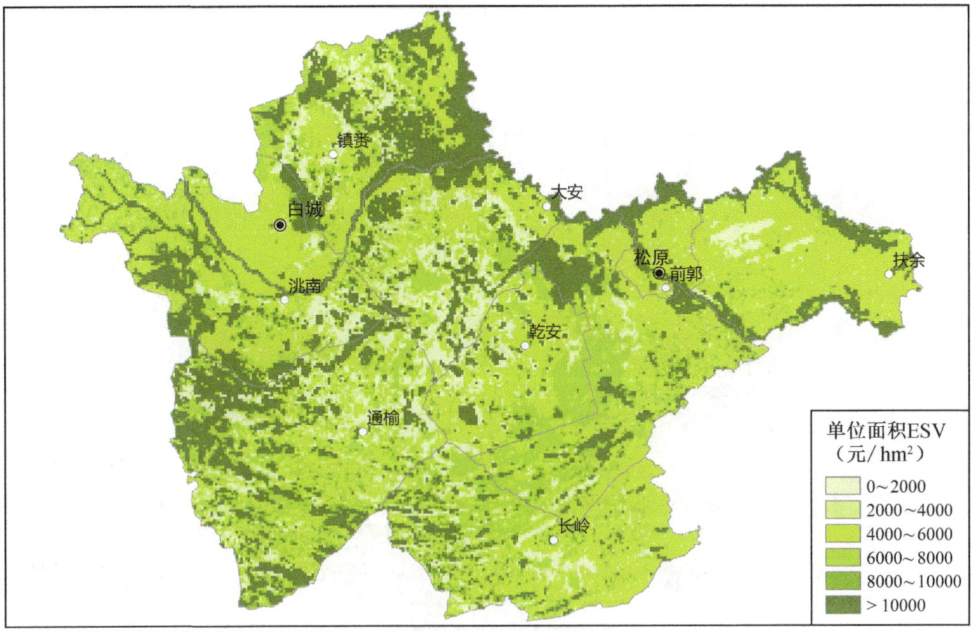

a. 1976年吉林省西部单位面积ESV分布

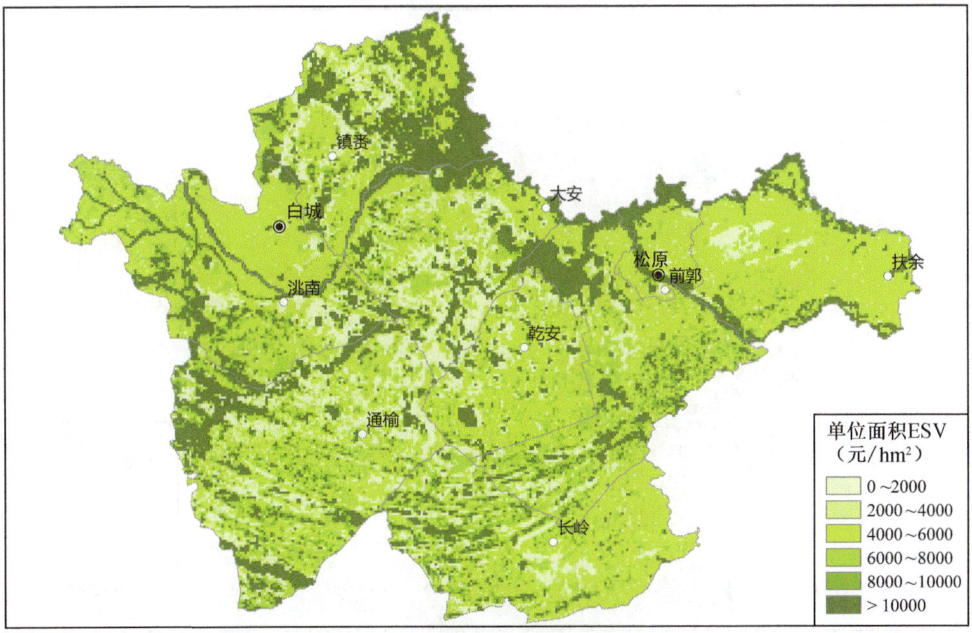

b. 2000年吉林省西部单位面积ESV分布

c. 2013年吉林省西部单位面积ESV分布

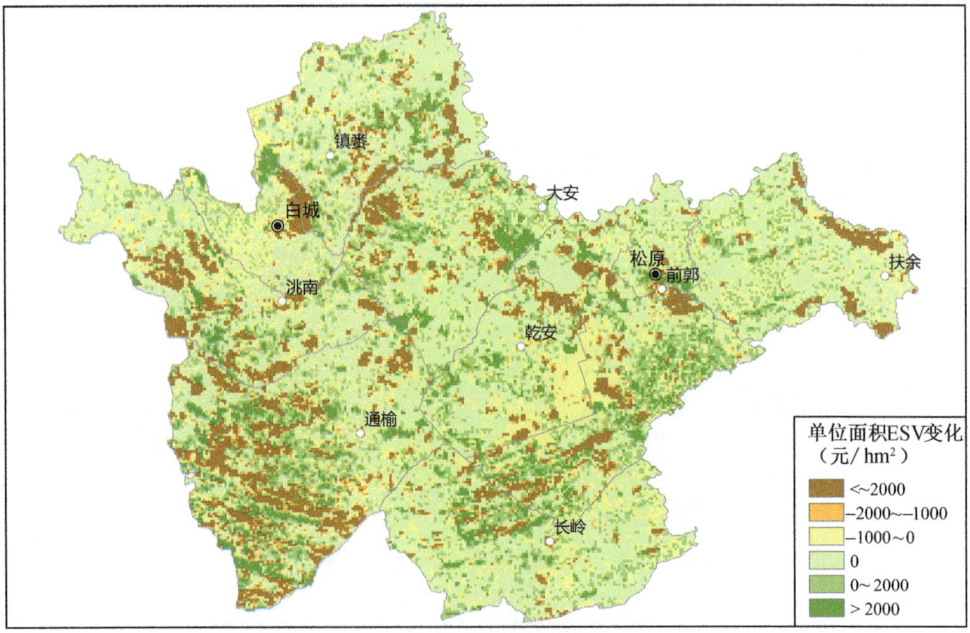

d. 1976~2013年吉林省西部ESV变化

图 3.13　1976～2013 年吉林省西部单位面积生态系统服务价值分布及变化

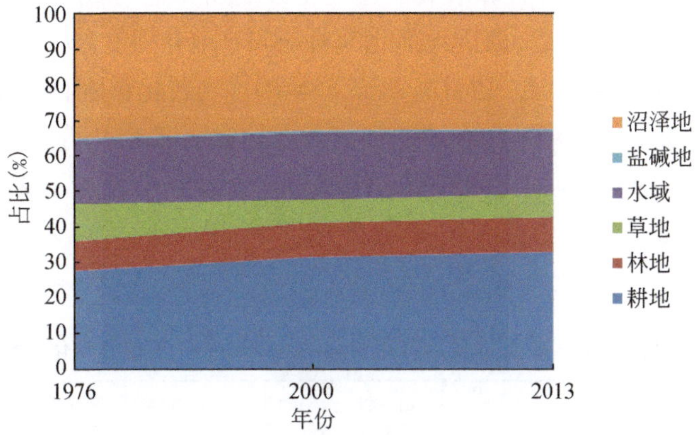

图 3.14 吉林省西部生态系统服务价值组成

1976～2000 年，土地利用变化导致吉林省西部 ESV 共减少约 46.2 亿元，新增加约 17.5 亿元，净减少约 28.7 亿元。ESV 的减少主要是由于沼泽地及林地向其他土地利用类型的转化，两者分别使吉林省西部 ESV 损失了 33.68 亿元和 9.94 亿元（表 3.9）。其中，沼泽地转化为耕地、盐碱地，林地他化为耕地，分别使吉林省西部 ESV 减少了 22.3 亿元、7.23 亿元和 6.88 亿元。另外，吉林省西部 ESV 因为草地向盐碱地的转化而减损了 8.35 亿元，但是由于草地向林地和沼泽地的转化而增加了 9.41 亿元和 6.98 亿元。因此，总的来说，吉林省西部草地向其他土地利用类型的转化共使吉林省西部 ESV 增加了 7.65 亿元。同时，由于盐碱地向沼泽地的转化，吉林省西部 ESV 约增加了 4.9 亿元。

表 3.9 1976～2000 年土地利用转化引起的生态系统服务价值变化 （单位：亿元）

项目	耕地	林地	草地	水域	建设用地	盐碱地	沼泽地	未利用地	总计
耕地	0.00	2.45	0.05	0.12	-1.44	-0.20	2.71	0.00	3.69
林地	-6.88	0.00	-2.53	0.00	-0.06	-0.58	0.13	-0.02	-9.94
草地	-0.80	9.41	0.00	0.83	-0.06	-8.35	6.98	-0.36	7.65
水域	-0.36	0.00	-0.24	0.00	0.00	-2.11	0.14	0.00	-2.57
建设用地	0.00	0.00	0.00	0.00	0.00	0.00	0.00	0.00	0
盐碱地	0.06	0.00	0.34	0.71	0.00	0.00	4.90	0.00	6.01
沼泽地	-22.30	-0.11	-3.79	-0.24	-0.02	-7.23	0.00	0.00	-33.69
未利用地	0.05	0.04	0.01	0.00	0.00	0.00	0.00	0.00	0.1
总计	-30.23	11.79	-6.16	1.42	-1.58	-18.47	14.86	-0.38	-28.75

2000~2013年，沼泽地和水域向其他土地利用类型的转化是吉林ESV减少的最主要原因（表3.10）。沼泽地他化为耕地和草地分别使吉林省西部ESV减损了10.39亿元和2.39亿元；吉林省西部ESV因水域转化耕地而损失了2.9亿元。同时，由于盐碱地向沼泽地和水域的转化，吉林省西部ESV分别增加了3.34亿元和2.15亿元；沼泽地他化为水域也使吉林省西部ESV增加了2.1亿元。总的来说，2000~2013年，土地利用变化共导致吉林省西部ESV减少19.77亿元，新增加9.23亿元，净减少10.54亿元。

表3.10　2000~2013年土地利用转化引起的生态系统服务价值变化（单位：亿元）

项目	耕地	林地	草地	水域	建设用地	盐碱地	沼泽地	未利用地	总计
耕地	0.00	1.17	0.05	0.35	-0.75	-0.24	0.21	-0.01	0.78
林地	-1.21	0.00	-0.14	0.00	-0.07	-0.06	0.02	0.00	-1.46
草地	-0.16	0.03	0.00	0.14	-0.04	-0.67	0.96	0.00	0.26
水域	-2.90	-0.02	-0.71	0.00	-0.50	-1.74	2.10	-0.02	-3.79
建设用地	0.56	0.04	0.01	0.02	0.00	0.00	0.03	0.00	0.66
盐碱地	0.83	0.04	1.02	2.15	-0.01	0.00	3.34	0.00	7.37
沼泽地	-10.39	-0.04	-2.39	-0.58	-0.12	-0.99	0.00	0.00	-14.51
未利用地	0.00	0.03	0.11	0.00	0.00	0.00	0.01	0.00	0.15
总计	-13.27	1.25	-2.05	2.08	-1.49	-3.7	6.67	-0.03	-10.54

3.3.3 敏感性分析

为验证以上研究的准确性，本研究参考国内外已有研究，选取经济学中的弹性系数来计算ESV对VC的敏感性指数（coefficient of sensitivity，CS）。CS的计算公式如下：

$$CS = \left| \frac{(ESV_j - ESV_i)/ESV_i}{(VC_{jk} - VC_{ik})/VC_{ik}} \right| \tag{3.8}$$

式中，ESV、VC、k含义同前，i，j分别代表初始状态和调整后。若CS<1，表明研究结果可信；若CS>1，表明研究结果不可信。在CS<1时，CS越大，则该类土地利用在研究区ESV当中越重要。本研究将各土地利用的VC分别上下调整50%，并计算出其敏感性指数（表3.11）。

表 3.11　不同土地利用类型生态系统服务价值系数的敏感性指数

价值系数变化	1976 年 CS	2000 年 CS	2013 年 CS
耕地 VC±50%	0.28	0.32	0.33
林地 VC±50%	0.08	0.10	0.10
草地 VC±50%	0.10	0.06	0.07
水域 VC±50%	0.18	0.19	0.18
盐碱地 VC±50%	0.00	0.01	0.01
沼泽地 VC±50%	0.35	0.33	0.32
未利用地 VC±50%	0.00	0.00	0.00

从表 3.11 可以看出，各类土地利用 ESV 对 VC 的敏感度都小于 0.4，这说明本研究的结果是可信的。在 1976 年和 2000 年，沼泽地的 CS 最大，表明沼泽地的 VC 的准确性对评估 ESV 最为重要，这与单位面积的沼泽地能够提供最多的生态系统服务有关。虽然耕地的生态服务功能较弱，但在 2013 年，耕地的 CS 最大，超过了沼泽地，表明在 2013 年耕地在 ESV 中占据着最重要的位置，这主要是因为耕地面积最大，其产生的 ESV 较总价值的三分之一为多。从 1976 年到 2013 年，草地和林地的 CS 保持在 0.1 以下，水域的 CS 不超过 0.2；而盐碱地和未利用地的 CS 都接近于 0，说明其对 ESV 的影响较小。

3.4 本章小结

吉林省西部属于半湿润向半干旱地区的过渡地带，曾是我国著名的优良草原之一。吉林省西部的大规模开垦肇始于 19 世纪中后期，纵观吉林省西部近 100 多年来的土地利用变化轨迹，可将其分为以下六个阶段：清朝末年（19 世纪至 1911 年）、民国时期（1912 ~ 1930 年）、抗日战争时期（1931 ~ 1945 年）、解放战争时期和中华人民共和国成立初期（1946 ~ 1954 年）、“大跃进”和“文化大革命”时期（1955 ~ 1977 年）、改革开放以来（1978 ~ 2013 年）。在 20 世纪初，吉林省西部人口不足百万，耕地面积仅 50 万 hm^2左右，而到了 2013 年，吉林省西部人口增加了 400 多万，耕地面积增加了 4 倍。耕地和人口呈现正相关关系，而在人口和耕地增加的同时，草原和湿地则大面积萎缩或退化，土地盐碱化日益加重。在中华人民共和国成立初期，草地和湿地的面积分别为 130 万 hm^2和 60 万 hm^2左右，盐碱地面积仅 9 万 hm^2左右；在 2013 年，草地面积不足 50 万 hm^2，沼泽地比中华人民共和国成立初期退化了近60%，而盐碱地面积则高达80万 hm^2。

为了进一步探讨各类型土地利用之间的转化关系，本章重点分析了吉林省西部1976～2013年的土地利用变化。结果表明，1976～2013年吉林省西部新增耕地面积30.92万 hm^2，主要由草地、林地和沼泽地转化而来，其面积分别为15.12万 hm^2、6.76万 hm^2 和6.19万 hm^2；草地因盐碱化而损失的面积达13.47万 hm^2；由于防护林的建设，共有8.67万 hm^2 的草地转化为林地；另外，随着社会经济的发展，建设用地扩张，共占据了耕地面积3.17万 hm^2。农牧比例由1976年的3∶1变化为2013年的5.6∶1。而2000～2013年沼泽地向耕地、水域向沼泽地以及草地向耕地的转移概率最大，分别为7.7%、6.6%和5.4%。利用系统动力学模型进行预测，到2030年，吉林省西部耕地、林地、草地、水域、建设用地、盐碱地、沼泽地和未利用地的面积将分别为284.33万 hm^2、26.68 hm^2、19.69 hm^2、17.56 hm^2、19.78 hm^2、73.51万 hm^2、25.08 hm^2 和2.23万 hm^2；农牧比例高达14∶1。从人类活动对土地的干扰程度来看，吉林省西部2013年的LUDCI比1976年提高了4.6；根据2030年的土地利用预测结果，其LUDCI将达到247.6，比2013年增加8.6。

本研究分析了人类活动（人口）和气候变化（气温和降水）对土地利用变化的影响。1976～2000年，吉林省西部年均气温普遍升高，增温幅度在0.68～2.09℃；在增温小于1℃的地区，LUDCI增加了6.0，林地面积和盐碱地面积分别增加了67.9%和29.3%，而草地面积减少了53.1%；增温大于1℃的地区，LUDCI增加了1.0，林地仅增加了2.6%，盐碱地增加了20.8%，草地减少了38.1%。在1976～2000年，吉林省西部年均降水量减少了25mm；降水增加区的LUDCI由249.0增加到255.4；降水增加区林地面积增加了61.3%、草地和沼泽地面积分别减少了56.5%和27.5%；降水减少区的草地面积减少了35.9%，主要转化为盐碱地、林地和耕地。1976～2000年，在人口密度增加的地区，草地面积减少了44.8%，建设用地面积增加了28.5%，沼泽地减少了21.4%，LUDCI增加了3.7；而在人口密度减小的地区，草地减少了37.1%，LUDCI仅增加了约0.1。

2000～2013年，气温主要呈现降低的趋势，平均降温约0.13℃；增温区的LUDCI仅增加了0.8，降温区则由236.2增加到238.5；在降温区，除了耕地和建设用地之外，其他各类土地利用面积都有所减少，而在增温区，唯有草地面积增加了4.1%。2000年以来，吉林省西部年均降水量增加了158.8mm，LUDCI增加的幅度随着降水量变化的增加而先减小后增大。2000年以来，无论是在人口密度增加的地区，还是在人口密度减小的地区，吉林省西部土地利用变化的主要特征是耕地和建设用地的增加，其他土地利用类型面积减少。

吉林省西部 ESV 主要由沼泽地、耕地、水域和草地提供。1976 ~ 2013 年吉林省西部 ESV 共减少 39. 3 亿元。其中，1976 ~ 2000 年吉林省西部 ESV 由 491. 98 亿元减损至 463. 23 亿元，到 2013 年吉林省西部 ESV 仅为 452. 68 亿元。1976 ~ 2000 年，ESV 的减少主要是由于沼泽地及林地向其他土地利用类型的转化，两者分别使吉林省西部 ESV 损失了 33. 68 亿元和 9. 94 亿元；其中，仅沼泽地向耕地转化就使其减少了 22. 30 亿元。2000 ~ 2013 年，沼泽地向其他土地利用类型的转化是吉林省西部 ESV 减少的最主要原因；其中，仅沼泽地向耕地转化就导致吉林省西部 ESV 减少了 10. 39 亿元。

4 粮食生产潜力变化及影响因素分析

土地作为粮食生产的最基本物质条件，其利用方式的变化直接影响着粮食产量和生产潜力，从而影响到国家和地区的粮食安全（Roekel et al.，2015；Svubure et al.，2015）。因此，有必要将粮食生产潜力评价纳入到土地利用优化研究系统当中，作为土地利用优化的一个重要基础和参考。

本研究采用 GAEZ 模型估算了 1976～2013 年吉林省西部粮食生产潜力的变化，并对影响粮食生产潜力变化的主要因素（土地利用、灌溉率和气候）进行了分析，然后根据气候环境预估数据模拟了未来吉林省西部的粮食生产潜力。

4.1 全球农业生态区模型简介

全球农业生态区划（global agro ecological zone，GAEZ）模型是由联合国粮食及农业组织（FAO）和国际应用系统分析研究所（IIASA）联合开发的一个空间分析系统，能够在调查土地资源总量、评价生物物理限制和估算土地生产潜力的基础上进行合理的土地利用优化。GAEZ 提供了一个标准化的框架，用来分析选择性使用农业资源（土地、水和技术）生产粮食和能源时的协同效应和权衡，同时保护环境质量（IIASA，2012）。

GAEZ 模型的输入输出数据都以栅格形式存储，具有空间信息的气候、土壤和地形数据共同组成了土地资源数据库。其中，气候数据包括降水量、气温、风速、日照时数和相对湿度，它们用来编制农业气候资源数据库，例如热量和水分的时空分布。

该模型不仅能够通过简单稳健的作物模型评价气候、土壤和地形对特定作物的限制，并能根据水分供应和投入管理水平划分出不同的农业生产制度，然后估算出不同农业生产制度中基本土地单元能够提供的最大粮食生产潜力。分析中使用的这些通用生产制度被称为土地利用方式（LUT）。每个 LUT 的属性包括作物信息，例如作物参数（收获指数、最大叶面积指数、最大光合作用速率等）、耕作方法和主要产物利用率、作物残余及副产品。对于每一个 LUT，GAEZ 模型都计算了其在雨养和灌溉条件下的粮食生产潜力。

雨养条件下的粮食生产潜力受水分的影响，而在灌溉条件下的粮食生产潜力不受水分的限制。最终的粮食生产潜力按下式计算：

$$\text{yield}_t = \text{yield}_r \times (1-I) + \text{yield}_i \times I \tag{4.1}$$

式中，yield_t是粮食总生产潜力；yield_r和yield_i分别是雨养和灌溉条件下的粮食生产潜力；I是灌溉面积与总耕地面积的比率，即灌溉率。

土地对于给定作物/LUT 种植的适宜性取决于作物所需的农业气候条件和农业土壤条件。GAEZ 根据土壤适宜性和地形特征修正了每一个栅格的农业气候适宜性，从而将农业气候条件和农业土壤条件评价有机结合起来。用于建立作物适宜性的计算程序包括五个数据处理步骤：①模块 1：气候资料分析和一般农业气

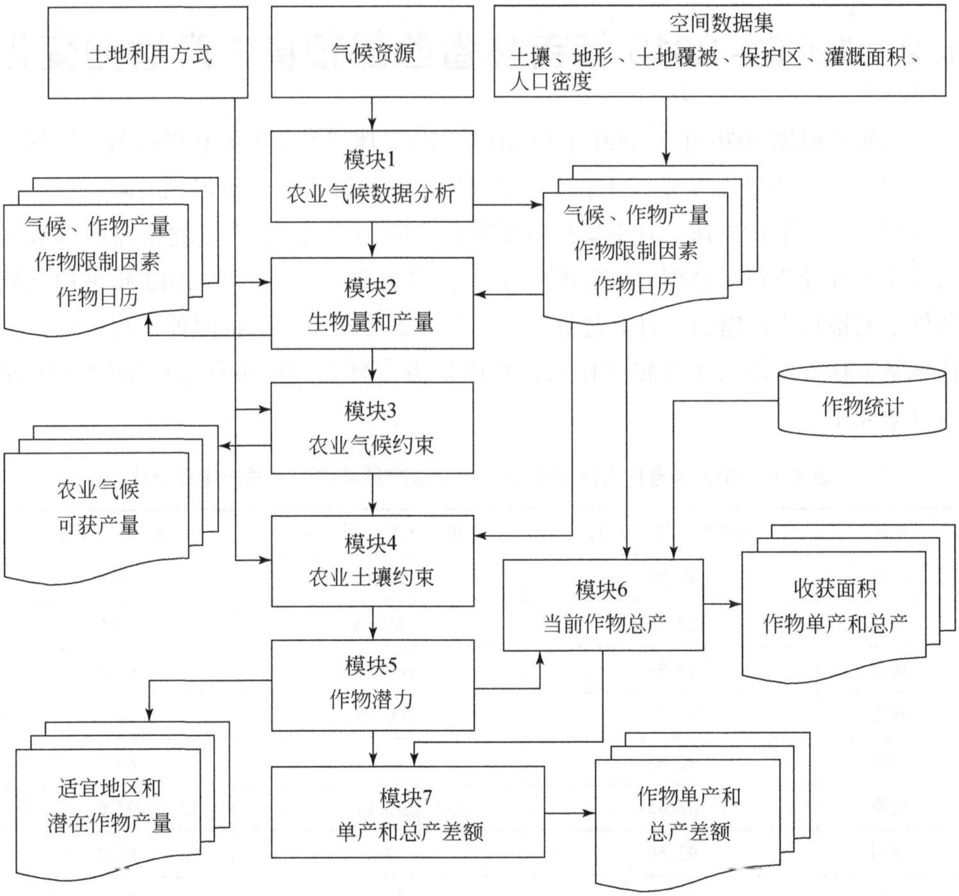

图 4.1 GAEZ 模型模块组成结构

候指标汇编。②模块 2：特定作物的农业气候评价和水分限制生物量/产量计算。③模块 3：农业气候制约导致的减产。④模块 4：土壤评价以及土壤和地形限制导致的减产。⑤模块 5：将模块 1～模块 4 的结果集成到特定作物的栅格单元数据库当中。

在获取主要作物栅格单元水平上的种植面积、单产和总产时，涉及两个主要内容：①模块 6：估算灌溉耕地和雨养耕地的百分比，以及雨养和灌溉条件下主要作物的种植面积、单产和总产。通过比较灌溉条件下的产量和实际产量，建立了产量差额的全球存量；②模块 7：通过对当前作物产量降尺度分析，并与潜在可获得的作物产量对比，量化潜在产量和实际产量之间的产量差额。

图 4.1 显示了 GAEZ 模型的总体结构和数据集成。

4.2　1976～2013 年吉林省西部粮食生产潜力变化

本研究根据 1976 年、2000 年和 2013 年的吉林省西部土地利用数据、气候数据（包括月平均最高气温、月平均最低气温、月总降水量、月累积太阳辐射、月日照时数、月平均风速、月平均相对湿度和月降雨天数）、土壤数据和地形数据以及相关统计资料，采用 GAEZ 模型计算了 1976 年、2000 年和 2013 年平均气候条件下的粮食生产潜力。计算过程当中主要考虑了玉米和水稻两种作物。这两种作物是吉林省西部的主要粮食作物，其产量占吉林省西部粮食总产量的 90% 左右（表 4.1）。

表 4.1　2013 年吉林省西部玉米、水稻总产量及占粮食总产量百分比

地区	粮食总产量（万 t）	玉米、水稻产量（万 t）	百分比（%）
白城	79.30	68.64	86.6
大安	77.73	69.65	89.6
扶余	215.35	205.12	95.3
前郭	212.25	200.51	94.5
乾安	92.35	74.08	80.2
松原	47.43	46.01	97.0
洮南	92.50	77.92	84.2
通榆	60.10	31.81	52.9
长岭	182.80	157.46	86.1

续表

地区	粮食总产量（万 t）	玉米、水稻产量（万 t）	百分比（%）
镇赉	100.55	89.34	88.8
总计	1160.36	1020.54	87.9

GAEZ 模型模拟结果表明，自 1976 年以来，吉林省西部粮食生产潜力总量持续增加（图 4.2），近 40 年共增加了约 451.67 万 t，平均每年增加 12 万 t 左右；到 2013 年，吉林省西部粮食生产潜力总量为 1551.96 万 t。1976 ~ 2013 年，粮食生产潜力的增加主要集中在吉林省西部的东部（图 4.3d），其粮食生产潜力增幅在 1500kg/hm^2 以上；其他地区的单位面积生产潜力变化较小，变化幅度在 0 ~ 500kg/hm^2，部分地区的粮食生产潜力有所下降。

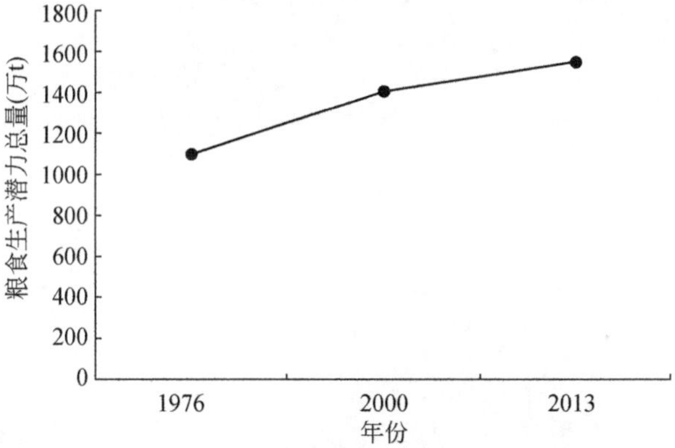

图 4.2　1976 ~ 2013 年吉林省西部粮食生产潜力变化

4.2.1　1976 ~ 2000 年吉林省西部粮食生产潜力变化

1976 年和 2000 年吉林省西部粮食生产潜力总量分别为 1100.29 万 t 和 1405.62 万 t，期间共增长 305.33 万 t，平均每年增长 12.72 万 t。在 1976 年，长岭的粮食生产潜力总量最大（176.36 万 t），松原的粮食生产潜力总量最小（39.74 万 t），而在 2000 年，粮食生产潜力总量最大的为扶余（227.99 万 t），最小的仍为松原（46.39 万 t）。1976 ~ 2000 年，粮食生产潜力总量变化最大的为扶余，共增长 62.35 万 t，增长了 37.6%；松原的粮食生产潜力总量变化最小，仅增长 6.65 万 t，增长的百分比为 16.7%；从变化的百分比看，乾安的粮食生产潜力总量变化最大，增长了 56.2%，长岭变化最小，仅增长 12.0%（表 4.2）。

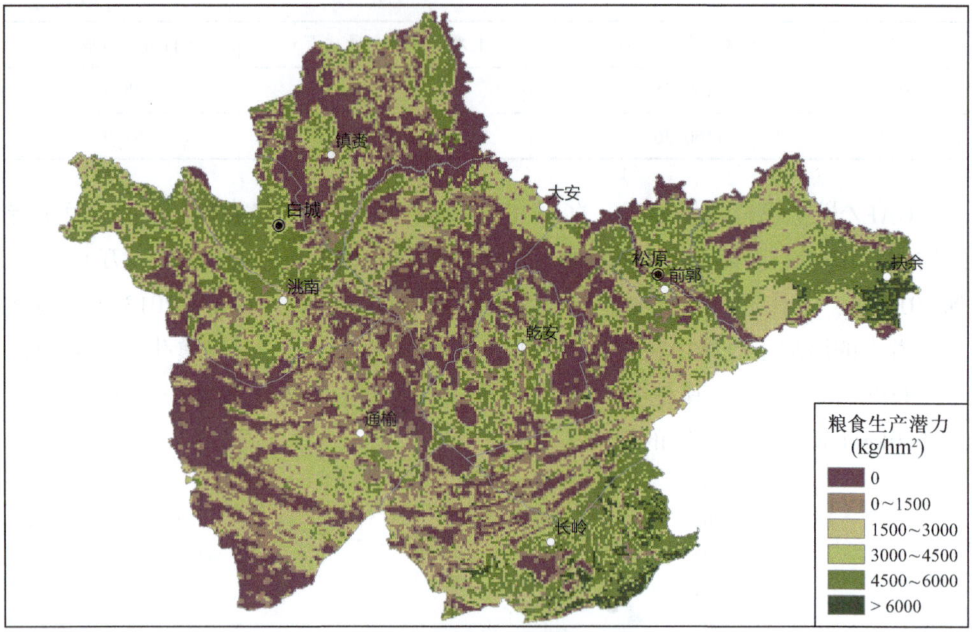

a. 1976年吉林省西部粮食生产潜力

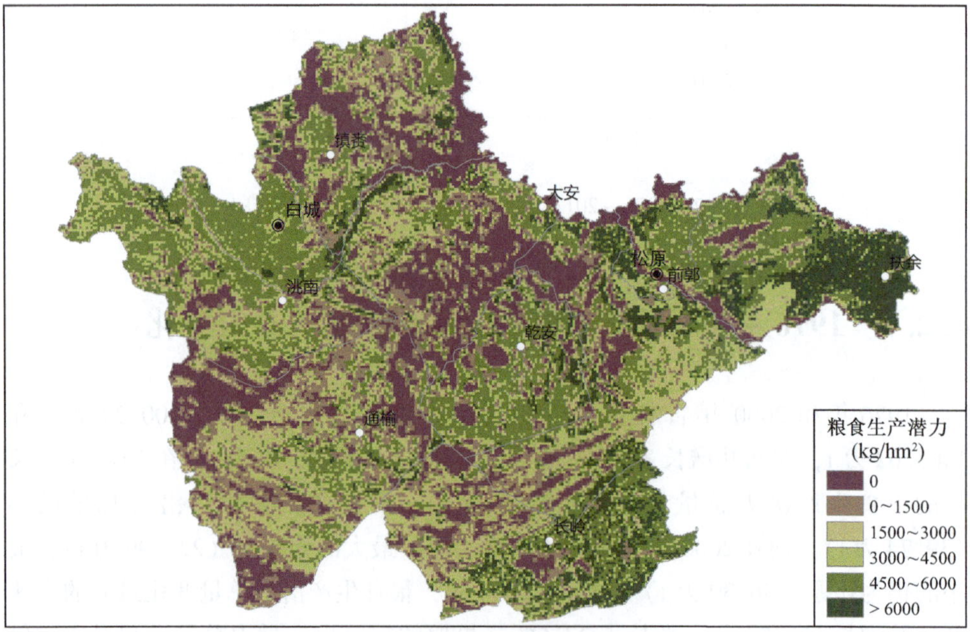

b. 2000年吉林省西部粮食生产潜力

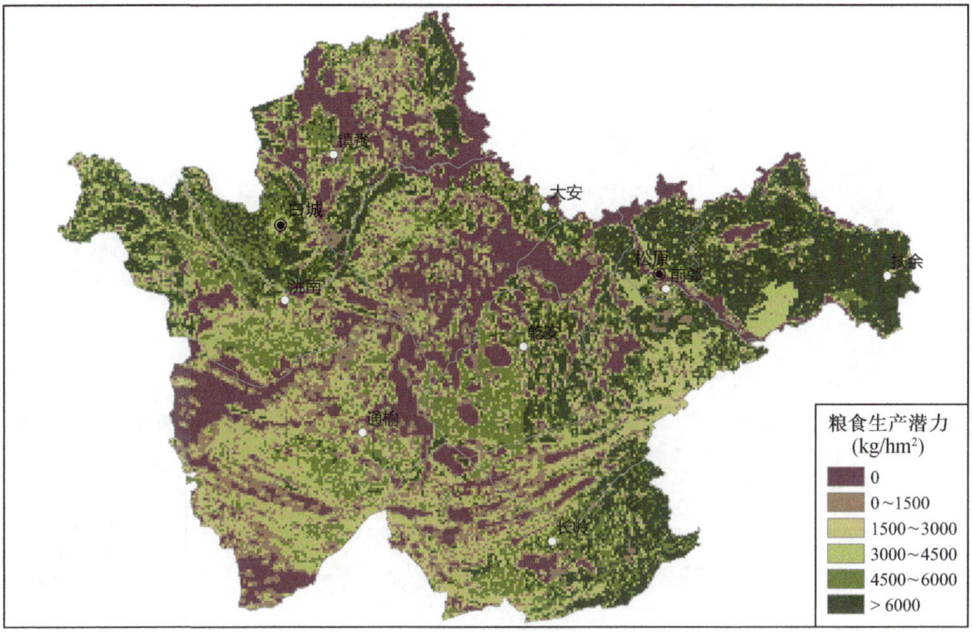

c. 2013年吉林省西部粮食生产潜力

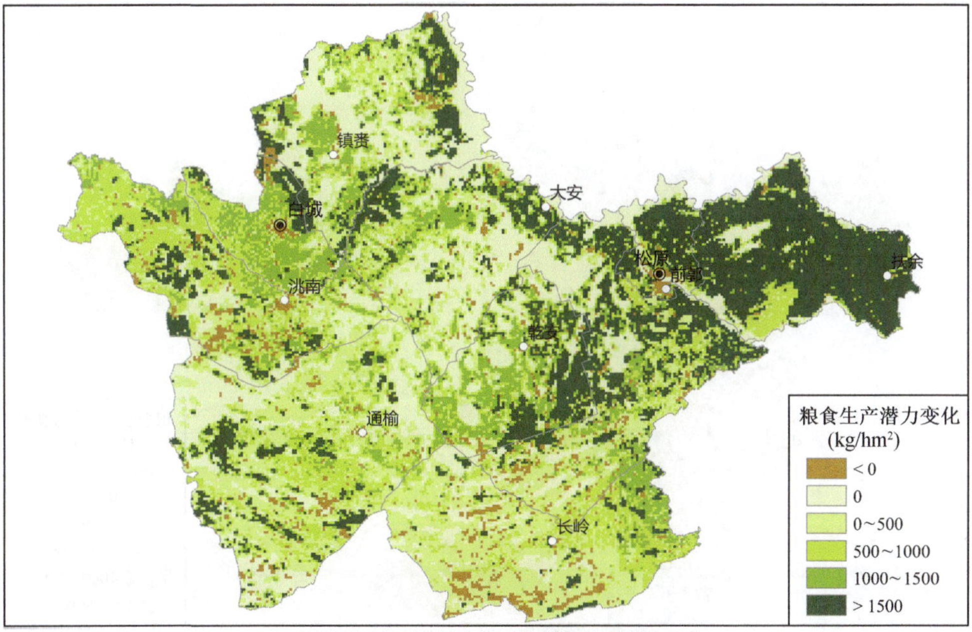

d. 1976~2013年吉林省西部粮食生产潜力变化

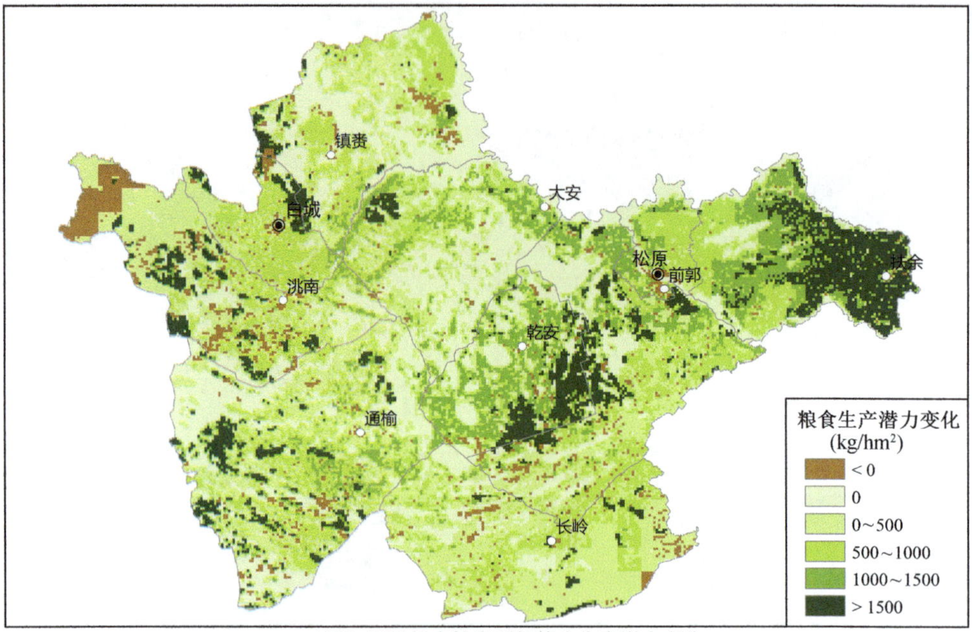

e. 1976~2000年吉林省西部粮食生产潜力变化

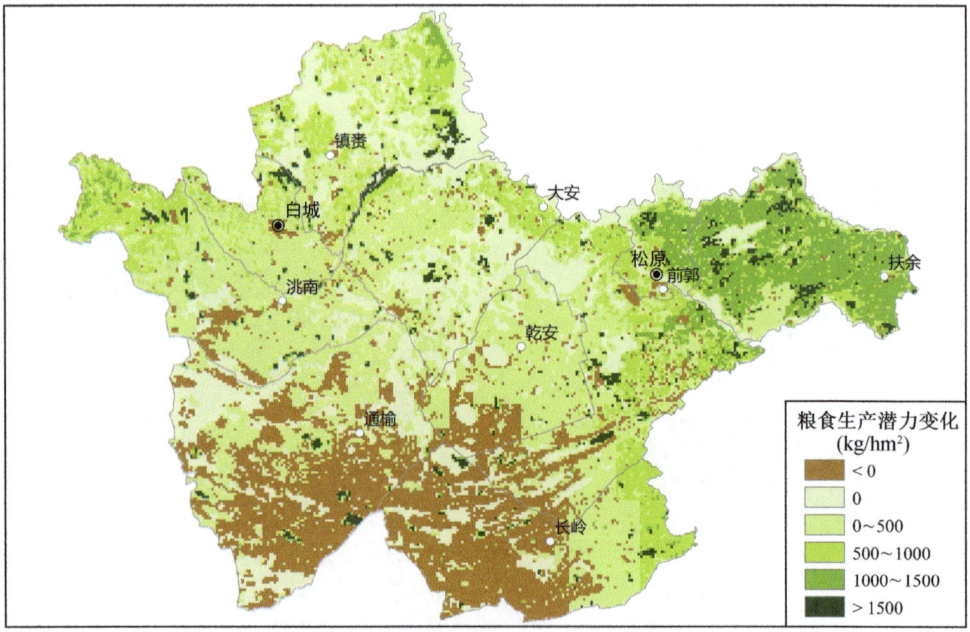

f. 2000~2013年吉林省西部粮食生产潜力变化

图 4. 3 近 40 年吉林省西部粮食生产潜力及变化

表 4.2　1976 ~ 2000 年吉林省西部粮食生产潜力总量变化

地区	粮食生产潜力总量（万 t）		粮食生产潜力总量变化	
	1976 年	2000 年	变化（万 t）	百分比（%）
白城	70.64	84.42	13.78	19.5
大安	73.48	93.95	20.47	27.9
扶余	165.64	227.99	62.35	37.6
前郭	141.63	186.9	45.27	32.0
乾安	80.12	125.15	45.03	56.2
松原	39.74	46.39	6.65	16.7
洮南	148.6	173.84	25.24	17.0
通榆	109.38	156.25	46.87	42.9
长岭	176.36	197.48	21.12	12.0
镇赉	94.7	113.25	18.55	19.6
总计	1 100.29	1 405.62	305.33	27.8

1976 年，在吉林省西部的东部、西部和南部，粮食生产潜力较大，一般都在 4000kg/hm^{2}以上；而在中部、西南部地区由于耕地较少，盐碱地和草地较多，导致粮食生产潜力较小，甚至为 0。例如，白城、扶余和长岭的粮食生产潜力最大，分别为 3753.81kg/hm^2、3563.59kg/hm^{2}和 3166.35kg/hm^2，通榆的粮食生产潜力最小，仅为 1290.03kg/hm^2。

2000 年，粮食生产潜力较大的地区为扶余（4917.88kg/hm^2）、白城（4493.03kg/hm^2）和松原（3696.18kg/hm^2）；虽然通榆的粮食生产潜力仍然最小，仅有 1847.19kg/hm^2，但相比于 1976 年，增加了 557.16kg/hm^2。由此可见，相比于 1976 年，2000 年吉林省西部粮食生产潜力普遍提高。扶余东部、前郭部分地区的粮食生产潜力增加幅度最大，大于 1500kg/hm^2，大安和镇赉大部分地区的粮食生产潜力保持 1976 年水平不变，而在洮南西部，其粮食生产潜力有所下降。

为了从粮食生产潜力的角度分析 1976 ~ 2000 年间的土地利用变化，本研究根据表 4.3 将耕地分为低潜力耕地、中低潜力耕地、中潜力耕地、中高潜力耕地和高潜力耕地五类。

在 1976 年，吉林省西部共有耕地 231.98 万 hm^2，其中，低潜力耕地 22.73 万 hm^2、中低潜力耕地 38.51 万 hm^2、中潜力耕地 69.13 万 hm^2、中高潜力耕地

94.88 万 hm^2、高潜力耕地 6.73 万 hm^2。在 2000 年，吉林省西部共有耕地 248.87 万 hm^2，五类耕地面积分别占耕地总面积的 7.1%、11.6%、18.6%、44.9% 和 17.8%。

表 4.3 根据粮食生产潜力的耕地分类表 （单位：kg/hm^2）

粮食生产潜力	<1500	1500 ~ 3000	3000 ~ 4500	4500 ~ 6000	>6000
耕地分类	低潜力	中低潜力	中潜力	中高潜力	高潜力

1976 ~ 2000 年，高潜力和中高潜力的耕地面积有所增加，分别增加了 37.62 万 hm^2 和 16.79 万 hm^2，其中，新增加的高潜力耕地主要来自于中高潜力耕地（31.54 万 hm^2）、草地（2.24 万 hm^2）和沼泽地（1.37 万 hm^2），新增加的中高潜力耕地主要由中潜力耕地（41.11 万 hm^2）、草地（4.82 万 hm^2）、林地（2.56 万 hm^2）和沼泽地（1.45 万 hm^2）转化而来；而中潜力、中低潜力和低潜力的耕地面积分别减少了 22.75 万 hm^2、9.94 万 hm^2 和 4.82 万 hm^2，其中，减少的中潜力耕地主要转化为中高潜力耕地（41.11 万 hm^2）、高潜力耕地（1.5 万 hm^2）、中低潜力耕地（1.07 万 hm^2）和建设用地（0.83 万 hm^2），减少的中低潜力耕地主要转化为中潜力耕地（15.69 万 hm^2）、中高潜力耕地（1.97 万 hm^2）、低潜力耕地（0.68 万 hm^2）和建设用地（0.52 万 hm^2），减少的低潜力耕地主要转化为中低潜力耕地（5.21 万 hm^2）、中高潜力耕地（0.95 万 hm^2）和中潜力耕地（0.93 万 hm^2）（表 4.4）。

表 4.4 1976 ~ 2000 年吉林省西部不同潜力耕地面积及变化 （单位：万 hm^2）

类型	面积		
	1976 年	2000 年	变化
低潜力	22.57	17.75	-4.82
中低潜力	38.50	28.56	-9.94
中潜力	69.12	46.37	-22.75
中高潜力	94.99	111.78	16.79
高潜力	6.79	44.41	37.62

4.2.2 2000 ~ 2013 年吉林省西部粮食生产潜力变化

2000 ~ 2013 年，吉林省西部粮食生产潜力总量增长了 146.34 万 t，平均每年增长约 11.26 万 t。其中，扶余的粮食生产潜力总量共增长了 46.93 万 t，是粮食生产潜力总量增长最多的地区；粮食生产潜力总量增长最少的地区为通榆，仅增长了 1.29 万 t。从增长的百分比来看，2000 年以来，吉林省西部粮食生产潜力总量共增长了 10.4%；其中，粮食生产潜力总量增加百分比最大的为扶余和镇赉，比 2000 年分别增长了 20.6% 和 19.3%；通榆的粮食生产潜力总量增长百比分最小，仅比 2000 年增长了约 0.8%（表 4.5）。

在 2013 年，吉林省西部的东部、东南部和西北部的粮食生产潜力较大，一般都在 4500kg/hm^{2}以上，局部甚至超过了 6000kg/hm^2；而在中部、西南部和北部，粮食生产潜力较低，普遍低于 1500kg/hm^2。例如，位于吉林省西部东部的扶余，其粮食生产潜力最大，高达 5914.76kg/hm^2，东北部的白城以及东部的松原地区也具有较高的粮食生产潜力，分别为 4862.75kg/hm^2 和 4319.21kg/hm^2；位于西南部的通榆的粮食生产潜力最小，不足 2000kg/hm^2，大安和镇赉的粮食生产潜力也较低，分别为 2186.91kg/hm^{2}和 2524.02kg/hm^2。

2000～2013 年，吉林省西部各县（市）的粮食生产潜力都有所提高。其中，增加最多的为扶余，平均每公顷增加了近 1000kg；松原和镇赉也具有较大增幅，每公顷分别增加了 623.03kg 和 406.42kg。通榆不但粮食生产潜力最低，增幅也最小，平均每公顷仅增加了 10.77kg；长岭的粮食生产潜力增幅也较小，不足 100kg/hm^2。

根据表 4.3 将耕地分为五类，并与土地利用进行叠加分析，结果显示，2013 年吉林省西部低潜力、中低潜力、中潜力、中高潜力和高潜力耕地面积分别约占吉林省西部耕地总面积的 7%、11.2%、15.4%、28.1% 和 38.4%（表 4.6）。相比于 2000 年，只有高潜力耕地面积有所增加，增加了 53.08 万 hm^2；中高潜力和中潜力的耕地面积分别减少了 40.46 万 hm^2 和 7.17 万 hm^2；中低潜力和低潜力的耕地面积变化较小，其减少的面积都不足 0.1 万 hm^2。

表 4.5　2000～2013 年吉林省西部粮食生产潜力变化

地区	粮食生产潜力总量（万 t）		粮食生产潜力总量变化	
	2000 年	2013 年	变化（万 t）	百分比（%）
白城	84.42	91.51	7.09	8.4
大安	93.95	107.09	13.14	14.0
扶余	227.99	274.92	46.93	20.6
前郭	186.90	208.26	21.36	11.4

续表

地区	粮食生产潜力总量（万 t）		粮食生产潜力总量变化	
	2000 年	2013 年	变化（万 t）	百分比（%）
乾安	125.15	128.99	3.84	3.1
松原	46.39	54.21	7.82	16.9
洮南	173.84	190.83	16.99	9.8
通榆	156.25	157.54	1.29	0.8
长岭	197.48	203.47	5.99	3.0
镇赉	113.25	135.14	21.89	19.3
吉林省西部	1 405.62	1 551.96	146.34	10.4

表 4.6　2000～2013 年吉林省西部不同潜力耕地面积及变化　（单位：万 hm^2）

类型	面积		
	2000 年	2013 年	变化
低潜力	17.75	17.68	-0.07
中低潜力	28.56	28.48	-0.08
中潜力	46.37	39.2	-7.17
中高潜力	111.78	71.32	-40.46
高潜力	44.41	97.49	53.08

增加的高潜力耕地主要由中高潜力耕地、中潜力耕地和沼泽地转换而来，其面积分别为 50.44 万 hm^2、1.53 万 hm^2和 1.01 万 hm^2；减少的中高潜力耕地主要转化为高潜力耕地（50.44 万 hm^2）、中潜力耕地（和 2.18 万 hm^2）以及建设用地（0.64 万 hm^2）；减少的中潜力耕地主要转化为中高潜力耕地（9.49 万 hm^2）、中低潜力耕地（2.58 万 hm^2）和高潜力耕地（1.53 万 hm^2）。

4.3　粮食生产潜力变化影响因素分析

粮食生产潜力从根本上取决于农业气候资源和土地利用状态。虽然地形、土壤等自然条件也严重制约着粮食生产潜力，但其在几十年的尺度上是基本保持不变的，因此地形、土壤等对粮食生产潜力时间变化的影响可以忽略。农业气候制约着作物生长发育所需的光、温、水、热条件，其变化必然导致粮食生产潜力的提高或下降（Lobell et al.，2011；Anwar et al.，2015）；而土地利用变化直接改变了土地资源的数量、质量和空间分布格局，必然导致粮食生产潜力发生变化；另外，由于本研究中考虑了雨养和灌溉两种条件下的粮食生产潜力，灌溉率的变化也是引起粮食生产潜力变化的重要因素。因此，本研究着重分析了吉林省西部气候变化、土地利用转换和灌溉率调整对粮食生产潜力的影响。

4.3.1 气候变化对粮食生产潜力的影响

由于气候、土地利用和灌溉率三者都对粮食生产潜力的变化具有重要作用，在探讨气候变化对粮食生产潜力变化的影响时，必须剔除土地利用和灌溉率的影响。因此，本研究假设在 1976～2013 年间仅气候发生了变化，而土地利用和灌溉率保持 1976 年的状态不变（假设一），利用 GAEZ 模型模拟了不同气候条件下的吉林省西部粮食生产潜力，并计算得出不同时间段内粮食生产潜力变化（图 4.4）。

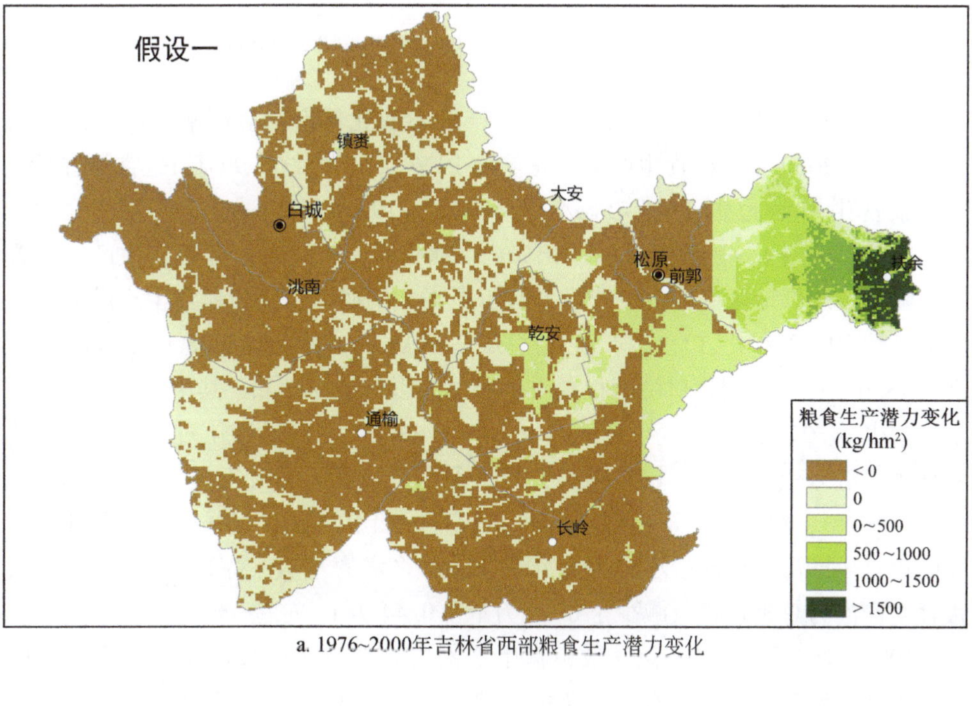

a. 1976～2000年吉林省西部粮食生产潜力变化

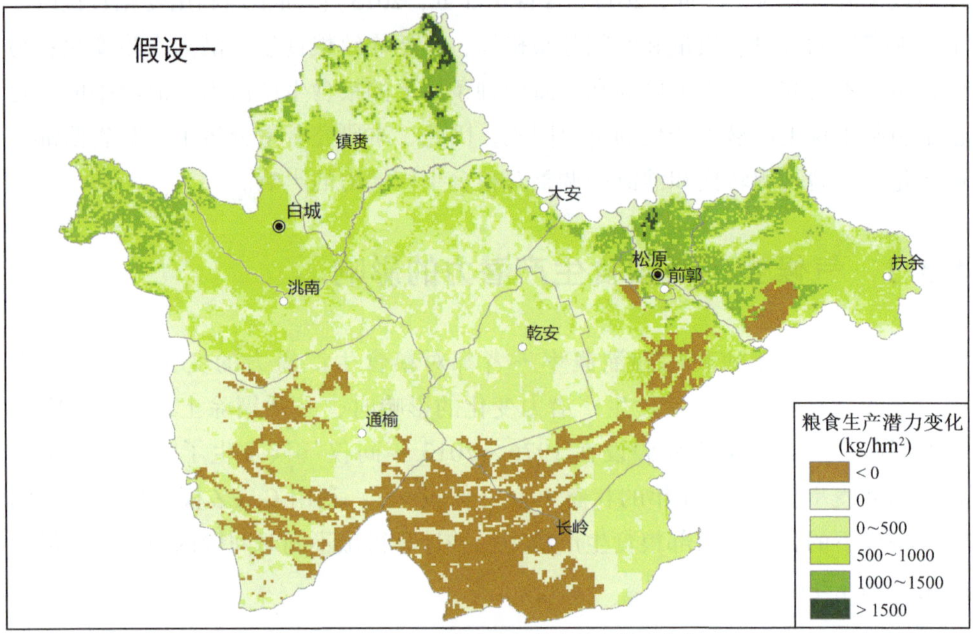

b. 2000~2013年吉林省西部粮食生产潜力变化

图 4.4　气候变化对吉林省西部粮食生产潜力的影响

1976～2013 年，气候变化对粮食生产潜力变化具有显著影响。由于气候变化的影响，2000 年的粮食生产潜力总量比 1976 年减少了 68.99 万 t，吉林省西部平均粮食生产潜力由 2346.75kg/hm^2 下降到 2199.62kg/hm^2，下降了约 6.3%（表 4.7）。由图 4.4（a）可以看出 1976～2000 年，吉林省西部粮食生产潜力普遍下降，仅东部地区的粮食生产潜力有所提高。例如，扶余的粮食生产潜力总量增加了约 30.89 万 t，粮食生产潜力由 3563.59kg/hm^2 提高到 4288.03kg/hm^2，提高了 18.6%；气候变化对洮南粮食生产潜力的影响最为剧烈，其粮食生产潜力总量共减少 34.27 万 t，粮食生产潜力也下降了 23.1%；气候变化对镇赉和白城的粮食生产潜力变化也具有较大影响，其粮食生产潜力总量分别损失了 16.71 万 t 和 14.08 万 t，粮食生产潜力分别下降了 17.7% 和 19.9%；气候变化对前郭和乾安的粮食生产潜力影响较小，2000 年的粮食生产潜力基本保持 1976 年水平不变，粮食生产潜力总量也仅仅减少了 0.29 万 t 和 0.44 万 t。

1976～2000 年气候变化导致粮食生产潜力减弱的主要原因是吉林省西部降水减少和气温升高，气候有干旱化的趋势。相比于 1976 年，吉林省西部年均降水量减少了 25mm 左右，年均气温升高了约 1℃。降水量减少导致作物生长发育过程当中土壤可用水分不足，直接影响了农作物的根系发育和茎叶生长，并导致光合作用减弱，最终降低了粮食生产潜力；虽然气温的升高可能增强了农作物的光合作用，但吉林省西部原本就降水较少，高温又加剧了土壤水分的蒸散和作物水分的蒸腾，不可避免地造成粮食生产潜力的减少。

表 4.7　假设一条件下气候变化对粮食生产潜力的影响

地区	粮食生产潜力（kg/hm^2）			粮食生产潜力总量（万 t）		
	1976 年	2000 年	2013 年	1976 年	2000 年	2013 年
白城	3 753.81	3 005.78	3 614.42	70.65	56.57	68.02
大安	1 500.44	1 372.12	1 592.47	73.48	67.19	77.98
扶余	3 563.59	4 228.03	4 832.91	165.63	196.52	224.63
前郭	2 347.13	2 342.47	2 527.38	141.63	141.34	152.5
乾安	2 286.59	2 273.99	2 369.71	80.12	79.68	83.03
松原	3 166.35	3 068.93	3 784.92	39.74	38.51	47.5
洮南	2 912	2 240.45	2 707.94	148.6	114.33	138.19
通榆	1 290.03	1 144.45	1 166.33	109.38	97.04	98.89
长岭	3 077.28	2 828.93	2 791.3	176.36	162.13	159.97
镇赉	1 768.8	1 456.6	1 859.88	94.7	77.99	99.58
吉林省西部	2 346.75	2 199.62	2 453.43	1 100.29	1 031.3	1 150.3

2000～2013 年，吉林省西部年均降水量增加了 158.8mm，年均气温降低了 0.13℃，气候变化共使吉林省西部平均粮食生产潜力提高了 11.5%，粮食生产潜力总量增加了 119 万 t。此期间，气候变化对吉林省西部粮食生产潜力的影响基本呈正效应，仅在吉林省西部的西南部导致了粮食生产潜力的降低。这主要是因为在吉林省西部的西南部本就较其他地区干旱，2013 年年均降水量仅比 2000 年增加了 2.8mm 左右，而气温却升高了 0.3℃以上，是 2013 年当中降水增加最少、升温最快的地区，这就使得该地区干旱化现象进一步加剧，严重制约着粮食生产。因此，气候变化导致长岭的粮食生产潜力下降了 1.3%，粮食生产潜力总量减少了 2.16 万 t。

气候变化对吉林省西部的东北部、北部和西北部的粮食生产潜力影响最为显著，由于该地区水热条件良好，粮食生产潜力持续提高，是吉林省西部粮食生产潜力总量增加最多的地区。例如，2000～2013 年受气候变化的影响，镇赉、松原、洮南和白城的粮食生产潜力分别提高了 27.7%、23.3%、20.9%

和20.2%。从粮食生产潜力总量的角度来看，扶余受气候变化的影响最大，其2013年的粮食生产潜力总量比2000年增加了28.11万t；另外，洮南和镇赉的粮食生产潜力总量也有较大的增长，分别增加了23.86万t和21.59万t。

4.3.2 土地利用变化对粮食生产潜力的影响

为了单独研究土地利用变化对粮食生产潜力的影响，本研究假设1976～2013年吉林省西部的气候条件和灌溉率保持1976年状态不变，仅有土地利用发生了变化（假设二），根据1976年的气候数据和灌溉数据以及1976年、2000年和2013年的三期土地利用数据，运用GAEZ模型估算了1976～2000年和2000～2013年吉林省西部土地利用变化对粮食生产潜力的影响（图4.5）。

总的来说，由于土地利用变化，1976～2013年吉林省西部粮食生产潜力持续提高，2013年吉林省西部平均粮食生产潜力高达2571.68kg/hm^2，比1976年提高了9.6%（表4.8）。

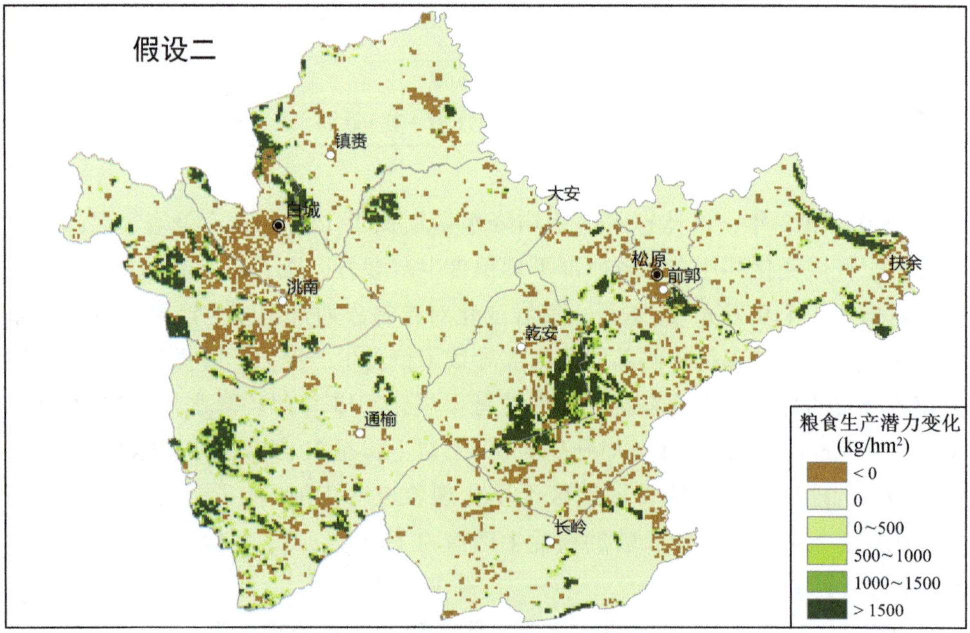

a. 1976~2000年吉林省西部粮食生产潜力变化

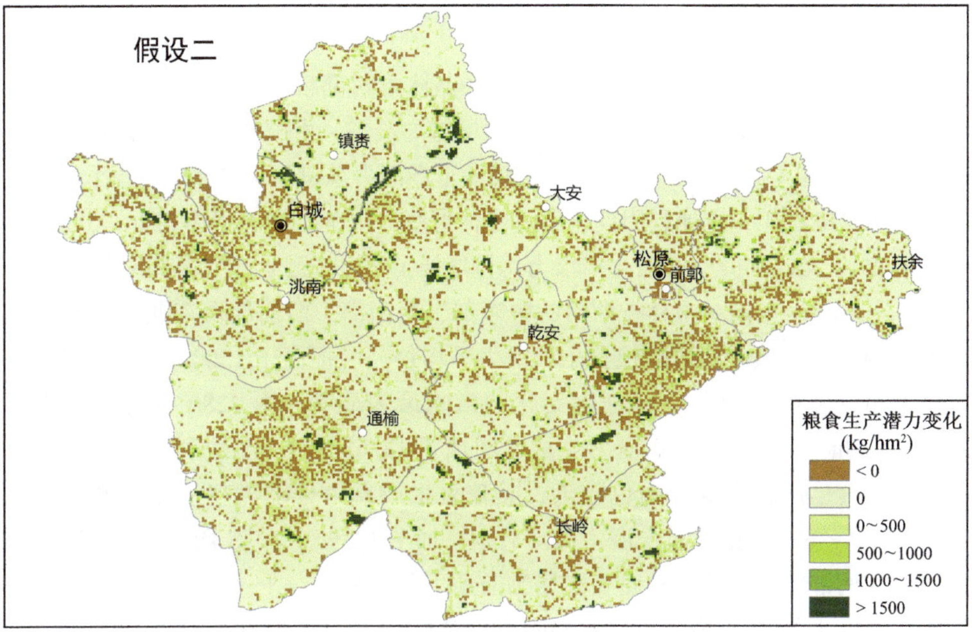

b. 2000~2013年吉林省西部粮食生产潜力变化

图 4.5　土地利用变化对吉林省西部粮食生产潜力的影响

表 4.8　假设二条件下土地利用变化对粮食生产潜力的影响

地区	粮食生产潜力（kg/hm²）			粮食生产潜力总量（万 t）		
	1976 年	2000 年	2013 年	1976 年	2000 年	2013 年
白城	3 753.81	3 951.22	3 969.33	70.65	74.36	74.7
大安	1 500.44	1 556.00	1 651.28	73.48	76.2	80.87
扶余	3 563.59	3 751.49	3 808.56	165.63	174.37	177.02
前郭	2 347.13	2 561.92	2 627.89	141.63	154.59	158.57
乾安	2 286.59	2 819.53	2 838.31	80.12	98.8	99.46
松原	3 166.35	3 053.82	3 024.93	39.74	38.32	37.96
洮南	2 912.00	3 114.01	3 143.89	148.6	158.91	160.43
通榆	1 290.03	1 503.49	1 539.48	109.38	127.48	130.53
长岭	3 077.28	3 126.92	3 180.77	176.36	179.2	182.29
镇赉	1 768.80	1 830.93	1 940.94	94.7	98.03	103.92
吉林省西部	2 346.75	2 517.32	2 571.68	1 100.29	1 180.26	1 205.75

从粮食生产潜力总量来看，1976～2013 年，吉林省西部土地利用变化对粮食生产潜力的影响一直表现为正效应，即提高了吉林省西部的粮食生产潜力总量。1976～2013 年，土地利用变化共导致吉林省西部粮食生产潜力总量增加了 105.46 万 t，其中通榆的粮食生产潜力总量增加最多，由 109.38 万 t 增至 130.53 万 t；但在松原一带，土地利用变化使粮食生产潜力总量损失了约 1.78 万 t。

1976～2000 年，土地利用变化促使吉林省西部粮食生产潜力由 2346.75kg/hm^2 提高至 2517.32kg/hm^2，粮食生产潜力总量增加了 79.97 万 t，平均每年增加 3 万 t 以上。土地利用变化对吉林省西部的中东部、西南部、西北部及东北部的部分地区的影响较大，这些地区的粮食生产潜力平均每公顷提高了 1500kg 左右。其中，乾安的粮食生产潜力受土地利用变化的影响最为显著，由 2286.59kg/hm^2 增至 2819.3kg/hm^2，其粮食生产潜力总量也增加了 18.68 万 t；土地利用变化对前郭和通榆粮食生产潜力的影响也较大，其粮食生产潜力分别提高了 214.79kg/hm^2 和 213.46kg/hm^2，粮食生产潜力总量分别增加了 12.96 万 t 和 18.1 万 t。而在吉林省西部的部分地区，其粮食生产潜力有所下降。例如，土地利用变化导致松原粮食生产潜力每公顷下降了 112.53kg，粮食生产潜力总量也由 1976 年的 39.74 万 t 减少至 2013 年的 38.32 万 t。

土地利用变化对 2000～2013 年吉林省西部粮食生产潜力的影响主要表现为正效应，使得 2013 年吉林省西部粮食生产潜力平均每公顷比 2000 年提高了 54.36kg，粮食生产潜力总量也由 1180.26 万 t 增至 1205.75 万 t，增加了 2.2%。虽然从空间格局来看，土地利用变化导致部分地区的粮食生产潜力减弱，但除了松原之外，各县（市）的平均粮食生产潜力和粮食生产潜力总量仍在增加。例如，镇赉和大安粮食生产潜力每公顷分别提高了 110.01kg 和 95.28kg，该地区是粮食生产潜力受土地利用变化的影响最大的地区，其粮食生产潜力总量增加的也最多，分别增加了 5.89 万 t 和 4.67 万 t；而在松原，土地利用变化导致粮食生产潜力和粮食生产潜力总量分别减少了 28.89kg/hm^2 和 0.36 万 t；土地利用变化对白城粮食生产潜力的影响最小，仅使其提高了 18.1kg/hm^2，粮食生产潜力总量也仅增加了 0.34 万 t。

土地利用变化对粮食生产潜力的影响主要通过耕地与其他地类的转换实现，如草地、沼泽地、林地转换为耕地或耕地转换为建设用地。在 1976～2000 年，吉林省西部共有 23.24 万 hm^2 其他类型土地转化为耕地，导致粮食生产潜力总量增加了 108.29 万 t；其中，仅草地向耕地的转化就使粮食生产潜力总量增长了约 57.54 万 t，占土地利用变化引起的粮食生产潜力总量增量的一半以上；林地和沼泽地向耕地的转化对提高吉林省西部粮食生产潜力也具有较大贡献，分别使其增加了 27. 59 万 t 和 22. 12 万 t。同时，共有 6. 36 万 hm^2 的耕地转化为其他土地利用类型，导致吉林省西部粮食生产潜力总量减少了 14. 16 万 t；由于防护林的建设，占据了大量农田，共有 2. 28 万 hm^2 的耕地转化为林地，吉林省西部粮食生产潜力总量因此损失了约 6. 56 万 t；1976 ~ 2000 年，吉林省西部人口增加了 100 多万，住房需求增加，95% 以上新增加的建设用地来自于耕地，使粮食生产潜力总量减少了 2. 54 万 t。

2000 ~ 2013 年，吉林省西部粮食生产潜力总量因其他类型土地向耕地的转化而增加了 33. 82 万 t，因耕地向其他类型土地的转化而减少了 8. 33 万 t，净增加了 25. 49 万 t。在此期间，共有 3. 68 万 hm^2 的耕地转化为其他类型土地；其中，由于社会经济的发展和人口的增加，城市蔓延吞噬耕地，共有 1. 27 万 hm^2 的耕地转化为建设用地，导致吉林省西部粮食生产潜力总量损失了 3. 1 万 t，这是吉林省西部 2000 ~ 2013 年粮食生产潜力总量损失的最主要的土地利用变化因素。由于人类不合理的活动和气候变化，导致部分耕地质量下降，最终盐碱化的耕地有 0. 44 万 hm^2，吉林省西部粮食生产潜力总量因此而减少了 1. 76 万 t；另外，由于退耕还林还草政策的实施和防护林的建设，分别有 1. 09 万 hm^2 和 0. 72 万 hm^2 的耕地转化为林地和草地，导致吉林省西部粮生产潜力总量减少了 1. 57 万 t 和 1. 06 万 t。与此同时，约有 8. 98 万 hm^2 的其他土地类型转化为耕地；其中，沼泽地向耕地的转化对吉林省西部粮食生产潜力总量增加的促进作用最大，吉林省西部粮食生产潜力因而共增加了 12. 85 万 t，占总增加量的三分之一以上；虽然吉林省西部实施了退耕还草的政策，但由于人为原因和环境变化，仍有近 2. 5 万 hm^2 的草地转化为耕地，使得吉林省西部粮食生产潜力总量增加了约 8. 47 万 t。鉴于吉林省西部土地盐碱化现象较为严重，近些年来，政府和科研部门加大了对盐碱地治理的投入，“种稻治碱”取得较好成果，吉林省西部粮食生产潜力总量因此而增加了约 1. 86 万 t。

4. 3. 3 灌溉率变化对粮食生产潜力的影响

本研究当中，影响粮食生产潜力的因素除了气候变化和土地利用变化之外，还考虑了灌溉率的影响。为了分析灌溉率变化对粮食生产潜力的影响，假设 1976 ~ 2013 年，仅有灌溉率发生了变化，而气候条件和土地利用都保持 1976 年时的状态（假设三）。然后，利用 GAEZ 模型分别模拟了在该假设条件下 1976 年、2000 年和 2013 年的粮食生产潜力，进而对粮食生产潜力进行了分析（图 4. 6）。

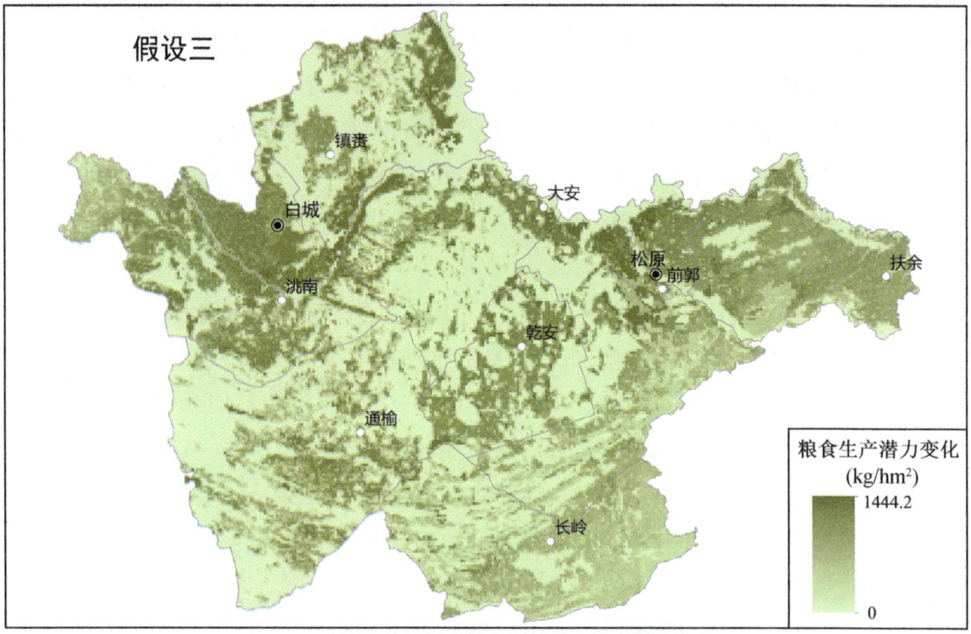

a. 1976~2000年吉林省西部粮食生产潜力变化

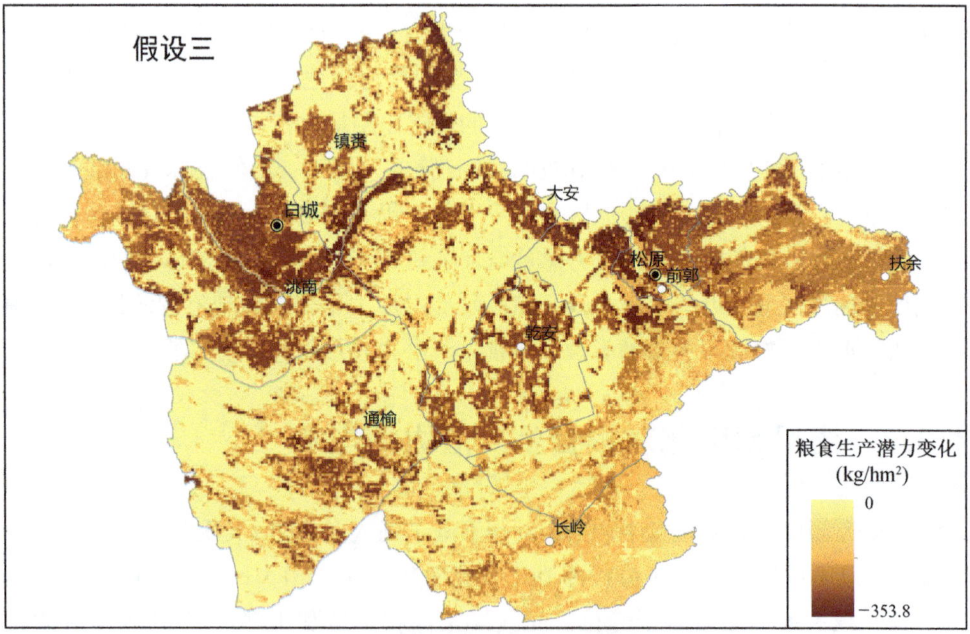

b. 2000~2013年吉林省西部粮食生产潜力变化

图 4.6　灌溉率变化对吉林省西部粮食生产潜力的影响

灌溉率的变化和降水量的多少密切相关，降水多，则灌溉率低，降水少，则灌溉率高。1976 年、2000 年和 2013 年吉林省西部的灌溉率分别为 19.4%、44.3%、38.2%。由于灌溉率的变化，1976～2000 年吉林省西部平均粮食生产潜力提高了 466.83kg/hm^2，生产潜力总量增加了 218.87 万 t，而在 2000～2013 年，分别下降了 114.36kg/hm^{2}和 53.62 万 t（表 4.9）。

1976～2000 年，灌溉率的提高导致吉林省西部粮食生产潜力普遍增加，最高平均每公顷增加了 1444.2kg。灌溉率变化对吉林省西部的西北部和东北部粮食生产潜力的影响较大，中部地区粮食生产潜力受灌溉率的影响较小。白城粮食生产潜力受灌溉率的影响最大，平均每公顷提高了 830.88kg；其次为松原和扶余，其粮食生产潜力分别提高了 731.94kg/hm^{2}和 635.48kg/hm^2；灌溉率变化对通榆粮食生产潜力的影响最小，仅使其增加了 333.24kg/hm^2。从粮食生产潜力总量的角度来看，灌溉率变化对扶余粮食生产潜力总量的影响最大，2000 年扶余粮食生产潜力总量比 1976 年增加了 29.54 万 t，平均每年增加 1.23 万 t；洮南、通榆和前郭的粮食生产潜力总量受灌溉率的影响也较大，分别增加了 29.45 万 t、28.26 万 t 和 26.49 万 t；松原则是粮食生产潜力总量受灌溉率影响最小的地区，其 2000 年的粮食生产潜力总量仅比 1976 年增加了不足 10t。

表 4.9 假设三条件下灌溉率化对粮食生产潜力的影响

地区	粮食生产潜力（kg/hm^2）			粮食生产潜力总量（万 t）		
	1976 年	2000 年	2013 年	1976 年	2000 年	2013 年
白城	3 753.81	4 584.69	4 381.14	70.65	86.28	82.45
大安	1 500.44	1 869.72	1 779.26	73.48	91.56	87.13
扶余	3 563.59	4 199.07	4 043.39	165.63	195.17	187.94
前郭	2 347.13	2 786.21	2 678.65	141.63	168.12	161.63
乾安	2 286.59	2 815.64	2 686.04	80.12	98.66	94.12
松原	3 166.35	3 898.29	3 718.98	39.74	48.92	46.67
洮南	2 912.00	3 489.15	3 347.76	148.6	178.05	170.84
通榆	1 290.03	1 623.27	1 541.63	109.38	137.64	130.71
长岭	3 077.28	3 459.52	3 365.88	176.36	198.27	192.90
镇赉	1 768.80	2 175.68	2 076.00	94.7	116.49	111.15
吉林省西部	2 346.75	2 813.58	2 699.22	1 100.29	1 319.16	1 265.54

受灌溉率下降的影响，2000～2013 年，吉林省西部粮食生产潜力普遍降低，

平均每公顷减少了353.8kg。吉林省西部的西北部、东北部和北部粮食生产潜力受灌溉率变化的制约较大，中部及西南部受其的限制较弱。例如，白城粮食生产潜力因灌溉率降低而下降了203.55kg/hm^2，是粮食生产潜力受灌溉率影响最大的地区；另外，灌溉率变化对松原和扶余的影响也较大，由于灌溉率的降低，2013年松原和扶余的粮食生产潜力分别比2000年下降了179.31kg/hm^{2}和155.68kg/hm^2；通榆和大安则是粮食生产潜力受灌溉率影响最小的地区，受灌溉率降低的影响，两地区的粮食生产潜力仅分别降低了81.64kg/hm^{2}和90.46kg/hm^2。扶余和洮南是粮食生产潜力总量受灌溉率降低影响最大的地区，2013年的粮食生产潜力总量比2000年分别减少了7.23万t和7.21万t；通榆和前郭的粮食生产潜力总量受灌溉率变化的影响也较大，分别损失了6.93万t和6.49万t；灌溉率降低对松原粮食生产潜力总量的影响最小，仅使其减少了2.25t左右。

4.4 未来气候情景下粮食生产潜力模拟

农业与气候条件关系密切。联合国政府间气候变化专门委员会（IPCC）第五次评估报告（AR5）表明，过去100多年间（1880～2012年）全球地表平均气温升温速率为0.063℃/10a，而最近60年（1951～2012年）气温上升速率为0.12℃/10a，几乎是1880年以来的两倍（IPCC，2014）。气候变暖增速使得在进行土地利用优化时不得不考虑未来气候变化的影响。气候变化不但影响着土地利用的分布格局，而且将引起粮食生产潜力的变化（Fischer，2014；Carvalh et al.，2015；Gourdji et al.，2015；Zabel et al.，2015）。在本研究中，粮食生产潜力是对土地利用进行空间配置的重要依据，因此，只有对未来气候情景下的粮食生产潜力进行模拟分析，才能准确合理地优化土地利用格局。

IPCC第五次报告（AR5）在对模式、情景和不确定性介绍的基础上，根据全球耦合模式比较计划第五阶段（CMIP5）的46个地球系统模式，给出了21世纪及其后更远时期的气候情景模拟结果。AR5预估所使用的温室气体排放情景为典型浓度路径（representative concentration pathways，RCPs），相对于1986～2005年，2081～2100年全球平均地表气温的增温可能处于CMIP5模式结果的5%～95%范围内，分别为0.3～1.7℃（RCP2.6）、1.1～2.6℃（RCP4.5）、1.4～3.1℃（RCP6.0）和2.6～4.8℃（RCP8.5）。

本研究选取适合中国区域可持续发展的两种RCP情景（RCP4.5和RCP6.0），根据IPCC第五次评估报告中所采用的适合中国的5个大气环流

(GCM) 模式 (NorESM1-M、MIROC-ESM-CHEM、IPSL-CM5A-LR、HadGEM2-ES、GFDL-ESM2M) 输出结果，通过简单平均计算了 2015 ~ 2030 年的平均气候条件（文中 2030 年的气候条件和粮食生产潜力皆指 2015 ~ 2030 年间的平均状况），模拟了吉林省西部未来气候情境下的粮食生产潜力。所用的未来气候情景数据由“跨部门影响模式比较计划”(ISI-MIP) 提供，包括 2015 ~ 2030 年的 5 个 GCM 模式、2 个 RCP 情景、7 个气候要素（太阳辐射、平均气温、最高气温、最低气温、相对湿度、风速、降水）的逐日格网数据。

4.4.1 吉林省西部未来气候条件分析

4.4.1.1 吉林省西部未来气温变化分析

未来十几年当中，无论是在 RCP4.5 情景下，还是在 RCP6.0 情景下，吉林省西部气温普遍升高（图 4.7），平均气温分别升高了 2.69℃ 和 2.54℃（表 4.10）；吉林省西部在 RCP4.5 情景下的增温幅度要大于在 RCP6.0 情景下的增幅幅度。

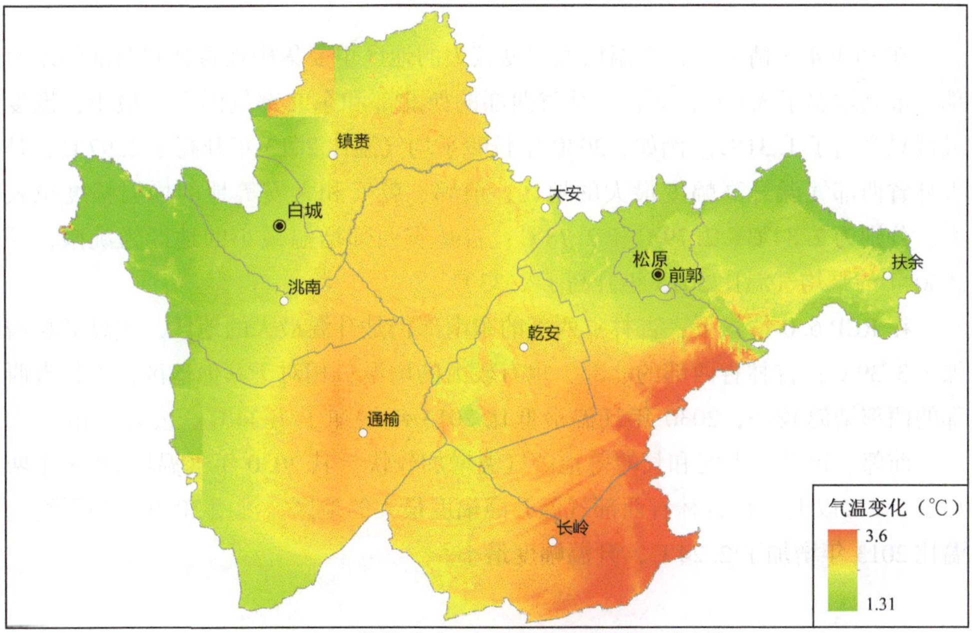

a. RCP4.5情景下2013~2030年吉林省西部气温变化

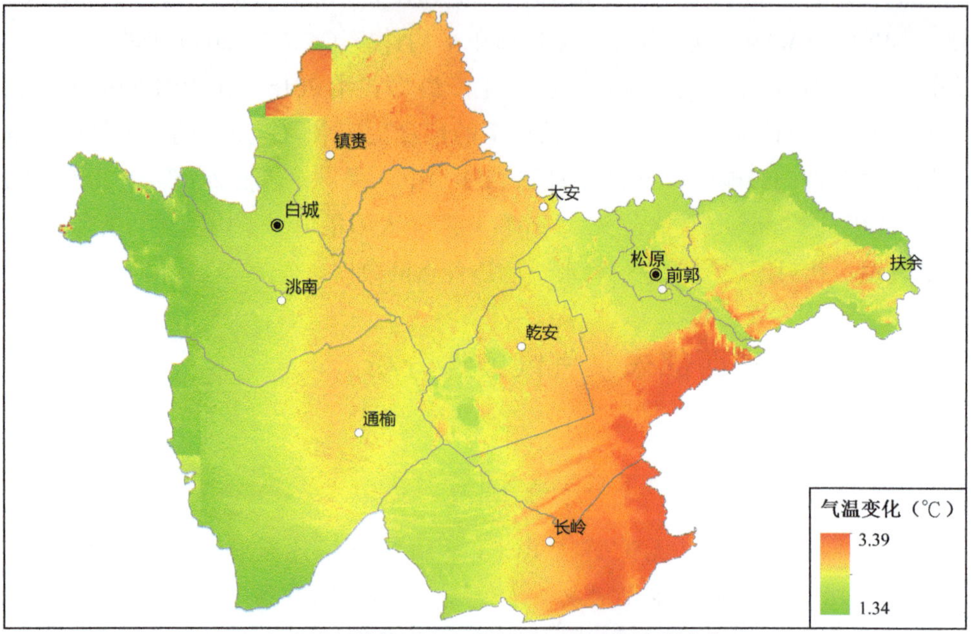

b. RCP6.0情景下2013~2030年吉林省西部气温变化

图 4.7　吉林省西部未来气温变化

在 RCP 4.5 情景下，气温增温幅度较大的地区主要集中在吉林省西部的东南部，最高增温了 3.6℃，而在吉林省西部的西北部和东北部气温升高最小，温度最低只升高了 1.31℃。例如，2030 年长岭平均气温比 2013 年升高了 2.97℃，是吉林省西部气温升高幅度最大的地区；前郭、乾安和大安等地的增温幅度也较大，分别为 2.84℃、2.79℃和 2.78℃；吉林省西部增温最小的地区为洮南，其 2030 年的平均气温比 2013 年升高了 2.33℃。

在 RCP 6.0 情景下，吉林省西部的东南部仍是升温最大的地区，气温最高增加了 3.39℃；吉林省西部的北部，也有较大的增温；相对于其他地区，吉林省西部的西部增温较小，2030 年气温最低比 2013 年增加了 1.34℃。按县（市）来分，前郭、镇赉、大安和长岭等地的气温增加较快，其 2030 年气温比 2013 年增加了 2.6℃以上，是吉林省西部气温升高幅度最大的地区；洮南 2030 年的平均气温比 2013 年增加了 2.24℃，升温幅度最小。

表 4.10　不同 RCP 情景下 2013～2030 年吉林省西部平均气温变化　（单位：℃）

地区	平均气温变化		地区	平均气温变化	
	RCP4.5	RCP6.0		RCP4.5	RCP6.0
白城	2.47	2.41	洮南	2.33	2.24
大安	2.78	2.67	通榆	2.72	2.44
扶余	2.44	2.48	长岭	2.97	2.66
前郭	2.84	2.70	镇赉	2.68	2.68
乾安	2.79	2.59	吉林省西部	2.69	2.54
松原	2.46	2.47			

4.4.1.2　吉林省西部未来降水变化分析

在不同 RCP 情景下，吉林省西部降水变化并不相同（图 4.8），在 RCP4.5 情景下，2030 年吉林省西部平均年降水量比 2013 年增加了 10.2mm；在 RCP6.0 情景下，吉林省西部平均年降水量减少了 36.3mm（表 4.11）。

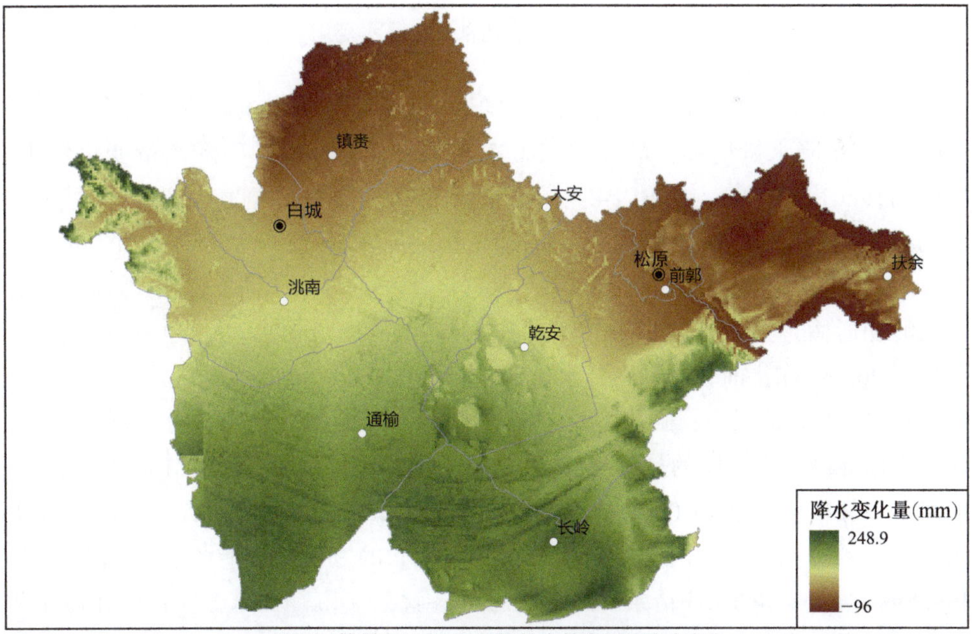

a. RCP4.5情景下2013~2030年年吉林省西部降水变化

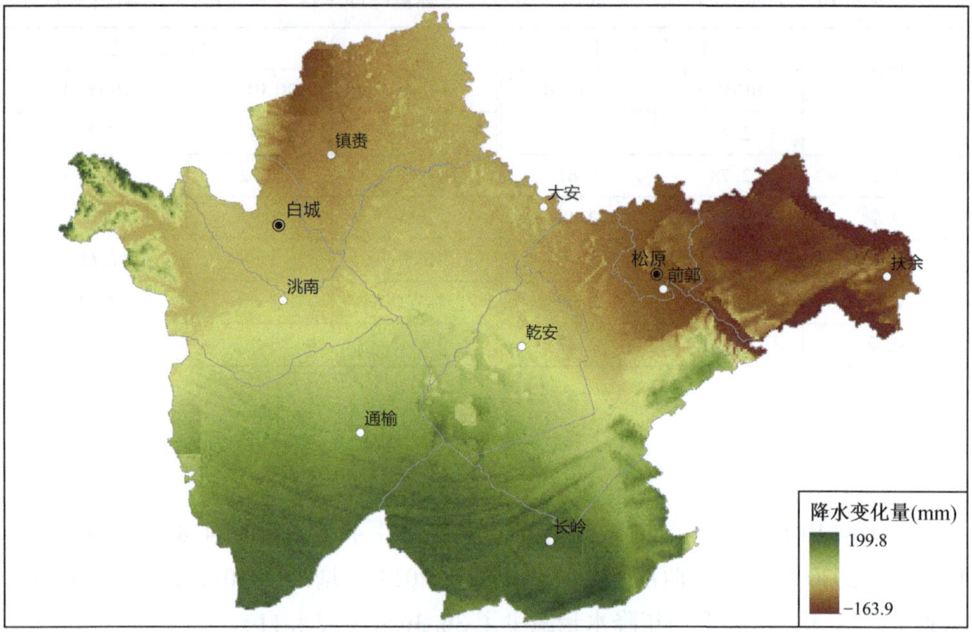

b. RCP6.0情景下2013~2030年年吉林省西部降水变化

图 4.8　吉林省西部未来降水变化

在 RCP4.5 情景下，吉林省西部的东北部和北部降水量减少，最多减少了 96mm；南部降水量增加，最多增加了 248.9mm；中部地区的降水量变化较小。具体到县（市）来说，在 RCP4.5 情景下，2030 年扶余、镇赉、松原、白城和大安的降水量比 2013 年分别减少了 50.1mm、39.99mm、39.12mm、12.23mm 和 1.21mm；在其他地区，2030 年的降水量都比 2013 年有所增加，其中增加最多的是长岭和通榆，分别增加了 59.31mm 和 50.49mm；乾安的降水量也有较大变化，增加了 26.99mm；前郭和洮南降水量变化较小。

在 RCP6.0 情景下，降水变化量的空间分布格局和 RCP4.5 情景下的类似，都是南增北减，但不同的是，RCP6.0 情景下的降水减少幅度大于 RCP4.5 情景，而降水增加幅度小于 RCP4.5 情景。例如，在 RCP6.0 情景下，吉林省西部降水量最多减少了 163.9mm，大于 RCP4.5 情景下的 96mm，降水最大增加量为 199.8mm，小于 RCP4.5 情景下的 248.9mm。就县（市）而言，仅长岭和通榆两个县市的平均降水量呈增加趋势，分别增加了 31.06mm 和 7.62mm，其余 8 个县（市）的降水量均有不同程度的减少。其中，扶余的降水量减少幅度最大，2030 年比 2013 年减少了 116.04mm；松原和镇赉地区的降水量也具有较大减少幅度，分别减少了 100. 1mm 和 74. 69mm。

表 4.11 不同 RCP 情景下 2013 ~ 2030 年吉林省西部年降水量变化 （单位：mm）

地区	未来降水变化		地区	未来降水变化	
	RCP4. 5	RCP6. 0		RCP4. 5	RCP6. 0
白城	-12. 23	-57. 95	洮南	11. 69	-36. 47
大安	-1. 21	-51. 25	通榆	50. 49	7. 62
扶余	-50. 10	-116. 04	长岭	59. 31	31. 06
前郭	13. 69	-41. 03	镇赉	-39. 99	-74. 69
乾安	26. 99	-24. 79	吉林省西部	10. 23	-36. 32
松原	-39. 12	-100. 10			

4. 4. 2 吉林省西部未来粮食生产潜力模拟

本研究在计算粮食生产潜力的时候考虑了雨养和灌溉两种条件的粮食生产潜力，并根据灌溉率计算得出最终的粮食生产潜力。因此，本研究根据吉林省西部水系的分布，结合“河湖连通工程”，按距离水源的远近估算了不同地区的灌溉比例，即距离水源越近，灌溉率越大，距离水源越远，灌溉率越小。

由于地形的影响，到水源的直线距离并不能真正反映灌溉用水的获取难度，在计算距离水源的距离时，将坡度作为一个限制因素，计算得出了距水源的成本距离，作为估算灌溉率的依据。模拟结果表明，2030 年吉林省西部平均灌溉率为44. 7%；其中，东部由于水系稀少，导致灌溉率较低，部分地区的灌溉率小于35%；而在西部和中部大部分地区，灌溉率一般在 44% 以上，甚至超过了 47%（图 4. 9）。

在 2030 年，吉林省西部灌溉率最大的地区为大安，其灌溉率可达 48. 3%；镇赉和乾安也具有较大的灌溉率，分别为 47. 9% 和 47. 7%；扶余的灌溉率最小，仅为 38. 4% （表 4. 12）。

本研究根据对未来情景的预估和分析，先假设吉林省西部所有土地都为耕地，即每个栅格内的耕地百分比都为 100%，基于此假设，分别计算了考虑灌溉比例时的粮食生产潜力（图 4. 10）和雨养条件下的粮食生产潜力（图 4. 11），两者是进行耕地空间配置和布局的重要依据和基础。

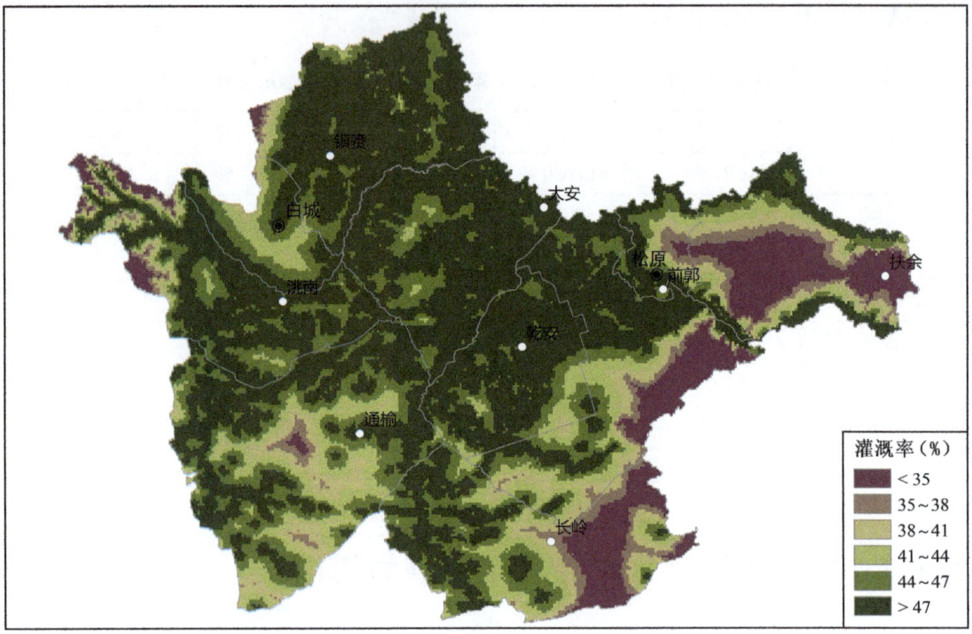

图4.9　2030年吉林省西部灌溉率估算

表4.12　2030年吉林省西部各县（市）平均灌溉率　　（单位:%）

地区	灌溉率	地区	灌溉率
白城	46.0	洮南	45.4
大安	48.3	通榆	45.4
扶余	38.4	长岭	41.6
前郭	42.7	镇赉	47.9
乾安	47.7	吉林省西部	44.7
松原	44.8		

在考虑灌溉条件时，RCP4.5情景下2030年吉林省西部平均粮食生产潜力为8607.36kg/hm^2，粮食生产潜力总量为4034.61万t（表4.13）。其中，吉林省西部的西北部和东北部粮食生产潜力较大，而在西南部粮食生产潜力较小。就粮食生产潜力而言，扶余是粮食生产潜力最大的地区，其粮食生产潜力为9939.91kg/hm^2，白城、洮南、松原和镇赉的粮食生产潜力也较大，分别为9901.92kg/hm^2、9752.23kg/hm^2、9287.92kg/hm^{2}和9018.29kg/hm^2；通榆是粮食生产潜力最小的地区，为6744.52kg/hm^2。通榆和洮南是粮食生产潜力总量最大的地区，高达

571.73 万 t 和 497.17 万 t；其次为前郭和镇赉，其粮食生产潜力总量分别为 486.22 万 t 和 483.38 万 t；松原的粮食生产潜力总量最小，仅为 116.66 万 t。

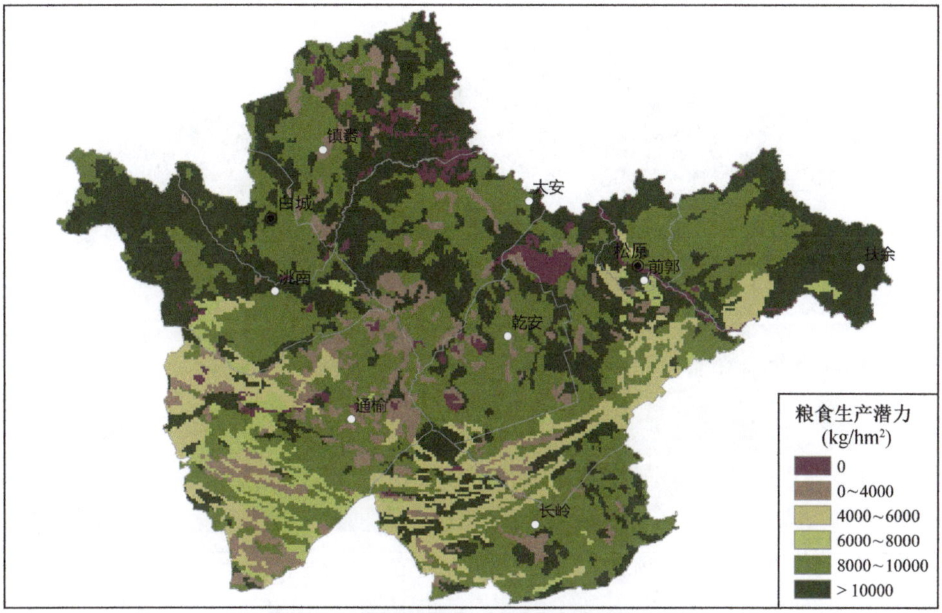

a. RCP4.5情景下2030年吉林省西部粮食生产潜力

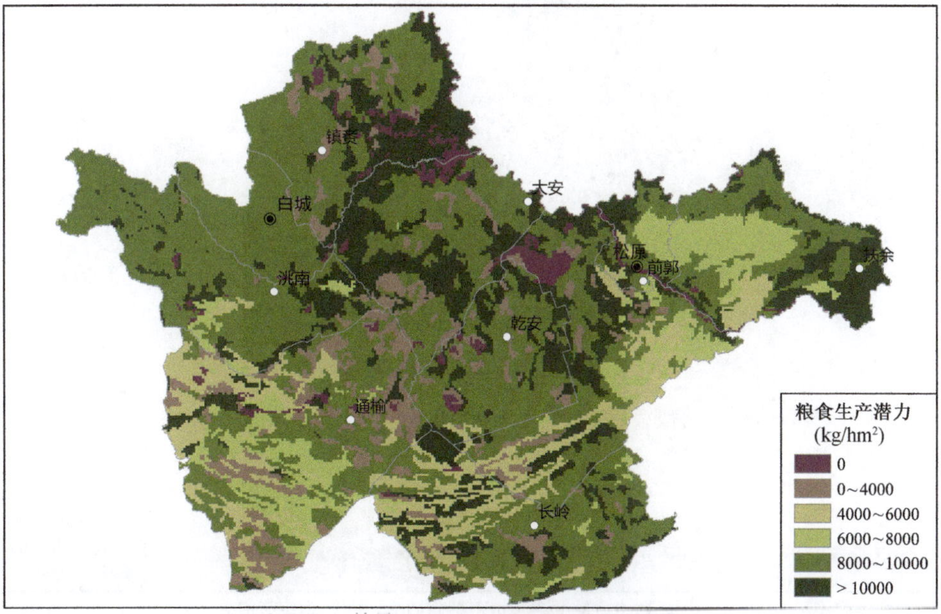

b. RCP6.0情景下2030年吉林省西部粮食生产潜力

图 4.10 不同气候情景下 2030 年吉林省西部粮食生产潜力

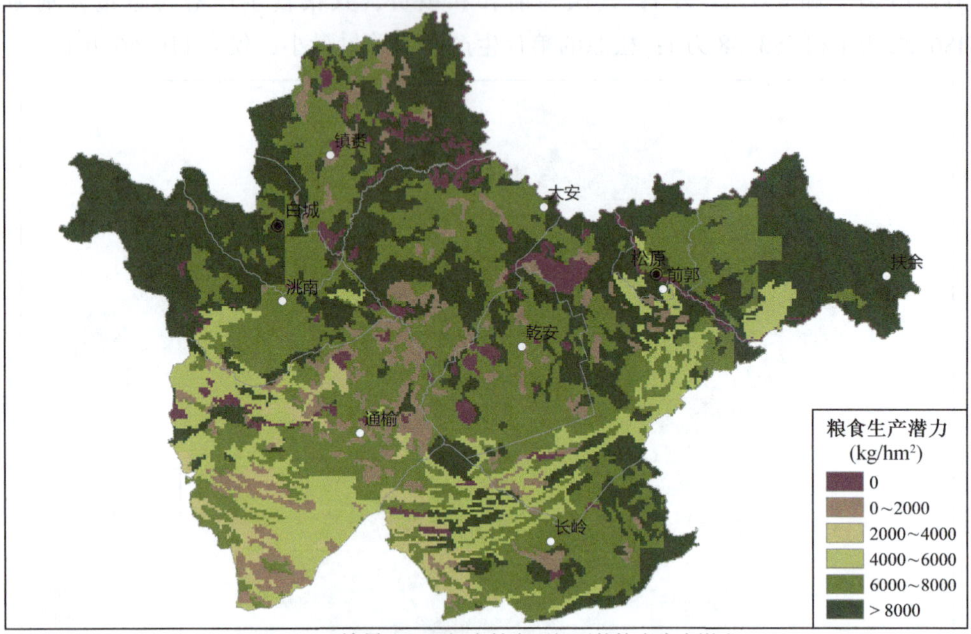

a. RCP4.5情景下2030年吉林省西部雨养粮食生产潜力

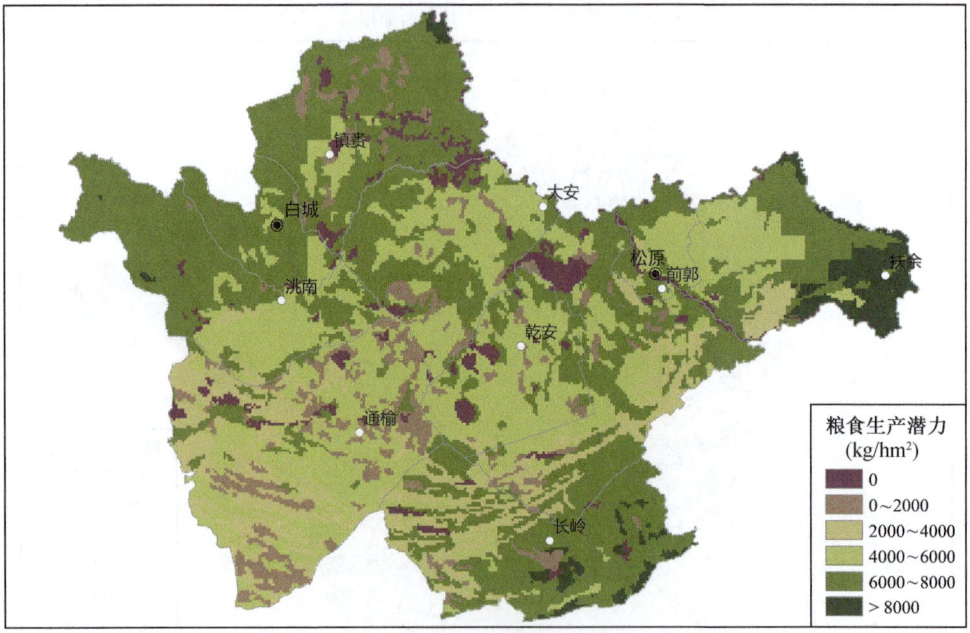

b. RCP6.0情景下2030年吉林省西部雨养粮食生产潜力

图 4. 11　不同气候情景下 2030 年吉林省西部雨养粮食生产潜力

在 RCP6.0 情景下，2030 年吉林省西部平均粮食生产潜力为 7923.41kg/hm²，粮食生产潜力总量为 3714.02 万 t（表 4.13）。具体而言，粮食生产潜力最大的地区为白城，为 9080.06kg/hm²；其次为洮南和扶余，其粮食生产潜力分别为 8925.49kg/hm² 和 8707.96kg/hm²；粮食生产潜力最小的地区为通榆，其粮食生产潜力仅为 6303.04kg/hm²。虽然通榆的粮食生产潜力最小，但其粮食生产潜力总量是吉林省西部县（市）当中最大的，为 534.31 万 t；长岭、洮南和镇赉也具有较大的粮食生产潜力总量，分别为 462.14 万 t、455.02 万 t 和 450.95 万 t；粮食生产潜力总量最小的地区为松原，只有 103.91 万 t。

在 RCP4.5 情景下，2030 年吉林省西部平均雨养粮食生产潜力为 6949.57kg/hm²，雨养粮食生产潜力总量为 3257.54 万 t（表 4.14）。其中，雨养粮食生产潜力最大的地区为扶余，为 8924.90kg/hm²，白城和洮南两地也具有较大的雨养粮食生产潜力，分别为 8116.52kg/hm² 和 8048.20kg/hm²；通榆的雨养粮食生产潜力仅为 4776.05kg/hm²，是吉林省西部雨养粮食生产潜力最小的地区。从雨养粮食生产潜力总量方面来看，扶余和洮南的雨养粮食生产潜力最大，分别为 414.65 万 t 和 420.30 万 t；前郭和通榆的雨养粮食生产潜力总量也较大，分别为 405.09 万 t 和 404.87 万 t；松原的雨养粮食生产潜力总量不足 100 万 t，是吉林省西部雨养粮食生产潜力最小的地区。

表 4.13　2030 年吉林省西部粮食生产潜力

地区	2030 年粮食生产潜力（kg/hm²）		2030 年粮食生产潜力总量（万 t）	
	RCP4.5	RCP6.0	RCP4.5	RCP6.0
白城	9 901.92	9 080.06	185.76	170.34
大安	9 174.95	8 392.00	448.84	410.54
扶余	9 939.91	8 707.96	461.81	404.57
前郭	8 056.68	7 330.93	486.22	442.42
乾安	8 717.81	7 992.65	305.21	279.82
松原	9 287.92	8 272.68	116.66	103.91
洮南	9 752.23	8 925.49	497.17	455.02
通榆	6 744.52	6 303.04	571.73	534.31
长岭	8 334.82	8 061.11	477.83	462.14
镇赉	9 018.29	8 413.14	483.38	450.95
吉林省西部	8 607.36	7 923.41	4 034.61	3 714.02

表 4.14 2030 年吉林省西部雨养粮食生产潜力

地区	2030 年雨养粮食生产潜力（kg/hm²）		2030 年雨养粮食生产潜力总量（万 t）	
	RCP4.5	RCP6.0	RCP4.5	RCP6.0
白城	8 116.52	6 385.61	152.27	119.79
大安	7 252.35	5 539.51	354.78	270.99
扶余	8 924.90	6 769.67	414.65	314.52
前郭	6 712.38	5 249.25	405.09	316.79
乾安	6 915.88	5 365.10	242.13	187.83
松原	7 903.66	5 879.62	99.27	73.85
洮南	8 048.20	6 339.43	410.30	323.19
通榆	4 776.05	3 782.89	404.87	320.68
长岭	6 696.22	5 884.72	383.89	337.37
镇赉	7 281.59	5 878.40	390.29	315.08
吉林省西部	6 949.57	5 504.31	3 257.54	2 580.09

在 RCP6.0 情景下，2030 年吉林省西部平均雨养粮食生产潜力为 5504.31kg/hm²，雨养粮食生产潜力总量为 2580.09 万 t（表 4.14）。吉林省西部雨养粮食生产潜力最大的地区为扶余，其雨养粮食生产潜力为 6769.67kg/hm²；其次为白城和洮南，其雨养粮食生产潜力分别为 6385.61kg/hm² 和 6339.43kg/hm²；雨养粮食生产潜力最小的地区为通榆，其雨养粮食生产潜力仅为 3782.89kg/hm²。就雨养粮食生产潜力总量来说，长岭是雨养粮食生产潜力最大的地区，其雨养粮食生产潜力总量为 337.37 万 t；洮南、通榆和前郭的雨养粮食生产潜力总量也较大，分别为 323.19 万 t、320.68 万 t 和 316.79 万 t；松原是雨养粮食生产潜力总量最小的地区，仅有 73.85 万 t。

4.5 本章小结

粮食生产潜力是判断耕地布局是否合理的重要依据。本研究结合气象、土壤、地形和土地利用数据以及其他统计数据，利用 GAEZ 模型估算了吉林省西部不同年份不同条件下的粮食生产潜力。结果表明，自 1976 年以来，吉林省西部粮食生产潜力总量持续增加，1976～2013 年共增加了约 451.67 万 t，平均每年增加 12 万 t 左右；到 2013 年，吉林省西部粮食生产潜力总量为 1551.96 万 t。

1976 年和 2000 年吉林省西部粮食生产潜力总量分别为 1100.29 万 t 和 1405.62 万 t，期间共增加 305.33 万 t，平均每年增加 12.72 万 t；1976 年吉林省西部平均粮食生产潜力为 2346.76kg/hm^2，2000 年增加为 2997.99kg/hm^2。2000 ~ 2013 年，吉林省西部粮食生产潜力总量增加了 146.34 万 t，平均每年增加约 11.26 万 t；2013 年吉林省西部平均粮食生产潜力比 2000 年增加了 312.12kg/hm^2，达到 3310.11kg/hm^2。

按粮食生产潜力的大小将耕地分为高潜力、中高潜力、中潜力、中低潜力和低潜力耕地 5 类。1976 ~ 2000 年，高潜力和中高潜力的耕地面积有所增加，分别增加了 37.62 万 hm^{2}和 16.79 万 hm^2；中潜力、中低潜力和低潜力的耕地面积分别减少了 22.75 万 hm^2、9.94 万 hm^{2}和 4.82 万 hm^2。2000 ~ 2013 年，只有高潜力耕地面积有所增加，增加了 53.08 万 hm^2；中高潜力和中潜力的耕地面积分别减少了 40.46 万 hm^{2}和 7.17 万 hm^2；中低潜力和低潜力的耕地面积变化较小，其减少的面积都不足 0.1 万 hm^2。

本研究着重考虑了气候、土地利用和灌溉率的变化对吉林省西部粮食生产潜力的影响。由于气候变化的影响，2000 年的粮食生产潜力总量比 1976 年减少了 68.99 万 t，吉林省西部平均粮食生产潜力由 2346.75kg/hm^{2}下降到 2199.62kg/hm^2，下降了约 6.3%。1976 ~ 2000 年，土地利用变化促使吉林省西部粮食生产潜力由 236.75kg/hm^{2}提高至 2517.32kg/hm^2，粮食生产潜力总量增加 79.97 万 t，平均每年增加 3 万 t 以上。其中，草地向耕地的转化使粮食生产潜力总量增加了 57.54 万 t，占土地利用变化引起的粮食生产潜力总量增量的一半以上，是吉林省西部粮食生产潜力增加的最主要土地利用变化因素。由于灌溉率的变化，1976 ~ 2000 年吉林省西部平均粮食生产潜力提高了 466.83kg/hm^2，生产潜力总量增加了 218.87 万 t。

2000 ~ 2013 年，吉林省西部年均降水量增加了 158.8mm，年均气温降低了 0.13℃，气候变化共使吉林省西部平均粮食生产潜力提高了 11.5%，粮食生产潜力总量增加了 119 万 t。土地利用变化对 2000 ~ 2013 年间吉林省西部粮食生产潜力的影响主要表现为正效应，粮食生产潜力总量也由 1180.26 万 t 增至 1205.75 万 t，增加了 2.2%；灌溉率下降导致 2013 年吉林省西部平均粮食生产潜力比 2000 年降低了 114.36kg/hm^2，粮食生产潜力总量减少了 53.62 万 t。

由于全球增温速率加快，在进行土地利用优化时必须考虑气候变化的影响。因此，本研究根据“跨部门影响模式比较计划”（ISI-MIP）提供的未来气候情景基础数据，分析了未来气候变化趋势，并估算了不同气候情景下的粮食生产潜力分布。研究表明，未来十几年当中，无论是在 RCP4.5 情景下，还是在 RCP6.0 情景下，吉林省西部气温普遍升高，平均气温分别升高了 0.27℃和 0.25℃；在 RCP4.5 情景下，2030 年吉林省西部平均年降水量比 2013 年增加了 10.2mm；在 RCP6.0 情景下，吉林省西部平均年降水量减少了 36.3mm。另外，本研究根据吉林省西部水系的分布，结合“河湖连通工程”的规划，预计 2030 年吉林省西部的灌溉率水平将达到 44.7%。

在考虑灌溉条件时，RCP4.5 情景下 2030 年吉林省西部平均粮食生产潜力为 8607.36kg/hm^2，粮食生产潜力总量为 4034.61 万 t；在 RCP6.0 情景下，2030 年吉林省西部平均粮食生产潜力为 7923.41kg/hm^2，粮食生产潜力总量为 3714.02 万 t。在 RCP4.5 情景下，2030 年吉林省西部平均雨养粮食生产潜力为 6949.57kg/hm^2，雨养粮食生产潜力总量为 3257.54 万 t；在 RCP6.0 情景下，2030 年吉林省西部平均雨养粮食生产潜力为 5504.31kg/hm^2，雨养粮食生产潜力总量为 2580.09 万 t。

5 未来土地利用结构和分布概率模拟

土地的有限性、稀缺性导致在不同部门的土地需求之间存在着一定的矛盾。因此，为了调和这种矛盾，实现不同的生态、经济目标，需要对利用土地的方式进行抉择与权衡，即土地利用优化。这种优化必须以土地资源自身的特性和土地适宜性为基础（Atik et al.，2015；Colantoni et al.，2015；Jeronimo et al.，2015；Abrantes et al.，2016；Reisi et al.，2016），在人类需求和自然供给之间寻求一种折中与平衡，达到“人地共赢”的状态。

第 3 章研究结果表明，吉林省西部土地利用结构越来越不合理，生态功能持续下降，亟须对其土地利用进行优化。为此，本研究从土地的自然属性出发，兼顾土地利用的生态效益和经济效益，基于恢复生态学的基本理论，采用多目标规划模型和多准则评价模型模型，对土地利用进行结构调整和空间配置，使生态功能处于一种良性循环状态，实现土地可持续利用。

结合 100 多年来吉林省西部土地利用变化过程，考虑到资料获取的全面性、生态恢复的可行性，通过分析粮食生产潜力的变化趋势，本研究选取 1976 年的土地利用状态作为吉林省西部土地利用优化的方向和参照系统。

5.1 基于多目标规划模型的土地利用结构优化

5.1.1 参照系统的选择

本研究选择吉林省西部 1976 年的土地利用状态作为土地利用优化的方向和参照系统主要基于以下原因。

(1) 土地利用变化趋势

1976 年处于改革开放前夕，土地利用变化趋势处于一个转折状态，且能够获得较为全面、详细的数据资料，土地利用重建结果相对精确，使定量定位获取土地利用变化轨迹成为可能。

(2) 粮食生产潜力的变化

第4章的研究结果表明，未来气候变化有效提高了吉林省西部的粮食生产潜力。PCP4.5 情景下，将吉林省西部土地利用和灌溉率恢复到 1976 年的状态，2030 年的粮食生产潜力总量将达到 1891.93 万 t，若把灌溉率提高到 2000 年、2013 年或 2030 年，粮食生产潜力总量将分别达到 2103.37 万 t、2051.57 万 t 和 2097.78 万 t，都远高于 2013 年的粮食生产潜力总量。即便是在 RCP6.0 情景下，将土地利用恢复到 1976 年状态，在不同的灌溉率水平下（1976 年、2000 年、2013 年和 2030 年），2030 年的粮食生产潜力总量将分别达 1616.93 万 t、1933.27 万 t、1855.77 万 t 和 1921.81 万 t（表 5.1）。由此可见，通过土地利用优化能够保障地区的粮食安全，选择 1976 年作为土地利用优化的参照系统是合理的。

表 5.1　不同条件下吉林省西部粮食生产潜力总量对比

气候条件	土地利用状态	灌溉率水平	粮食生产潜力总量（万 t）
1976 年	1976 年	1976 年	1 100.29
2000 年	2000 年	2000 年	1 405.62
2013 年	2013 年	2013 年	1 551.96
2030 年（RCP4.5）	1976 年	1976 年	1 891.93
2030 年（RCP6.0）	1976 年	1976 年	1 616.93
2030 年（RCP4.5）	1976 年	2000 年	2 103.37
2030 年（RCP6.0）	1976 年	2000 年	1 933.27
2030 年（RCP4.5）	1976 年	2013 年	2 051.57
2030 年（RCP6.0）	1976 年	2013 年	1 855.77
2030 年（RCP4.5）	1976 年	2030 年	2 097.78
2030 年（RCP6.0）	1976 年	2030 年	1 921.81

5.1.2　多目标规划模型的构建

多目标规划模型主要包含决策变量、目标函数和约束条件三部分。

5.1.2.1　决策变量

决策变量作为多目标规划模型的关键点之一，其设置随规划目标和对象的不同而异，决策变量的设置不同，模型的求解方法也不同。设置变量时，应避免空间上的重叠，同时考虑相关资料的全面性、可获得性和可行性。本研究的主要研究对象为土地利用，因此，根据本研究所使用的土地利用分类系统，设置了耕地、林地、草地、水域、建设用地、盐碱地、沼泽地和未利用地 8 个决策变量（表 5.2）。

表 5.2　吉林省西部土地利用多目标规划决策变量设置

土地利用类型	耕地	林地	草地	水域	建设用地	盐碱地	沼泽地	未利用地
变量	x_1	x_2	x_3	x_4	x_5	x_6	x_7	x_8

5.1.2.2　目标函数

目标函数决定了规划方向，本研究选取土地利用的生态效益增长率和经济效益增长率作为规划的目标函数。

生态效益用 ESV 来体现，将 2013 年作为规划的现状年（2013 年吉林省西部 ESV 为 4 526 835.5 万元），则吉林省西部土地利用生态效益增长率最大化的目标函数式为

$$f_1(x) = \frac{\sum_{i=1}^{8} x_i \times \mathrm{VC}_i - 4526835.5}{4526835.5} \times 100 \tag{5.1}$$

式中，$f_1(x)$ 为 2013～2030 年吉林省西部 ESV 增长率（%）；x_i为 i 类土地利用类型面积（万 hm^2）；VC_i为 i 类土地利用单位面积 ESV（元/hm^2）。根据表 3.8 给出的各类土地利用单位面积 ESV，计算得出

$$f_1(x)=0.13x_1+0.367x_2+0.144x_3+0.899x_4+0.008x_6+1.226x_7+0.008x_8-100 \tag{5.2}$$

土地除了作为自然物以外，又是人类极其重要的生产资料和劳动对象（王万茂等，2014）。从土地利用当中获取经济效益是人类利用土地的最根本目的。本研究以农业、林业、牧业、渔业和第二、第三产业的产值分别代表耕地、林地、草地、水域和建设用地的经济效益和产出。2013 年吉林省西部农业、林业、牧业、渔业以及第二、第三产业的总值为 26 231 411 万元，则吉林省西部土地利用经济效益增长率最大化的目标函数式为

$$f_2(x) = \frac{\sum_{i=1}^{8} x_i \times e_i - 26231411}{26231411} \times 100 \tag{5.3}$$

式中，$f_2(x)$ 为 2013～2030 年吉林省西部经济效益增长率（%）；x_i为 i 类土地利用类型面积（万 hm^2）；e_i为 i 类土地利用单位面积的产值（元/hm^2）。

由于社会经济的发展和科学技术的进步，各产业值有逐年增长的趋势。为了更准确地计算 2013～2030 年吉林省西部的经济效益增长率，利用 2000 年、2005 年、2010 年和 2013 年以上五类用地的单位面积产值进行回归分析，分别预测了 2013～2030 年各地类单位面积产值的平均值（表 5.3）。

因此，可以得到吉林省西部土地利用经济效益增长率最大化的目标函数为

$$f_2(x) = 0.335\,x_1 + 0.02\,x_2 + 0.747\,x_3 + 0.093\,x_4 + 40.717\,x_5 - 100 \tag{5.4}$$

表 5.3　各类土地利用单位面积产值预测

土地利用类型	回归函数	R^2	2013～2030 年平均单位面积产值（元/hm^2）
耕地	$y=e^{(0.145x-1.448)}$	0.998	87 899.83
林地	$y=0.084x^{0.578}$	0.966	5 184.08
草地	$y=e^{(0.124x-0.097)}$	0.931	195 955.66
水域	$y=0.245-0.053x+0.006x^2$	0.991	24 405.00
建设用地	$y=e^{(0.189x+2.178)}$	0.974	10 680 653.26

注：x=年份-1999

5.1.2.3　约束条件

吉林省西部土地总面积为 468.8548 万 hm^2，且各变量均为非负，可以建立约束条件：

$$\sum_{i=1}^{8} x_i = 468.8548 \quad (x_i \geqslant 0) \tag{5.5}$$

未来气候变化将大大提高吉林省西部粮食生产潜力总量（表 5.1）。例如，假设吉林省西部土地利用和灌溉率都保持 1976 年状态，在未来气候条件下，其粮食生产潜力总量将达到 1891.93 万 t（RCP4.5）和 1616.93 万 t（RCP6.0），都大于 2013 年的粮食生产潜力总量。另外，随着农业投入的增加、管理水平的提高和技术手段的进步，粮食单产也逐年递增。因此，将耕地面积控制在 1976 年水平（231.9792 万 hm^2）和 2013 年水平之间（254.1676 万 hm^2），足以保证吉林省西部的粮食需求，则

$$231.9792 \leqslant x_1 \leqslant 254.1676$$

由于国家“三北”防护林的建设，1976～2000 年间吉林省西部林地面积增

加了约 2 万 hm^2，但自 2000 年以来，林地面积有所减少，而系统动力学模型的模拟结果显示，到 2030 年吉林省西部林地面积将减少至 26.679 万 hm^2。虽然吉林省西部处于半湿润气候向半干旱气候过渡的地区，年蒸发量远大于年降水量，不适合大面积植树造林，但吉林省西部风沙对生态环境的危害较大，防护林的建设对防风固沙，保护农田具有重要意义。因此，吉林省西部林地面积应不小于 2013 年的面积（26.7809 万 hm^2）且不大于 2000 年的面积（26.9263 万 hm^2），即

$$26.7809 \leqslant x_2 \leqslant 26.9263$$

吉林省西部的气候条件最适宜于发展牧业。19 世纪之前，该地区草原辽阔，草质优良，生态良好，草地面积是占其总面积的 80% 以上。吉林省西部由以草地为主的自然景观转变为现在以农田为主的人为景观，仅仅花了不到 100 年的时间，导致生态持续恶化，严重制约着社会经济的发展和地区粮食安全。草地的单位面积产值和 ESV 都要高于耕地，所以，无论是从生态效益考虑，还是从经济效益考虑，将现在以农为主的土地利用结构调整至农牧结合的土地利用结构是较为科学合理的选择。因此，在进行吉林省西部土地利用优化时，退耕还草以恢复草原景观是其中最重要的研究内容。2013 年，吉林省西部草地面积仅有 45.1569 万 hm^2，土地利用优化吉林省西部草地面积应大于 2013 年面积，即

$$45.1569 \leqslant x_3 \leqslant 468.8548$$

自 1976 年以来，吉林省西部水域面积逐年减小，减小速率有增加的趋势，1976 ~ 2000 年，平均每年约减少 47.7hm^2，而 2000 之后，平均每年减少 1502.6hm^2，到 2013 年，水域面积仅剩 19.644 万 hm^2。利用系统动力学模型的模拟结果表明，到 2030 年吉林省西部水域面积将缩减至 17.557 万 hm^2。因此，将水域面积恢复到 1976 年水平（21.7787 万 hm^2）是土地利用优化的目标之一，则在多目标规划模型当中，水域面积这一决策变量的取值区间为［19.644, 21.7787］，即

$$19.644 \leqslant x_4 \leqslant 21.7787$$

随着社会经济的发展，吉林省西部建设用地面积持续扩张，根据 2000 ~ 2013 年建设用地的扩张速率，利用系统动力学模型预测 2030 年吉林省西部的建设用地面积将达到 19.7789 万 hm^2。但考虑到近 5 年来吉林省西部人口稳定在 480 万人左右，甚至有减少的趋势，则吉林省西部未来建设用地面积应大于 2013 年的面积，但不超过预测的 2030 年的建设用地面积，即

$$17.2916 \leqslant x_5 \leqslant 19.7789$$

土地盐碱化是吉林省西部重要生态问题之一，1976～2013 年，盐碱地面积由 65.0634 万 hm^2增加至 76.956 万 hm^2，但是 2000 年以来，吉林省西部盐碱地面积有减小的趋势，13 年间减少了 2.472 万 hm^2，平均每年减少近 2000hm^2。利用系统动力学模型，照此速率计算，预计到 2030 年，盐碱地面积将减至 73.5083 万 hm^2。盐碱地属于难利用地，其面积越小，表明生态环境越好，经济效益也就越高。由此可见，土地利用优化的理想状态应是盐碱地面积为零。然而，自吉林省西部有人类开垦以来，土地盐碱化现象就一直存在。这是由吉林省西部土壤、地形、水文、气候条件以及人类活动等因素共同导致的必然结果，只要有人类活动，土地盐碱化现象就难以消失。显然，将盐碱地面积减少为零是不可能实现的。考虑到生态恢复的需求和实际可行性，本研究将盐碱地面积控制在 65.0634 万 hm^2和 73.5083 万 hm^2之间，即

$$65.0634 \leqslant x_6 \leqslant 73.5083$$

沼泽湿地具有重要的生态功能，2013 年沼泽生态系统提供的 ESV 占吉林省西部总量的 30% 以上。吉林省西部是我国沼泽湿地分布的重要地区，在 20 世纪 50 年代中期，吉林省西部共有 60 多万 hm^2沼泽，占吉林省西部土地总面积的 13.2% 左右。但是由于大面积的围垦开荒，再加上气候环境的变化，吉林省西部沼泽地面积急剧减少，到 2013 年仅剩 26.4204 万 hm^2。沼泽面积萎缩，不仅减弱了生态服务功能，而且压缩生物生存栖息的空间，降低了区域生物多样性。因此，恢复湿地是吉林省西部土地利用优化的主要目标之一，应将吉林省西部沼泽地面积控制在 26.4204 以上，即

$$26.4204 \leqslant x_7 \leqslant 468.8548$$

吉林省西部未利用地面积较小，不足土地总面积的 1%。1976 年、2000 年、2005 年、2010 年和 2013 年都保持不变的未利用地共有 1.8512 万 hm^2。随着人类改造自然能力的提高，未利用地面积将越来越小，因此，未来未利用地面积应小于 2013 年的面积，即

$$1.8512 \leqslant x_8 \leqslant 2.4386$$

综上所述，吉林省西部土地利用结构优化的多目标规划模型的最终表达式为

$$\max\begin{cases} f_1(x)=0.13x_1+0.367x_2+0.144x_3+0.899x_4+0.008x_6+1.226x_7+0.008x_8-100 \\ f_2(x)=0.335x_1+0.02x_2+0.747x_3+0.093x_4+40.717x_5-100 \end{cases} \tag{5.6}$$

约束条件为

$$\begin{cases}\sum_{i=1}^{8} x_i = 468.8548 \\ 231.9792 \leqslant x_1 \leqslant 254.1676 \\ 26.7809 \leqslant x_2 \leqslant 26.9263 \\ 45.1569 \leqslant x_3 \leqslant 468.8548 \\ 19.644 \leqslant x_4 \leqslant 21.7787 \\ 17.2916 \leqslant x_5 \leqslant 19.7789 \\ 65.0634 \leqslant x_6 \leqslant 73.5083 \\ 26.4204 \leqslant x_7 \leqslant 468.8548 \\ 1.8512 \leqslant x_8 \leqslant 2.4386 \end{cases} \tag{5.7}$$

5.1.3 多目标规划模型求解

在模型求解之前，先要进行情景设置，侧重目标不同，模型求解结果也就不同。

5.1.3.1 情景设置

本研究共设立了两个目标，即生态效益增长最快和经济效益增长最快，并通过赋予两个目标不同的权重因子，设立了 5 个不同的优化情景。权重设置的方法为：假设生态效益目标的权重为 w_1，经济效益目标的权重为 w_2，两者之和为 1。

当生态效益目标的权重 w_1 设定为 1，经济效益目标的权重 w_2 设定为 0 时，土地利用和发展模式处于“生态最优”情景。此时，在土地利用优化过程当中，土地利用的经济效益限制被忽略，只考虑生态效益，优先分配沼泽地面积，从而使得生态效益增长率达到最大。

当生态效益目标的权重 w_1 设定为 0.7，经济效益目标的权重 w_2 设定为 0.3 时，土地利用方式属于“生态优先”情景。在此情景下，土地利用优化优先考虑满足生态效益目标，兼顾经济效益目标，在进行土地利用结构调整时，优先分配沼泽地、水域、林地和草地等土地利用类型的面积。

当生态效益目标的权重 w_1 设定为 0.5，经济效益目标的权重 w_2 设定为 0.5 时，土地利用和发展模式处于“生态经济并重”情景。此时，土地利用的经济效益目标和生态效益目标同等重要，两者兼顾。

当生态效益目标的权重 w_1 设定为 0.3，经济效益目标的权重 w_2 设定为 0.7 时，土地利用和发展模式处于“经济优先”情景。在此情景下，土地利用优化优先考虑满足经济效益目标，兼顾生态效益目标，在进行土地利用数量安排时，优先分配建设用地、草地和耕地等经济效益较高的土地类型的面积。

当生态效益目标的权重 w_1 设定为 0，经济效益目标的权重 w_2 设定为 1 时，土地利用和发展模式处于“经济最优”情景。此时，在土地利用优化过程当中，土地利用的生态效益限制被忽略，只考虑经济效益，优先分配建设用地面积，从而使得经济效益增长率达到最大。

5.1.3.2 模型求解及结果

本研究在 MATALAB 中利用“理想点”的方法，对多目标规划模型求解。理想点法首先根据约束条件，先求解 r 个单目标问题：$\min Z_j(x)$，$j=1, 2, \cdots, r$，设其最优值为 Z_j^*，称 $Z^*=(Z_1^*, Z_2^*, \cdots, Z_r^*)$ 为值域中的一个理想点。然而，此点在多数情况下难以达到，需要寻求距离 Z^* 最近的 Z 作为理想点的近似值。本研究采用欧氏距离最小作为寻找 Z 的评价指标，即

$$\varphi(Z)=\sqrt{\sum_{i=1}^{r}(Z_i-Z_i^*)^2} \tag{5.8}$$

然后极小化 $\varphi[Z(x)]$，即求解

$$\min_{x\in D}\varphi[Z(x)]=\sqrt{\sum_{i=1}^{r}[Z_i(x)-Z_i^*]^2} \tag{5.9}$$

并将它的最优解 x^* 作为原规划模型在这种意义下的最优解。

根据上述目标函数、约束条件和情景设置，在 MATALAB 中利用该方法对模型进行了求解，结果如表 5.4 所示。

表 5.4　不同情境设置时的吉林省西部土地利用优化结果

项目	生态最优	生态优先	生态经济并重	经济优先	经济最优
耕地面积（万 hm^2）	231.9792	231.9792	231.9792	231.9792	231.9792
林地面积（万 hm^2）	26.7809	26.7809	26.7809	26.7809	26.7809
草地面积（万 hm^2）	45.1569	45.1772	53.6355	66.161	77.3367
水域面积（万 hm^2）	19.644	19.644	19.644	19.644	19.644
建设用地面积（万 hm^2）	17.2916	19.7789	19.7789	19.7789	19.7789
盐碱地面积（万 hm^2）	65.0634	65.0634	65.0634	65.0634	65.0634

续表

项目	生态最优	生态优先	生态经济并重	经济优先	经济最优
沼泽地面积（万 hm^2）	61.0875	58.5799	50.1216	37.5961	26.4204
未利用地面积（万 hm^2）	1.8512	1.8512	1.8512	1.8512	1.8512
生态效益（万元）	6315614.46	6176602.90	5762532.15	5149354.19	4602254.84
生态效益增长率（%）	39.5	36.4	27.3	13.8	1.7
经济效益（万元）	214543513.12	241113479.87	242770931.65	245225374.32	247415316.02
经济效益增长率（%）	717.9	819.2	825.5	834.9	843.2

5.1.3.3 方案选择

在“生态最优”优化方案中，由于沼泽地的生态服务功能最强，在分配各类型土地利用面积时，优先考虑了沼泽地，故而沼泽地面积增加最多，比 2013 年增加了 34.6671 万 hm^2，达到 61.0875 万 hm^2。林地、草地、水域和建设用地面积都保持 2013 年不变；耕地、盐碱地和未利用地分别比 2013 年减少了 22.1884 万 hm^2、11.8914 万 hm^2和 0.5874 万 hm^2。在此方案中，虽然生态效益增长率最大，经济效益也有较大增长，但是草地和建设用地面积都没有增加，不符合本研究的方向和目的。因此，不能选择该方案作为本研究的土地利用优化方案。

在“生态优先”优化方案中，优先考虑了生态服务功能最强的沼泽地，兼顾单位面积产值较大的建设用地和草地。因此，相比于 2013 年，沼泽地、建设用地和草地分别增加了 32.1595 万 hm^2、2.4873 万 hm^2和 0.0203 万 hm^2；耕地、盐碱地和未利用地面积分别减小了 22.1884 万 hm^2、11.8914 万 hm^2和 0.5874 万 hm^2；林地和水域面积未有变化。该优化方案使生态效益比 2013 年增加了 36.4%，经济效益增长率也达到 819.2%，然而，生态效益的增加主要获益于沼泽地的大面积增加，草地作为吉林省西部需要重点恢复的景观之一，其面积却仅仅增加了 200hm^2左右，也不符合本研究的目标，因此，该方案也不能作为最终的优化方案。

在“经济最优”优化方案中，最先考虑了单位面积产值较大的建设用地和草地，故而建设用地和草地面积分别增加了 2.4873 万 hm^2和 32.1978 万 hm^2。耕地、盐碱地和未利用地面积相比于 2013 年分别减少了 22.184 万 hm^2、11.8914 万 hm^2和 0.5874 万 hm^2，水域和沼泽地面积则都未发生变化。虽然此优化方案的经济效益增长率最大，高达843.2%，但是生态效益增长率仅为1.7%，尤其是具有重要生态功能的沼泽地面积增长为零，与本研究的目标相违背，因此，该方案不能成为本研究的最终选择。

在“生态经济并重”和“经济优先”两个优化方案之间，仅草地和沼泽地的优化结果有所不同。例如，在两个优化方案中，耕地、盐碱地和未利用地都分别比2013年减少了22.1884万hm^2、11.8914万hm^2和0.5874万hm^2，建设用地都增加了2.4873万hm^2，林地和水域都保持2013年的面积不变。在“生态经济并重”优化方案当中，草地和沼泽地面积分别比2013年增加了8.4786万hm^2和23.7012万hm^2；在“经济优先”优化方案中，草地和沼泽地面积则分别增加了21.0041万hm^2和11.1757万hm^2；两者都符合本研究恢复草地和湿地的主要目标。然而，根据相关研究，恢复23.7012万hm^2湿地，所需水资源量约为16亿m^3，这对于水资源短缺的吉林省西部来说，难以满足恢复如此大面积湿地的需水量，因此，从可行性的角度来看，选择“经济优先”优化方案更为合理。另外，虽然“经济优先”优化方案优先考虑的是经济效益，但是由于在多目标规划模型构建当中约束条件极为严苛，再加上模型当中草地的单位面积产值仅次于建设用地，导致优化结果是以发展草地畜牧业为主要方向，这和吉林省西部的社会、自然条件极为相符。

综上所述，本研究选取“经济优先”方案作为最终的优化方案。

5.2 土地利用分布影响因素分析

土地利用分布受到人类活动和自然环境的共同制约，而随着时间推移，年代越近，土地利用分布受人类活动的干扰越大。目前，国内外有关土地利用分布影响因素的研究中经常选择的自然环境因素主要有地形（海拔、坡度、坡向、坡形）、地貌、土壤和气候（气温和降水量）等；由于人文因素较难以定量方式表达，现有的研究多以定性描述为主，仅有少数研究对人口密度、到居民点距离等因素进行空间化，定量定位分析了其对土地利用格局的影响。

因此，本研究选取海拔、坡度、坡向、坡形、地貌类型、土壤类型、气温、降水、人口密度等9个因素进行了分析，探讨了其各自对土地利用分布概率的影响。其中，海拔、坡度、坡向、坡形、地貌类型和土壤类型在百年尺度上的变化较小，可以忽略不计，而气温和降水有不同程度的变化。因此，在探讨地形（海拔、坡度、坡向、坡形）、地貌、土壤和气候（气温和降水量）等因素对土地利用分布的影响时，主要根据1976年的土地利用空间分布数据进行分析，这样更能反映土地利用在较为自然状态下的格局。由于区域人口趋于稳定，对于人口密度的影响，则主要以2013年的数据为基础。

在探讨各因素对土地利用分布的影响时，为了使研究结果直观明显，通常将各因素根据不同的梯度进行区段划分，然后计算各土地利用类型在不同梯度区段上的分布概率。然而，这种分布概率受不同梯度区段的面积差异和各土地利用类型面积比重差异的影响。为了消除这一影响，本研究使用分布指数来反映土地利用在空间分布上的差异。分布指数的计算公式如下：

$$P_{ij}=\frac{A_{ij}/A_i}{A_j/A} \tag{5.10}$$

式中，P_{ij}为i地类在j梯度区段内的分布指数；A_{ij}为j梯度区段内i地类的面积；A_i为区域内i地类的总面积；A_j为j梯度区段的面积；A为区域总面积。分布指数越大，则该地类在该梯度区段的分布概率越大，$P>1$表明该梯度区段是该地类分布的优势区间。

为了更直观地反映不同因素对各地类空间分布格局的影响程度，本研究引入统计学当中的变异系数来表征。变异系数的公式为

$$C_{\mathrm{V}}=\frac{\sqrt{\dfrac{\sum_{j}^{n}(P_j-\bar{P})^2}{n}}}{\bar{P}} \tag{5.11}$$

式中，C_{V}是变异系数；P_j为某类土地利用在某影响因素j梯度区段内的分布指数；$\bar{P}$为P_j的平均值；n为分级数。C_{V}越大，说明土地利用在不同梯度区段上分布的差异越大，即该影响因素对土地利用分布的影响越大。

5.2.1 自然环境因素对土地利用分布的影响

5.2.1.1 海拔

吉林省西部海拔在95～640m，平均海拔在160m左右，中部地势较低，西北略有隆起。本研究以10m为间隔，将吉林省西部分为10个海拔等级，分别为95～120m，120～130m，130～140m，140～150m，150～160m，160～170m，170～180m，180～190m，190～120m，200～640m。通过叠加分析，计算了不同海拔上各

土地利用类型的分布指数（图 5.1）。

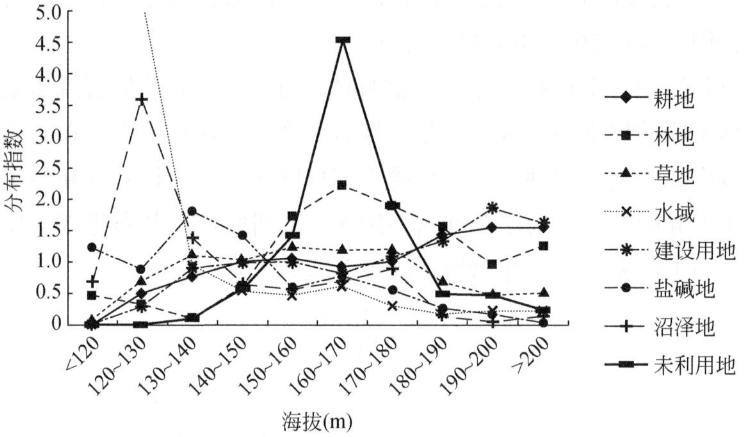

图 5.1　海拔对土地利用分布的影响

结果显示，除水域外，各地类的分布指数都随着海拔的升高而呈现先增加后减小的趋势，而水域的分布指数却持续下降。这主要是因为水域一般都分布在地势低洼的地区。耕地在海拔高于 180m 的地区出现的频率较大，是耕地分布的优势区间；在海拔低于 120m 的地区，耕地的分布指数接近为 0，是耕地分布概率最小的地区。林地的分布指数在 160 ~ 170m 梯度区段上达到最大，在海拔在 170m 以上的地区，林地的分布指数逐渐下降。草地在海拔低于 120m 的地区的分布指数最小，这是因为低洼地区积水较多，成为水域，或者发生盐碱化；草地分布的优势海拔区间为 130 ~ 180m。水域多集中在 130m 以下的地区，在海拔处于 95 ~ 120m 的地区，水域的分布指数高达 15. 95。吉林省西部的建设用地多分布在海拔相对较高的地区，其分布指数最大的地区为海拔在 190 ~ 200m 的地区。95 ~ 150m 是盐碱地的优势分布区间，尤其是 130 ~ 140m。在海拔大于 120m 且小于 140m 的地区，沼泽地的分布指数较高，在海拔大于 140m 的地区，沼泽地的分布指数逐渐下降。未利用地主要集中在海拔在 160 ~ 170m 的区域。

根据式（5.10）计算得出各地类在不同海拔上分布指数的变异系数（表 5.5），结果显示，海拔对水域分布的影响最大，变异系数高达 1. 67；未利用地和沼泽地次之，变异系数分别为 1. 43 和 1. 17；草地分布受海拔的影响最小，变异系数为 0. 47。

表 5.5 土地利用分布受海拔影响的程度

土地利用类型	耕地	林地	草地	水域	建设用地	盐碱地	沼泽地	未利用地
变异系数	0.49	0.65	0.47	1.67	0.56	0.74	1.17	1.43

5.2.1.2 坡度

坡度直接影响着水土流失状况和农田基本建设的难易程度，是影响农林牧用地分布的主要因素。由于吉林省西部地势平坦，坡度多在2°以下，因此将坡度分为0°~0.5°、0.5°~1°、1°~1.5°、1.5°~2°和>2°等5级梯度区段，通过与1976年土地利用数据相叠加，分别计算了各地类在不同坡度梯度区段上的分布指数（图5.2）。

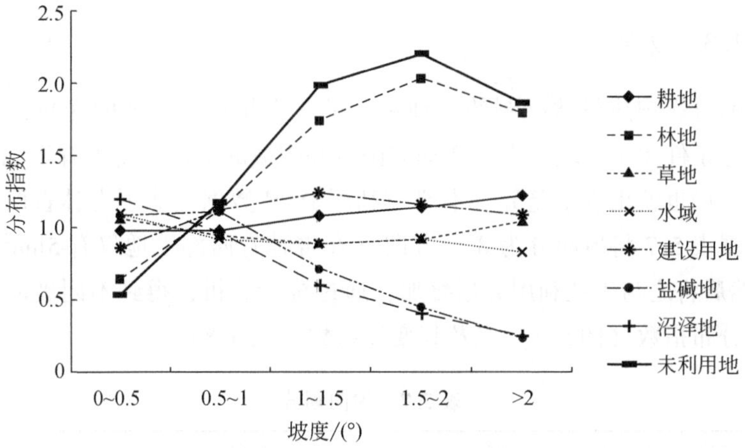

图5.2 坡度对土地利用分布的影响

结果表明，随着坡度的增加，耕地的分布指数略有增加，在大于2°的地区，耕地的分布指数达到最大，由此可见，由于吉林省西部较为平坦，坡度不是限制耕地分布的主要因素；林地和未利用地的分布指数都随着坡度的增加而先增大后减小，都在1.5°~2°这一坡度区间上达到最大，分别为2.04和2.21，说明林地和未利用地最易出现在这一坡度上，而两者在坡度小于0.5°的地区都为最小；建设用地的分布指数也随着坡度的增加而先增大后减小，但其在1°~1.5°的坡度上达到最大，说明建设用地最易分布在坡度为1°~1.5°的地区；随着坡度的增加，草地分布指数先减小后增大，在1°~1.5°这一坡度区间上达到最小，这主要是因为在此坡度上，建设用地和耕地分布的概率较大，挤占了草地的分布空间；水域、盐碱地和沼泽地的分布指数都随着坡度的增加而减小，但盐碱地和沼泽地分布指数的减小幅度要大于水域的分布指数，说明坡度对盐碱地和沼泽地分布的影响要大于对水域的影响。

通过计算坡度对土地利用分布影响的变异系数可以发现，坡度对沼泽地和盐碱地的影响较大，两者的变异系数分别为0.58和0.54，草地和耕地受坡度的影响较小，其变异系数分别为0.11和0.1（表5.6）。

表5.6　土地利用分布受坡度影响的程度

土地利用类型	耕地	林地	草地	水域	建设用地	盐碱地	沼泽地	未利用地
变异系数	0.10	0.39	0.08	0.11	0.13	0.54	0.58	0.44

5.2.1.3　坡向

坡向通过影响热量状况制约土地利用的分布格局。阳坡的光热条件优于阴坡，而水分条件次于阴坡，人类活动对阳坡和阴坡的干扰程度也有不同，土地利用状态与格局也就出现了差异。本研究利用DEM数据提取了吉林省西部的坡向图，并根据表5.7将坡向分为8个方向（在吉林省西部平地仅有5hm^2，故忽略不计），然后将之与土地利用数据叠加，通过统计分析，得到不同破向上各类土地利用的分布指数（图5.3）以及其变异系数（表5.8）。

表5.7　坡向划分

方位角	坡向	方位角	坡向
0°	平地	157.5°～202.5°	南坡
0°～22.5°	北坡	202.5°～247.5°	西南坡
22.5°～67.5°	东北坡	247.5°～292.5°	西坡
67.5°～112.5°	东坡	292.5°～337.5°	西北坡
112.5°～157.5°	东南坡	337.5°～360°	北坡

耕地在各个坡向上的分布差异不显著，北坡、西北坡和东北坡是耕地分布的优势地区，而耕地在西南坡、南坡和东南坡上的分布指数小于1，这可能与当地的风向有关。吉林省西部常年盛行西南风，西南坡、南坡属于迎风坡，风力较大，对农作物的生长不利，尤其是在夏季，大风可能导致作物倒伏，产量降低，

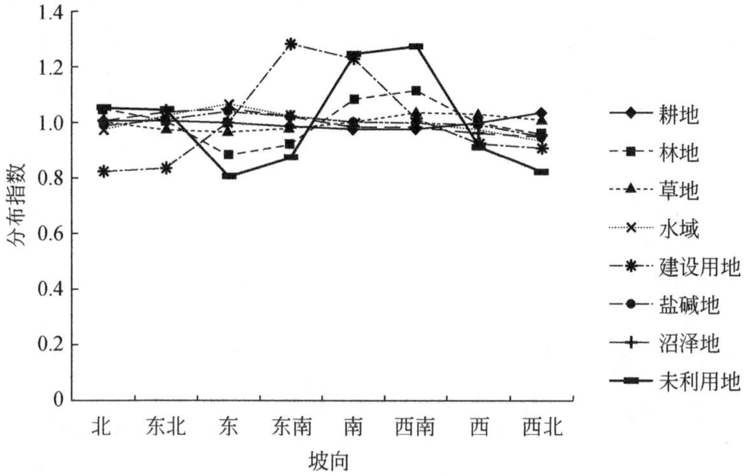

图 5.3　坡向对土地利用分布的影响

因此，吉林省西部耕地在背风的北坡、东北坡出现的概率较大。林地在西南坡、南坡、北坡和东北坡上的分布指数较大，都大于 1，属于林地分布的优势地区，在东坡上的分布指数最小。草地分布的优势地区主要在西坡、西南坡，这两个坡向属于迎风坡，耕地分布少，故而草地分布概率较大。水域和盐碱地较易出现在东北坡、东坡、东南坡和南坡，两者在西北坡上的分布指数都为最小。建设用地在阳坡（东坡、东南坡、南坡和西南坡）上的分布指数都大于 1，是其分布的优势地区，而在阴坡上的分布指数都在 1 以下，这主要是因为在阳坡上光照条件优于阴坡，更适宜人类居住、活动。沼泽地在北坡、东北坡、东坡和东南坡上的分布概率较大，在西北坡上，沼泽地的分布指数最小。未利用地更易于出现在北坡、东北坡、南坡和西南坡上。

总的来说，坡向土地利用格局的影响较弱，除了建设用地和未利用地之外，各地类在坡向上的变异系数基本都在 0.1 以下。

表 5.8　土地利用分布受坡向影响的程度

土地利用类型	耕地	林地	草地	水域	建设用地	盐碱地	沼泽地	未利用地
变异系数	0.02	0.08	0.03	0.04	0.17	0.03	0.04	0.18

5.2.1.4　坡形

利用 DEM 提取的坡形要素本质上是讨论某一栅格相对于其周边栅格的平均

值是凸出的还是凹陷的，本研究将基于 DEM 提取的坡形分为凹形坡、微凹坡、直形坡、微凸坡和凸形坡，然后与 1976 年的土地利用数据叠加，通过统计计算得出不同地类在各个坡形上的分布指数（图 5.4），并计算了各地类分布指数的变异系数（表 5.9）。

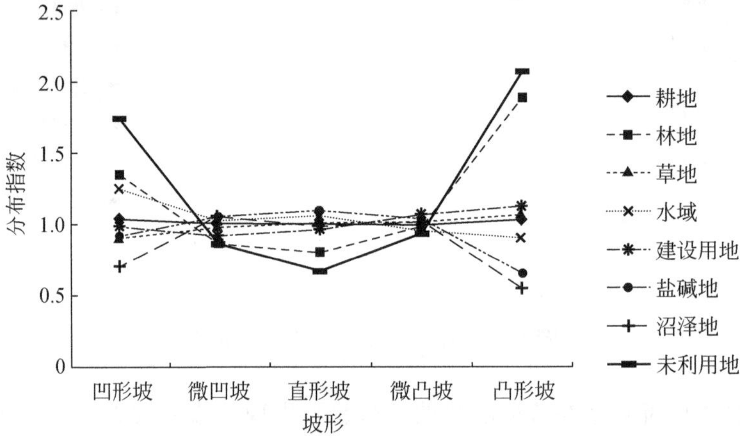

图 5.4　坡形对土地利用分布的影响

耕地在各个坡形上的分布指数相差不大，相对来说，耕地在凸形坡上的分布概率要略大于在凹形坡上的分布概率，这主要是因为在凹形坡上，降水聚集，而吉林省西部的土壤地形条件容易导致土地因积水而发生盐碱化，而且凹形坡的光照条件也次于凸形坡，故而耕地更多地集中在凸形坡上。凸形坡和凹形坡是林地分布的优势地区，在直形坡上林地分布指数最小。由于在直形坡、微凸坡和凸形坡上的地表径流分散，水热条件良好，适于草本植物生长，且不易导致盐碱化，因此，草地在这三种坡形上的分布概率较大，而在凹形坡上的分布概率最小。凹形坡、微凹坡易于径流汇聚，且凹形坡能够汇集存储的水量大于微凹坡，所以，凹形坡是水域分布的最优势地区，而微凹坡是盐碱地分布概率最大的区域。另外，由于凹形坡汇水能力较强，但排水条件较差，不利于房屋、道路等基础设施的建设和维护，导致建设用地在凹形坡上的分布概率最小，而在凸形坡和微凸坡上分布的概率较大。凸形坡汇水能力差，难以形成沼泽，凹形坡汇水较多，更易于形成水域，因此，沼泽地在凸形坡和凹形坡上的分布指数小于 1，在直形坡和微凹坡上的分布概率较大。未利用地最易于出现在凸形坡上。

根据各类土地利用分布指数的变异系数来看，未利用地受坡形的影响最大，其次为林地和沼泽地，坡形对耕地的影响最小。

表 5.9　土地利用分布受坡形影响的程度

土地利用类型	耕地	林地	草地	水域	建设用地	盐碱地	沼泽地	未利用地
变异系数	0.02	0.38	0.06	0.13	0.09	0.17	0.28	0.49

5.2.1.5　地貌

地貌通过改变光、热、水、土的分布和运动直接影响着土地利用格局。吉林省西部地貌类型共有平原、台地、丘陵和低山四大类，根据研究需要，进一步将所占比例较大的平原和台地按成因分为冲积、洪积、湖积等小类，因此，本研究所涉及的地貌类型共有 15 类（表 5.10）。将地貌和 1976 年土地利用数据叠加进行分析，可计算出不同土地利用类型的分布指数及其变异系数（表 5.10）。

表 5.10　各土地利用类型在不同地貌上的分布指数及其变异系数

类型	耕地	林地	草地	水域	建设用地	盐碱地	沼泽地	未利用地
冲积湖积平原	0.89	0.47	1.90	0.13	0.71	1.24	0.24	0.26
冲积平原	0.99	0.70	0.70	1.30	1.18	0.92	1.99	0.63
风积平原	1.25	2.24	1.02	0.11	0.91	0.24	0.21	3.29
河谷平原	1.17	0.33	0.50	5.57	1.80	0.06	0.00	0.00
洪积平原	1.59	0.45	0.73	0.03	1.43	0.05	0.26	0.00
湖积冲积平原	0.55	0.51	1.91	0.29	0.58	2.25	0.56	0.41
湖积平原	0.31	0.11	1.25	3.66	0.44	2.77	0.95	0.20
冲积洪积台地	0.85	2.44	2.31	0.77	0.21	0.12	0.03	0.56
冲积湖积台地	1.53	1.07	0.61	0.02	1.25	0.35	0.01	0.00
冲积台地	1.37	2.13	0.65	0.25	1.25	0.28	0.17	1.15
洪积台地	1.67	0.82	0.45	0.06	1.77	0.00	0.01	0.03
湖积台地	1.66	0.00	0.28	1.12	2.21	0.08	0.04	0.00
侵蚀剥蚀台地	1.46	2.90	0.43	0.09	1.11	0.00	0.18	0.67
丘陵	1.30	0.99	1.29	0.25	0.82	0.07	0.01	8.95
低山	0.97	2.73	2.24	0.00	0.18	0.00	0.00	0.00
变异系数	0.35	0.84	0.64	1.76	0.56	1.55	1.71	2.17

从表 5.10 可以看出，在吉林省西部，耕地在洪积台地和湖积台地上的分布概率最大，而在湖积平原上的分布概率最小。洪积台地和湖积台地一般地势较高

且平坦，不会因雨水汇集而发生盐碱化，适宜于农田的开垦和耕种，故而具有较大的耕地分布概率。这也就导致了湖积台地上基本没有林地分布，同时也是草地分布概率最小的地区和建设用地分布概率最大的地区。侵蚀剥蚀台地和低山是林地分布概率最大的地区。草地在冲积洪积台地上的分布概率最大，这与冲积洪积物颗粒较大、难以开垦为耕地不无关系。河谷平原和洪积平原是河流、湖泊分布最为广泛的地区，水域在这两种地貌类型上的分布概率远远大于其他地貌类型。湖积平原的沉积物来源多是河流、湖泊侵蚀搬运来的以砂粒和细粒黏土为主的碎屑，容易板结且透水性差，因此，湖积平原是盐碱地分布最为广泛的地区。沼泽地分布的优势地区仅有冲积平原，在其他地貌类型上，沼泽地的分布指数都小于1。吉林省西部的未利用地主要包括沙地、裸岩和裸土等，在丘陵和风积平原上的分布概率最大，这主要是因为丘陵地区相对于低山来说，易于开垦为农田，但是土地开垦之后，极易发生水土流失，难以再进行耕种，这就导致地表裸露，成为裸岩或裸土，而风积平原的沉积物主要就是沙、砾，难以利用，故而在丘陵和风积平原上未利用地较多。

从各类土地利用分布指数的变异系数来看，地貌对未利用地的影响最大，水域和沼泽地次之，对耕地的影响最小。

5.2.1.6　土壤

土壤作为构成土地利用的主要因素之一，其类型、肥力和理化性质的不同直接影响着植被的生长状况。吉林省西部的土壤类型主要有淡黑钙土、草甸土、风沙土、黑钙土等13类（表5.11）。

表5.11　各土地利用类型在不同土壤上的分布指数及其变异系数

分布指数	耕地	林地	草地	水域	建设用地	盐碱地	沼泽地	未利用地
草甸土	0.73	0.36	1.38	0.72	0.63	1.53	1.86	0.28
冲积土	0.84	1.01	0.34	2.37	1.04	0.11	4.78	0.59
淡黑钙土	1.09	1.13	1.11	0.35	1.14	1.03	0.30	0.43
风砂土	1.06	2.17	1.11	0.45	0.89	0.57	0.51	3.38
黑钙土	1.54	0.40	0.36	0.24	1.91	0.44	0.39	0.32
黑土	1.85	0.02	0.04	0.01	1.91	0.00	0.23	0.00
碱土	0.41	0.81	1.42	1.22	0.36	2.61	1.25	1.63
栗钙土	1.23	2.16	1.04	0.40	0.93	0.18	0.51	0.38

续表

分布指数	耕地	林地	草地	水域	建设用地	盐碱地	沼泽地	未利用地
泥炭土	1.31	0.50	0.46	0.98	2.09	0.52	1.04	0.00
石质土	0.66	2.35	3.30	0.00	0.12	0.00	0.00	0.00
水稻土	1.40	0.03	0.23	0.19	1.60	0.03	3.14	0.00
盐土	0.43	0.61	0.76	3.95	0.32	2.82	0.61	0.71
沼泽土	0.47	0.42	0.87	3.73	0.27	1.27	3.47	2.85
变异系数	0.45	0.88	0.87	1.21	0.67	1.13	1.08	1.37

通过将土壤数据和土地利用数据叠加统计，可以发现：黑土是耕地分布概率最大的土壤类型，其次为黑钙土，而在碱土和盐土上耕地的分布概率最低。这主要是因为黑土和黑钙土腐殖质含量较高，肥力较强，利于玉米、水稻等农作物的生长，这些地区基本都已被垦殖为耕地，故而耕地分布指数较大，林地、草地、沼泽地等地类的分布指数较小；碱土的土壤胶体中含交换性钠较多，呈强碱性，结构性差、通透性不良，干时收缩板结，盐土含盐量较高，两者都有害于作物的正常生长，因此耕地分布概率较低。石质土质地偏砂，含砾石多，成土作用不明显，林地和草地在该类土壤上的分布概率都为最高。风砂土的土壤矿质部分几乎全由细砂颗粒（直径在 0.25 ~0.05mm）组成，成土过程微弱，易随风移动，破坏植被，是未利用地分布概率较大的土壤类型，但由于吉林省西部防风护沙林的大力建设，林地在此类土壤上也具有较大的分布概率。建设用地在泥炭土上的分布概率最大，其次为黑土和黑钙土，在沼泽土上的分布概率最小。冲积土主要分布于平原或山间平原的河谷两岸的河漫滩上，所以沼泽地在冲积土上的分布指数远大于其他土壤类型，在沼泽土和水稻土上出现沼泽的概率也较大。

未利用地在各土壤类型上的分布指数具有较大的变异性，表明土壤类型对未利用地的影响最大。盐碱地和沼泽地受土壤类型的影响仅次于未利用地。耕地面积较大，分布广泛，受土壤类型的影响程度是最小的。

5.2.1.7 气温

气温作为气候的重要表征之一，对土地利用有着深刻影响。根据气象站点记录的历史气温数据，用 ANUSPLIN 插值软件，将站点数据分配到空间格网上，并以 0.25℃为间隔，对气温分布进行了划分，通过与土地利用数据相叠加，统计分析了不同气温区上各类土地利用的分布指数（图5.5）。

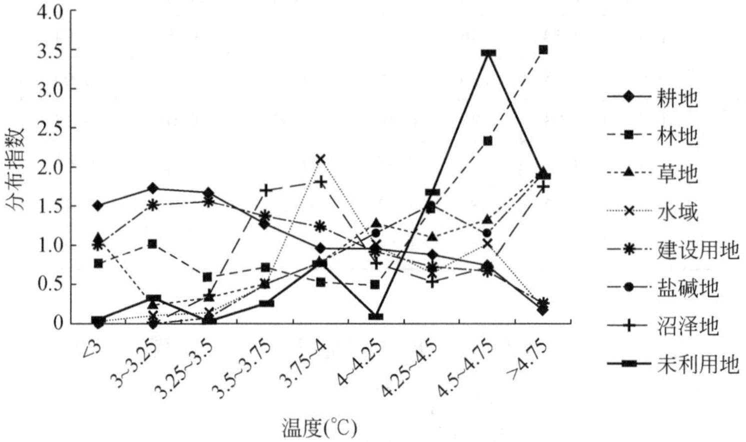

图5.5　气温对土地利用分布的影响

随着气温升高，耕地的分布指数逐渐减小。其主要原因为，在高温区，蒸发量远远大于降水量，气候干旱，土壤板结，农作物难以成活或生长状况较差，产量较低，因此，耕地的优势分布区主要集中于年均气温在3.75℃以下的地区。高温区主要分布在吉林省西部的西南部，这里气温高，降雨少，土地沙化严重，用于防风固沙的人工林地和原生的榆树疏林分布广泛，是林地分布概率最大的区域；吉林省西部林地多为农田防护林，镶嵌在农田景观之中，气温处于3～3.25℃的地区是耕地分布概率最大区域，因而也是林地的优势分布地区，草地则在此区域的分布概率最小。这是因为耕地的增加往往通过挤占草地分布空间来实现，耕地分布概率越大，草地分布概率就越小，反之亦然。例如，在年均气温高于4.75℃的地区，耕地分布指数最小，仅为0.17，而草地在该地区具有最大的分布指数，为1.95。水域的分布指数随着气温升高而先增大后减小，在年均气温为3.75～4℃的地区达到最大。建设用地的分布和水域具有相似性，年均气温在3.25～3.5℃之间的地区最易出现建设用地。年均气温高的地区，地表水分蒸发较低温区强烈，地下水中的盐分随毛管水上升而聚集于土壤表层，比低温区更易于发生盐碱化，故而高温区是盐碱地分布的优势区域，具有较高的分布概率，另外该区未利用地的分布概率也较大。沼泽地在温度为3.5～4℃的地区的分布概率较大。

从表5.12可以看出，气温对未利用地分布格局的影响最大，变异系数达

1.21；水域次之，变异系数为1.05；气温对耕地和建设用地格局的制约最小，变异系数分别为0.46和0.42。

表5.12　土地利用分布受气温影响的程度

土地利用类型	耕地	林地	草地	水域	建设用地	盐碱地	沼泽地	未利用地
变异系数	0.46	0.81	0.57	1.05	0.42	0.89	0.85	1.21

5.2.1.8　降水

年降水量是影响土地利用分布的重要因素之一。吉林省西部年降水量由中部向周边递增，土地利用格局也随之变化，1976年中部年降水量在340mm以下，土地利用类型以草地为主，随着年降水量向四周递增，耕地比例逐渐增加。本研究根据降水量分布情况，以10mm为间隔，将降水量划分为10个区间，分别计算了不同降水区间上各土地利用的分布指数（图5.6）。

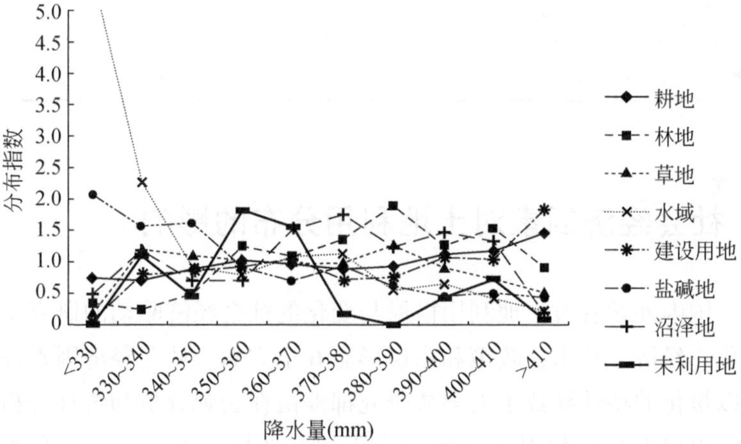

图5.6　降水对土地利用分布的影响

制约吉林省西部农业发展的最重要气候因素即为降水，降水是作物水分供应与土壤水分的主要来源，农作物生长的好坏及产量的高低都与降水有着密切关系，因此，在降水较为丰富的地区，耕地分布概率较大，而在降水较少的地区，耕地的分布指数较小。随着降水增加，林地的分布指数先增加后减小，在280～390mm这一降水梯度区段上达到最大。虽然在降水小于330mm的地区，水域分布概率最大，但草地在此区域的分布指数却最小，这主要是因为降水较少，降水量小于蒸发量，容易发生土地盐碱化，盐碱地在该区域的分布概率最大即为明证。另外，水域分布概率和降水量分布的异域性，导致吉林省西部的水域面积逐渐减小，湖泊干涸，形成巨大碱斑，生态环境恶化。草地分布指数随降水增加而减小，耕地则随降水量增加而增加，耕地增加必然挤占草地分布空间，因此两者分布趋势正好相反；建设用地分布概率的变化和耕地具有较大的相似性，主要是因为建设用地通过吞噬耕地增加。盐碱地分布指数的变化也具有随降水增加而减小的规律。沼泽地分布的优势地区主要集中在降水量大于360mm且小于410mm的区域；在降水量大于410mm的地区，大面积的沼泽地都已被开垦为耕地，沼泽地分布概率最小。未利用地分布的优势降水量区间为350～370mm。

通过比较各土地利用在不同降水区间上分布指数的变异系数可以发现，降水量对水域和未利用地的影响程度最大，其变异系数分别为1.15和1.03；其次为盐碱地和林地；对耕地的影响最小，变异系数仅为0.22（表5.13）。

表5.13　土地利用分布受降水影响的程度

土地利用类型	耕地	林地	草地	水域	建设用地	盐碱地	沼泽地	未利用地
变异系数	0.22	0.51	0.37	1.15	0.46	0.58	0.48	1.03

5.2.2　社会经济因素对土地利用分布的影响

目前，国内外学者对土地利用格局与变化的社会经济驱动的研究主要集中在人口、文化、经济、技术、政策和意识形态6个方面。社会经济因素较大的不确定性和难以量化的特性导致了大多数研究都停留在宏观分析和统计分析上，其分析方法也多以根据统计数据进行回归分析和定性描述为主，较少有通过空间分析，定量定位表示社会经济因素对土地利用空间格局的研究。本研究根据研究的内容和目的，选取人口密度作为影响土地利用空间分布的社会经济因素的重要表征，利用降尺度方法，将统计数据分配到空间格网上，获得栅格化的人口密度图，然后通过空间分析，计算了不同人口密度梯度区段上各地类的分布指数及其变异系数。

在人口密度较小的区域，人口稀疏，人类活动不频繁，粮食需求较小，对土地的干扰较弱，耕地面积也就较小；随着人口密度的增加，相应的粮食需求也不断增加，更多的草地被开垦为耕地，人口密度越大，耕地所占比例也就越大；但当人口增加到一定的阈值时，对房屋、道路等基础设施的需求导致建设用地大面积侵占农田，耕地所占比例开始下降，建设用地面积所占比例增加。因而，随着人口密度的增加，耕地的分布指数先增加后减小，在 100～500 人/km^2 这一梯度区段上达到最大，建设用地分布指数则随人口密度呈正相关关系，即人口密度越高，建设用地分布概率越大；草地、水域、沼泽地和未利用地的最优势分布地区都为人口密度小 50 人/km^2 的区域。林地的优势分布地区为人口密度在 10～100 人/km^2 的区域。水乃万物之本源，河流两岸是人类生息繁衍的最初之地，也是最早形成聚落之地，在中国传统文化中，住宅、聚落、城镇选址更讲究“枕山傍水”，这些地区不仅生态良好、景观优美，而且交通便利，因此，在河流附近分布有较多的城镇和村庄，例如吉林省西部的松原、白城。由于此原因，水域在人口密度大于 500 人/km^2 的地区具有较大的分布概率（图 5.7）。

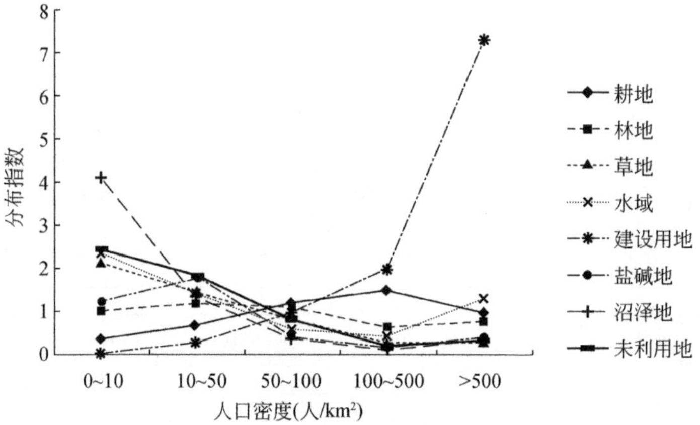

图 5.7　人口密度对土地利用分布的影响

从变异系数来看，人口密度对建设用地的影响最大，变异系数为 1.42；其次为沼泽地和未利用地，变异系数分别为 1.33 和 1.03；林地受人口密度的影响最小，变异系数为 0.25（表 5.14）。

表 5.14　土地利用分布受人口密度影响的程度

土地利用类型	耕地	林地	草地	水域	建设用地	盐碱地	沼泽地	未利用地
变异系数	0.47	0.25	0.81	0.64	1.42	0.72	1.33	1.03

5.3 未来土地利用分布概率模拟

为了将基于多目标规划模型的土地利用数量优化结果进行空间配置，需要确定某一地类在某处的分布概率。通过上节分析可知，这一概率的大小受到地形、地貌、土壤、气候和人类活动等因素的制约，除此之外，由空间自相关原理决定的土地利用空间分布距离也影响着未来土地利用的分布。因此，本研究利用多准则评价模型（multi-criteria evaluation，MCE）对未来土地利用分布概率进行了模拟（图 5.8）。

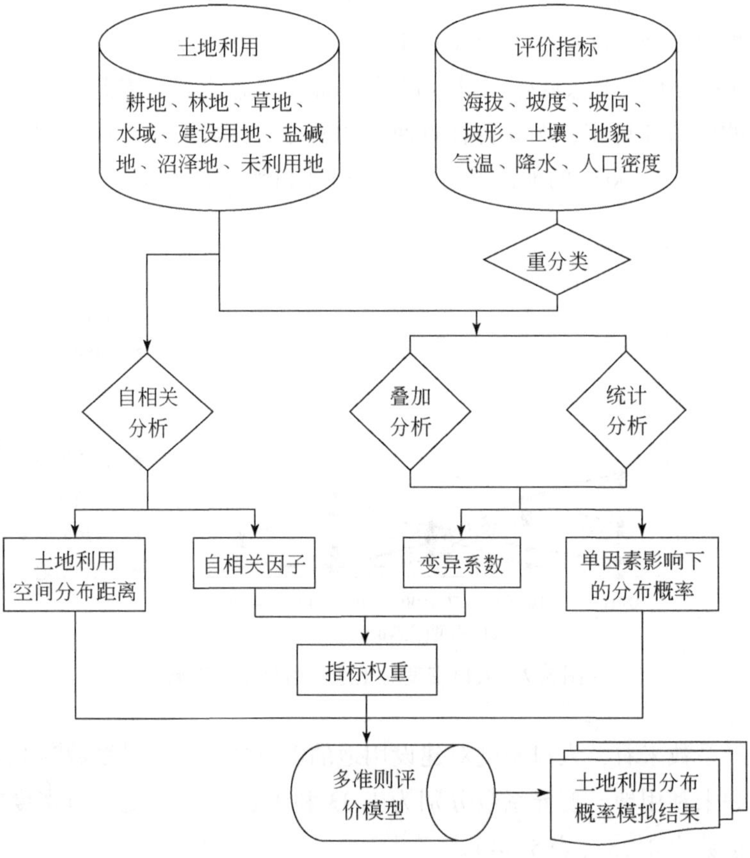

图 5.8　土地利用分布概率模拟技术路线

MCE 模型提供了一种在多重因素、多重标准影响下，对一系列可行的方案进行评价和决策的方法（Malczewski，2006；方芳等，2014）。该模型主要包含以下五项内容：①目的；②评价对象；③反映评价对象的多层次的指标体系；④代表指标重要性的权重；⑤进行评价的综合数学模型。

在本研究中，多准则评价的目的是确定某一位置是某类土地利用的概率，选取的指标体系主要由地形、地貌、土壤、气候和人类活动等因素构成。为了模拟未来土地利用分布概率，首先，确定每一评价指标等级上各类土地利用的面积比例，以此作为各类土地利用在该评价指标等级上的分布概率；其次，根据各地类在不同要素上分布的变异系数计算出指标权重；最后，利用 IDRISI Selva 中的 MCE（multi-criteria evaluation）模块，选取合适的评价模型获得土地利用分布概率的评价结果。

IDRISI Selva 中的 MCE（multi-criteria evaluation）模块中共有三种评价模型，即布尔交集运算模型（boolean intersection）、顺序加权平均模型（ordered weighted average）和加权线性合并（weighted linear combination）模型。布尔交集运算模型将各个评价指标标准化成布尔值 0 或 1，即在某一评价指标等级上某类土地利用的分布概率为 0 或 100%，该模型将各因素简化为简单的约束条件，用布尔交集的合并方法，通过逻辑判断是否为某一种土地利用类型；有序加权模型和权重线性组合模型将各土地利用类型分布概率拉伸到 0 ~ 255，允许保持数据的连续性，可以避免布尔交集运算模型的绝对性。其中，权重线性组合模型不仅可以保持连续数据的可变性，而且可以利用一系列指标因素的权重，综合各因素影响下的土地利用分布概率，取得较为准确的模拟结果。顺序加权平均模型在考虑指标权重的同时，还引入了次序权重，以便克服因指标间数值差异过大产生的误差和指标权重确定时主观因素的影响。根据研究内容和需要，本研究选取加权线性合并模型评价未来土地利用的分布概率。

5.3.1 单影响因素土地利用分布概率计算

用于计算土地利用分布概率的评价指标分为以下两类：制约土地利用分布的影响因素和空间自相关原理决定的土地利用空间分布距离。

本研究中，第一类评价指标包括海拔、坡度、坡向、坡形、地貌、土壤、气温、降水量和人口密度。根据上节中各影响因素的分类分级标准，对各影响因素进行重分类，然后计算每一类上各土地利用类型的面积百分比（表 5.15 ~ 表 5.23），以此作为土地利用在单因素影响下的分布概率。

表5.15　不同海拔上各土地利用类型的面积百分比

海拔（m）	不同海拔上各土地利用类型的面积百分比（%）								
	耕地	林地	草地	水域	建设用地	盐碱地	沼泽地	未利用地	总计
95~120	0.1	2.5	1.9	73.9	0	17	4.6	0	100
120~130	24.8	1.8	11.9	24.3	0.9	12.3	24	0	100
130~140	39.1	0.6	18.7	4.4	2.6	25.3	9.2	0.1	100
140~150	50.2	3.2	17	2.5	2.9	19.6	4.3	0.3	100
150~160	52.2	9.1	20.8	2.2	3	8.2	3.8	0.7	100
160~170	45.8	11.7	19.9	2.9	2.4	10.6	4.6	2.1	100
170~180	50.6	10	20.2	1.3	3.2	7.8	6	0.9	100
180~190	71	8.2	11.2	0.8	4	3.6	1	0.2	100
190~200	77.5	5.1	7.8	1.1	5.5	2.4	0.4	0.2	100
200~640	77	6.7	8.8	1.1	4.8	0.6	0.9	0.1	100

表5.16　不同坡度上各土地利用类型的面积百分比

坡度（°）	不同坡度上各土地利用类型的面积百分比（%）								
	耕地	林地	草地	水域	建设用地	盐碱地	沼泽地	未利用地	总计
0~0.5	48.1	3.4	17.6	5.1	2.5	15.1	7.9	0.3	100
0.5~1	48.3	5.9	15.8	4.3	3.3	15.4	6.4	0.6	100
1~1.5	53.3	9.2	14.9	4.1	3.7	9.9	4	0.9	100
1.5~2	56.4	10.7	15.3	4.3	3.4	6.2	2.7	1	100
>2	60.5	9.4	17.4	3.8	3.2	3.2	1.6	0.9	100

表5.17　不同坡向上各土地利用类型的面积百分比

坡向	不同坡向上各土地利用类型的面积百分比（%）								
	耕地	林地	草地	水域	建设用地	盐碱地	沼泽地	未利用地	总计
北	50.1	5.5	16.7	4.5	2.4	13.6	6.7	0.5	100
东北	49.8	5.3	16.3	4.7	2.5	14	6.9	0.5	100
东	49.5	4.6	16.1	4.9	3	14.5	7	0.4	100
东南	48.8	4.8	16.4	4.8	3.8	14.2	6.8	0.4	100
南	48.3	5.7	16.8	4.6	3.6	13.9	6.5	0.6	100
西南	48.2	5.9	17.3	4.6	3	13.9	6.5	0.6	100
西	49.7	5.3	17.2	4.5	2.7	13.8	6.4	0.4	100
西北	51.3	5	16.9	4.3	2.7	13.1	6.3	0.4	100

表 5.18 不同坡形上各土地利用类型的面积百分比

坡形	不同坡形上各土地利用类型的面积百分比（%）								
	耕地	林地	草地	水域	建设用地	盐碱地	沼泽地	未利用地	总计
凹形坡	51	7.1	15.1	5.8	2.9	12.7	4.6	0.8	100
微凹坡	49.6	4.6	16.4	4.8	2.7	14.5	7	0.4	100
直形坡	49.8	4.2	16.9	4.9	2.9	13.7	7.3	0.3	100
微凸坡	48.9	5.2	17	4.4	3.2	14	6.9	0.4	100
凸形坡	51.2	9.9	17.7	4.2	3.3	9.1	3.6	1	100

表 5.19 不同地貌上各土地利用类型的面积百分比

地貌	不同地貌上各土地利用类型的面积百分比（%）								
	耕地	林地	草地	水域	建设用地	盐碱地	沼泽地	未利用地	总计
冲积湖积平原	44.2	2.5	31.6	0.6	2.1	17.3	1.6	0.1	100
冲积平原	48.9	3.7	11.7	6	3.5	12.7	13.2	0.3	100
风积平原	61.9	11.7	17	0.5	2.7	3.3	1.4	1.5	100
河谷平原	57.9	1.7	8.4	25.9	5.3	0.8	0	0	100
洪积平原	78.6	2.4	12.2	0.1	4.2	0.7	1.8	0	100
湖积冲积平原	27.3	2.7	31.9	1.3	1.7	31.2	3.7	0.2	100
湖积平原	15.4	0.6	20.9	17	1.3	38.4	6.3	0.1	100
冲积洪积台地	42.3	12.8	38.6	3.5	0.6	1.7	0.2	0.3	100
冲积湖积台地	75.5	5.6	10.2	0.1	3.7	4.8	0.1	0	100
冲积台地	67.7	11.2	10.8	1.2	3.7	3.8	1.1	0.5	100
洪积台地	82.6	4.3	7.5	0.3	5.2	0.1	0	0	100
湖积台地	82.2	0	4.7	5.2	6.5	1.1	0.3	0	100
侵蚀剥蚀台地	72.5	15.2	7.1	0.4	3.3	0	1.2	0.3	100
丘陵	64.4	5.2	21.6	1.2	2.5	0.9	0.1	4.1	100
小起伏低山	47.8	14.3	37.4	0	0.5	0	0	0	100

表 5.20 不同土壤上各土地利用类型的面积百分比

土壤	不同土壤上各土地利用类型的面积百分比（%）								
	耕地	林地	草地	水域	建设用地	盐碱地	沼泽地	未利用地	总计
草甸土	36.3	1.9	22.9	3.3	1.9	21.3	12.3	0.1	100
冲积土	41.8	5.2	5.7	11	3.1	1.5	31.4	0.3	100
淡黑钙土	54.3	5.8	18.4	1.6	3.4	14.3	2	0.2	100

续表

土壤	不同土壤上各土地利用类型的面积百分比（%）								
	耕地	林地	草地	水域	建设用地	盐碱地	沼泽地	未利用地	总计
风砂土	52.8	11.2	18.4	2.1	2.7	7.9	3.3	1.6	100
黑钙土	76.3	2.1	6	1.1	5.7	6.1	2.6	0.1	100
黑土	91.9	0.1	0.7	0.1	5.7	0	1.5	0	100
碱土	20.3	4.2	23.5	5.7	1.1	36.2	8.2	0.8	100
栗钙土	60.9	11.2	17.3	1.9	2.8	2.4	3.3	0.2	100
泥炭土	65	2.6	7.6	4.6	6.2	7.2	6.8	0	100
石质土	32.7	12.1	54.8	0	0.4	0	0	0	100
水稻土	69.3	0.2	3.8	0.9	4.8	0.4	20.6	0	100
盐土	21.5	3.1	12.6	18.3	1	39.2	4	0.3	100
沼泽土	23.5	2.2	14.5	17.3	0.8	17.6	22.8	1.3	100

由于1976年的年均气温和年降水量分别在0.34～4.89℃和327.7～595.6mm之间，与2030年（RCP4.5情景下分别为5.35～8.72℃和439.4～627.8mm；RCP6.0情景下分别为5.4～8.34℃和414.7～557mm）不同，基于1976年的年均气温和年降水量的划分的级别与2030年的也存在差异。因此，本研究根据1976年不同气温等级（<3℃、3～3.25℃、3.25～3.5℃、3.5～3.75℃、3.75～4℃、4～4.25℃、4.25～4.5℃、4.5～4.75℃、>4.75℃）和降水等级（<330mm、330～340mm、340～350mm、350～360mm、360～370mm、370～380mm、380～390mm、390～400mm、400～410mm、>410mm）上的各类土地利用百分比，进行曲线拟合，并估算了更高气温和降水等级上的土地利用百分比，结果如表5.21和表5.22所示。

表5.21　不同气温等级上各土地利用类型的面积百分比

年均气温（℃）	不同气温等级上各土地利用类型的面积百分比（%）								
	耕地	林地	草地	水域	建设用地	盐碱地	沼泽地	未利用地	总计
<5.5	7.9	5	23.6	10.5	0.4	32.5	18	2.1	100
5.5～5.75	6	4.9	23.4	11.9	0.3	30.9	19.7	2.9	100
5.75～6	4.6	5	23	13.4	0.2	29	20.9	3.9	100
6～6.25	3.6	5.1	22.5	14.7	0.2	27.1	21.5	5.3	100
6.25～6.5	2.8	5.3	21.9	15.9	0.1	25.3	21.7	7	100
6.5～6.75	2.2	5.5	21.3	16.8	0.1	23.7	21.4	9	100

续表

年均气温（℃）	不同气温等级上各土地利用类型的面积百分比（%）								
	耕地	林地	草地	水域	建设用地	盐碱地	沼泽地	未利用地	总计
6.75～7	1.8	5.8	20.6	17.4	0.1	22.3	20.9	11.1	100
7～7.25	1.5	6.1	20	17.8	0.1	21.2	20.3	13	100
7.25～7.5	1.2	6.5	19.5	17.9	0.1	20.4	19.8	14.6	100
7.5～7.75	1	6.9	19.1	18	0.1	19.7	19.4	15.8	100
7.75～8	0.8	7.4	18.8	18	0.1	19.2	19	16.7	100
8～8.25	0.7	8	18.5	18	0.1	18.8	18.7	17.2	100
8.25～8.5	0.6	8.5	18.3	18	0.1	18.5	18.5	17.5	100
8.5～8.75	0.5	9.1	18.2	17.9	0.1	18.3	18.2	17.7	100
>8.75	0.4	9.7	18	17.9	0.1	18.1	18.1	17.7	100

表 5.22　不同降水等级上各土地利用类型的面积百分比

年降水量（mm）	不同降水等级上各土地利用类型的面积百分比（%）								
	耕地	林地	草地	水域	建设用地	盐碱地	沼泽地	未利用地	总计
<420	72.7	4.8	8.8	1	5.5	6.1	1	0.1	100
420～430	54.5	7.3	12	9.3	2.7	3.9	10.3	0	100
430～440	54.6	8.8	11.1	9.1	2.7	3.1	10.6	0	100
440～450	54.4	10.4	10.2	8.8	2.7	2.4	11	0.1	100
450～460	54	12.2	9.4	8.5	2.6	1.9	11.4	0	100
460～470	53.3	14.2	8.6	8.2	2.6	1.5	11.6	0	100
470～480	52.4	16.3	7.8	7.9	2.5	1.2	11.9	0	100
480～490	51.3	18.5	7.1	7.5	2.5	0.9	12.1	0.1	100
490～500	50	20.8	6.5	7.2	2.4	0.7	12.3	0.1	100
500～510	48.7	23.1	5.9	6.9	2.3	0.6	12.5	0	100
510～520	47.4	25.3	5.3	6.6	2.3	0.4	12.7	0	100
520～530	46	27.4	4.8	6.3	2.2	0.3	12.8	0.2	100
530～540	44.7	29.3	4.4	6.1	2.2	0.3	13	0	100
540～550	43.5	31	4	5.8	2.1	0.2	13.2	0.2	100
550～560	42.4	32.5	3.7	5.6	2.1	0.2	13.5	0	100
560～570	41.4	33.8	3.4	5.4	2.1	0.1	13.8	0	100

续表

年降水量（mm）	不同降水等级上各土地利用类型的面积百分比（%）								
	耕地	林地	草地	水域	建设用地	盐碱地	沼泽地	未利用地	总计
570～580	40.6	34.8	3.1	5.3	2.1	0.1	14	0	100
580～590	39.8	35.6	2.9	5.1	2	0.1	14.4	0.1	100
590～600	39.2	36.2	2.7	5	2	0.1	14.8	0	100
600～610	38.6	36.7	2.5	4.9	2	0	15.2	0.1	100
610～620	38.1	37	2.3	4.8	2	0	15.6	0.2	100
>620	37.7	37.2	2.1	4.8	2.1	0	16.1	0	100

近5年来，吉林省西部人口基本处于稳定状态，本研究在评价未来土地利用分布概率时，不考虑人口密度变化的影响，在多准则评价模型当中，人口密度对土地利用分布概率的影响以基于2013年的人口密度和土地利用分布状态的计算结果为准，如表5.23所示。

表5.23　不同人口密度等级上各土地利用类型的面积百分比

人口密度（人/km^2）	不同人口密度等级上各土地利用类型的面积百分比（%）								
	耕地	林地	草地	水域	建设用地	盐碱地	沼泽地	未利用地	总计
0～10	19.7	5.7	20.3	9.7	0	20.2	23.1	1.3	100
10～50	35.7	6.7	13.8	5.8	1	28.7	7.3	1	100
50～100	64.9	6.3	7.7	2.3	3.6	12.9	2.1	0.2	100
100～500	80.7	3.5	2.4	1.8	7.4	3.3	0.9	0	100
>500	52	4.4	2.8	5.4	27	6.4	1.8	0.2	100

将表5.15～表5.23与各因素的矢量分类图结合，通过格式转换，即可获得各因素单独影响下的各类土地利用分布概率图层，并将百分制的概率值拉伸到0～255。

空间自相关原理决定的土地利用空间分布距离代表了某一位置在目前土地利用分布格局下转化为某类土地利用的可能性。例如，针对耕地来说，某一位置距最近耕地边界的距离越小，说明该位置转化为耕地的可能性越大，反之，可能性越小。为了和其他因素保持一致性，将各类土地利用的空间分布距离反向拉伸到0～255，0表示离某类土地利用边界的空间距离最大，转换为该类土地利用的可能性最小，255表示空间距离最小，可能性最大（图5.9）。

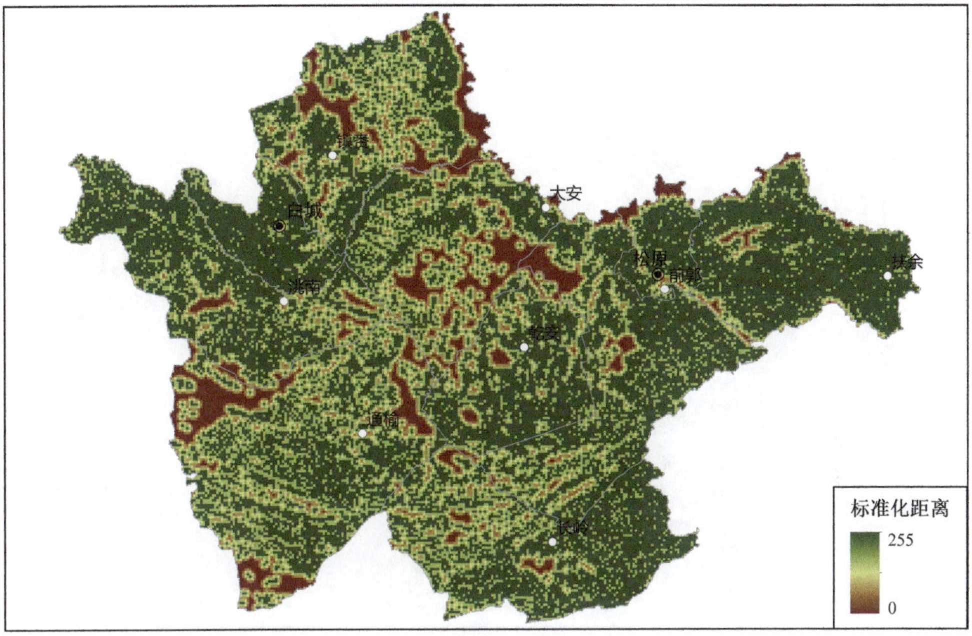
镇赉
大安
白城
松原
前郭
扶余
洮南
乾安
通榆
长岭
标准化距离
255
0

a. 耕地

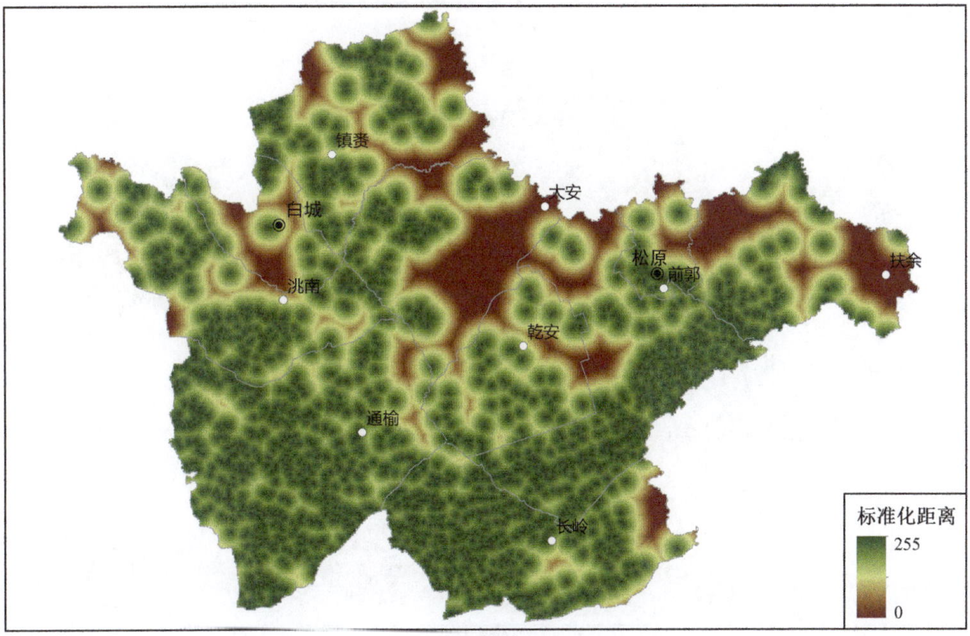
镇赉
大安
白城
松原
前郭
扶余
洮南
乾安
通榆
长岭
标准化距离
255
0

b. 林地

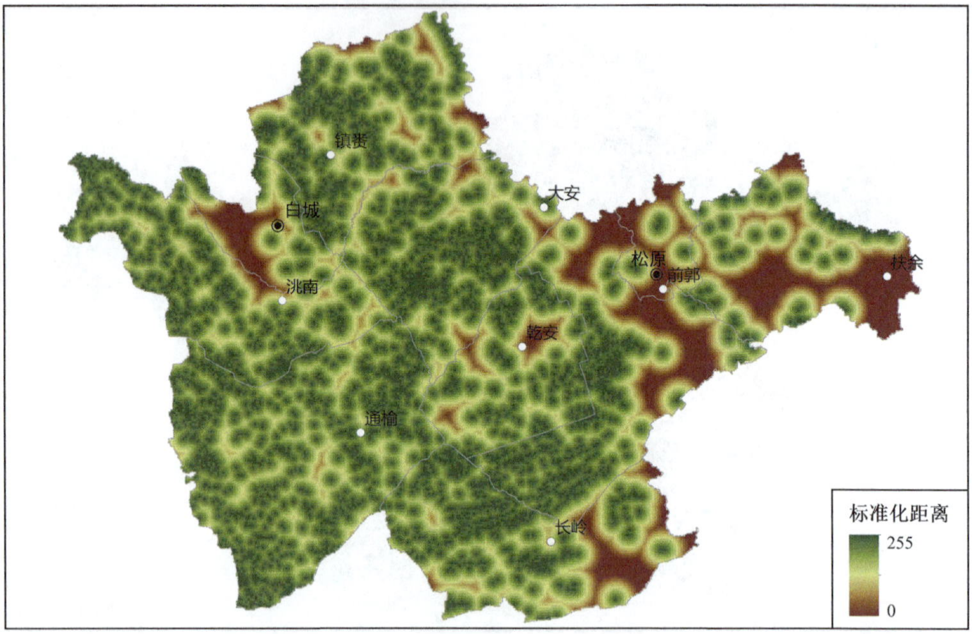

镇赉
大安
白城
洮南
松原
前郭
扶余
乾安
通榆
长岭
标准化距离
255
0

c. 草地

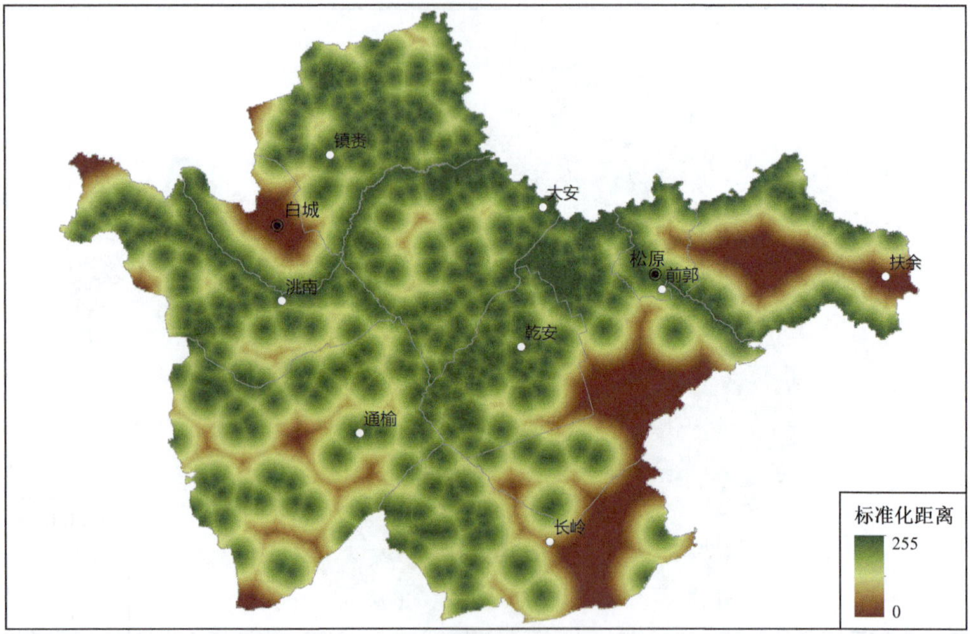

镇赉
大安
白城
洮南
松原
前郭
扶余
乾安
通榆
长岭
标准化距离
255
0

d. 水域

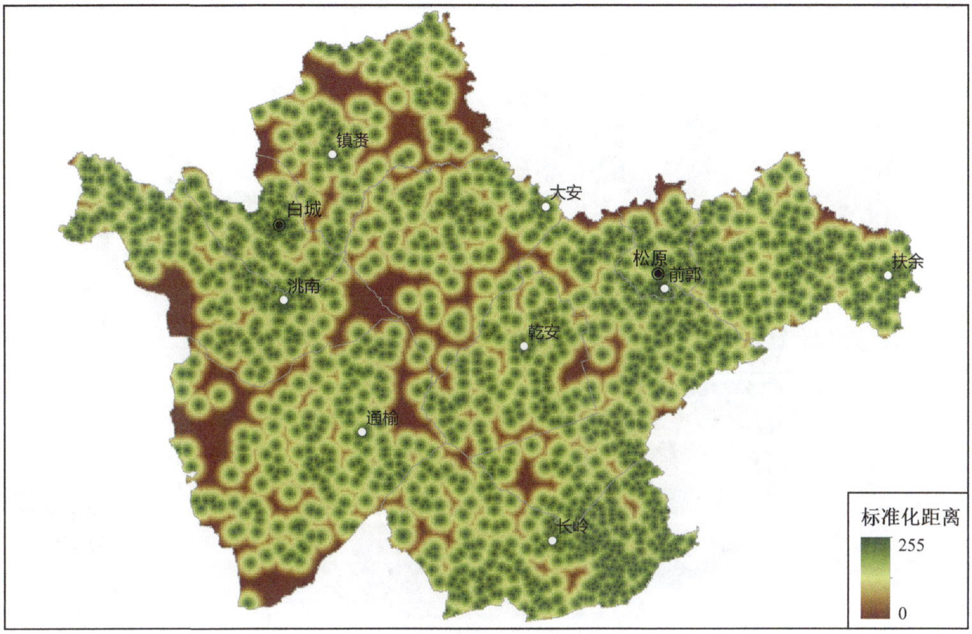
镇赉
大安
白城
松原
前郭
扶余
洮南
乾安
通榆
长岭
标准化距离
255
0

e. 建设用地

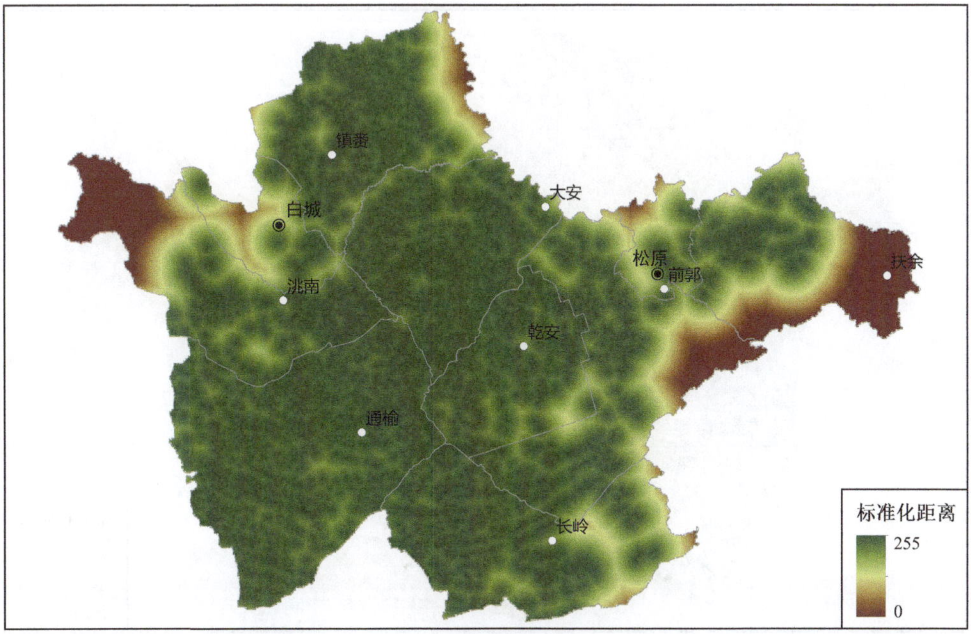
镇赉
大安
白城
松原
前郭
扶余
洮南
乾安
通榆
长岭
标准化距离
255
0

f. 盐碱地

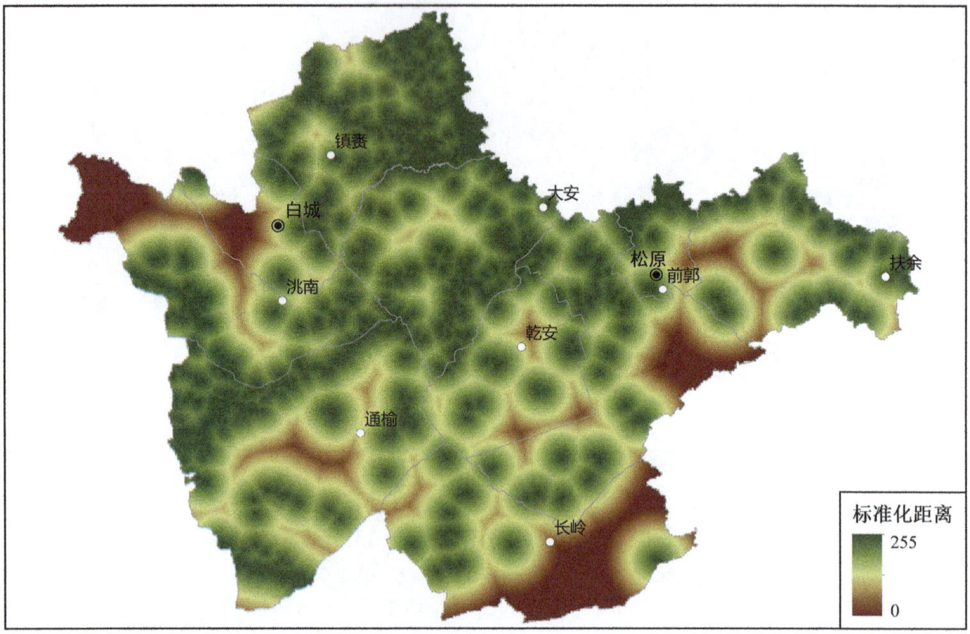

g. 沼泽地

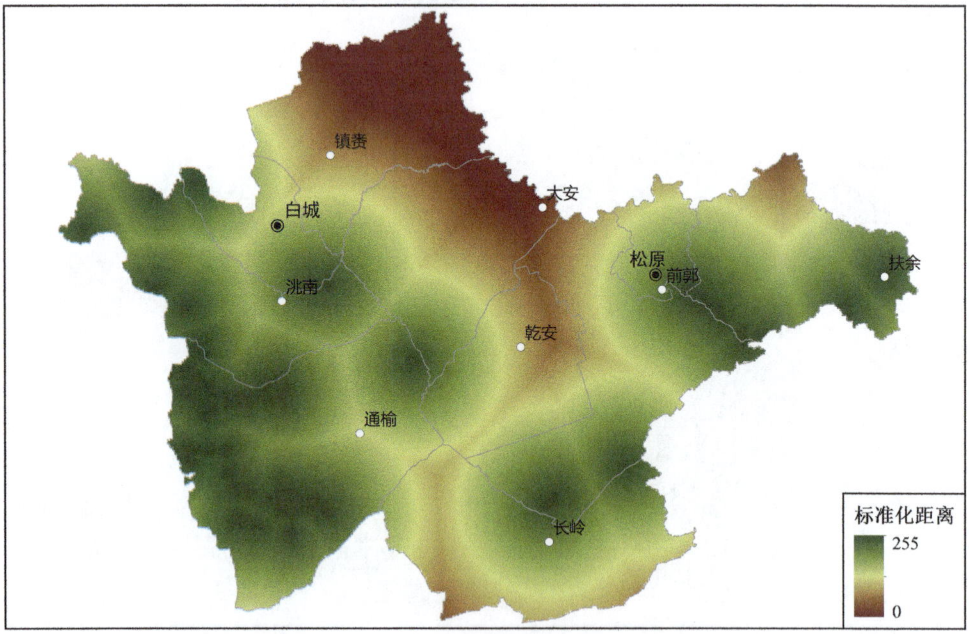

h. 未利用地

图 5.9　各土地利用类型分布的标准化距离

5.3.2 指标权重确定及评价结果

指标的权重由下式计算：

$$\omega_{ij} = \frac{F_{ij}}{\sum_{j}^{n} F_{ij}} \tag{5.12}$$

式中，ω_{ij}为 i 类土地利用的 j 类因素的权重；F_{ij}为 j 类因素对 i 类土地利用的影响程度，对于制约土地利用分布的影响因素而言，F_{ij}为变异系数，对于土地利用空间分布距离因素来说，F_{ij}为空间自相关系数；n 为评价指标的总数，本研究中 n 等于 10。

本研究选用反映与空间邻近单元相似性的 Morans I 系数表征各地类的空间自相关性。该系数可通过 ArcGIS 中的空间自相关（spatial autocorrelation）工具计算获得。

基于以上论述，可获得未来土地利用分布概率评价的指标体系及其权重（表 5.24），利用加权线性合并模型进行多准则评价，得到了各土地利用类型在不同气候情景下的分布概率（图 5.10 和图 5.11）。

表 5.24 未来土地利用分布概率评价指标体系及其权重

权重 \ 权重		耕地	林地	草地	水域	建设用地	盐碱地	沼泽地	未利用地
影响因素	海拔	0.1471	0.1209	0.1024	0.1964	0.1158	0.1051	0.1412	0.1429
	坡度	0.0298	0.0723	0.0167	0.0126	0.0273	0.0766	0.0695	0.0439
	坡向	0.0061	0.0149	0.0056	0.0048	0.0352	0.0041	0.0043	0.0183
	坡形	0.0059	0.0708	0.0131	0.015	0.0176	0.0244	0.0334	0.0488
	地貌	0.104	0.1563	0.1405	0.2069	0.1154	0.2204	0.2061	0.2162
	土壤	0.1362	0.1638	0.1912	0.1424	0.1381	0.1598	0.1296	0.1369
	气温	0.1366	0.1498	0.1259	0.1231	0.087	0.1265	0.1028	0.1205
	降水	0.0667	0.0952	0.0812	0.1358	0.0954	0.0818	0.0583	0.1028
	人口	0.1416	0.0471	0.1786	0.0754	0.293	0.1024	0.1596	0.1029
空间自相关	耕地	0.226							
	林地		0.1089						
	草地			0.1448					
	水域				0.0876				
	建设用地					0.0752			
	盐碱地						0.0989		
	沼泽地							0.0952	
	未利用地								0.0668

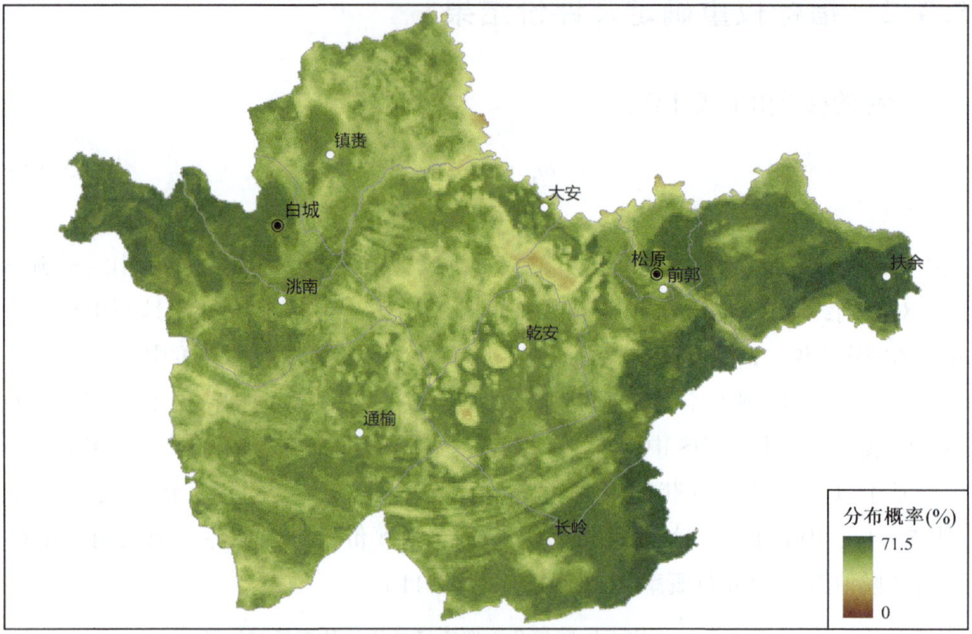
镇赉
大安
白城
松原
前郭
扶余
洮南
乾安
通榆
长岭
分布概率(%)
71.5
0

a. 耕地

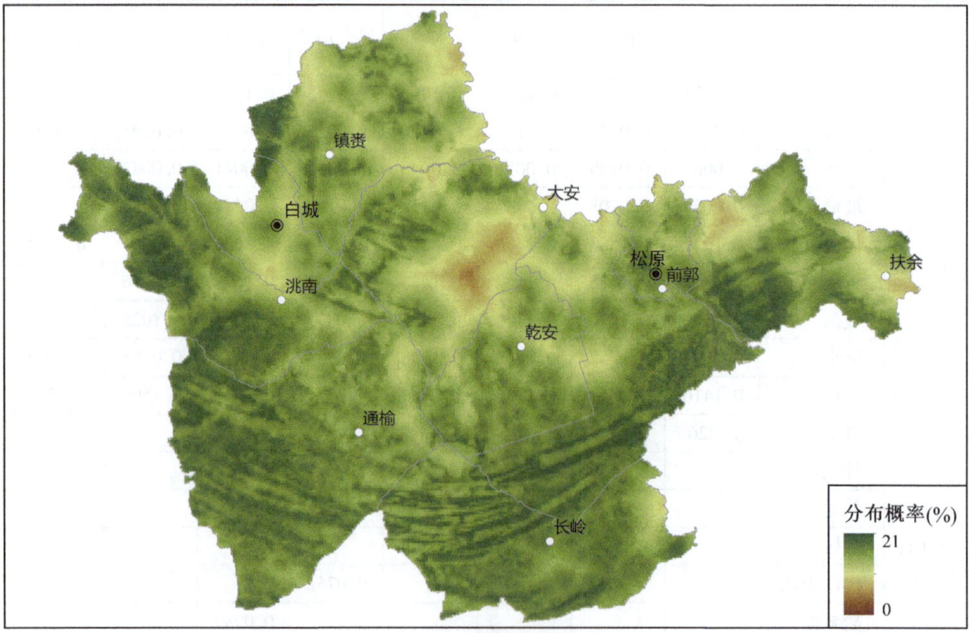
镇赉
大安
白城
松原
前郭
扶余
洮南
乾安
通榆
长岭
分布概率(%)
21
0

b. 林地

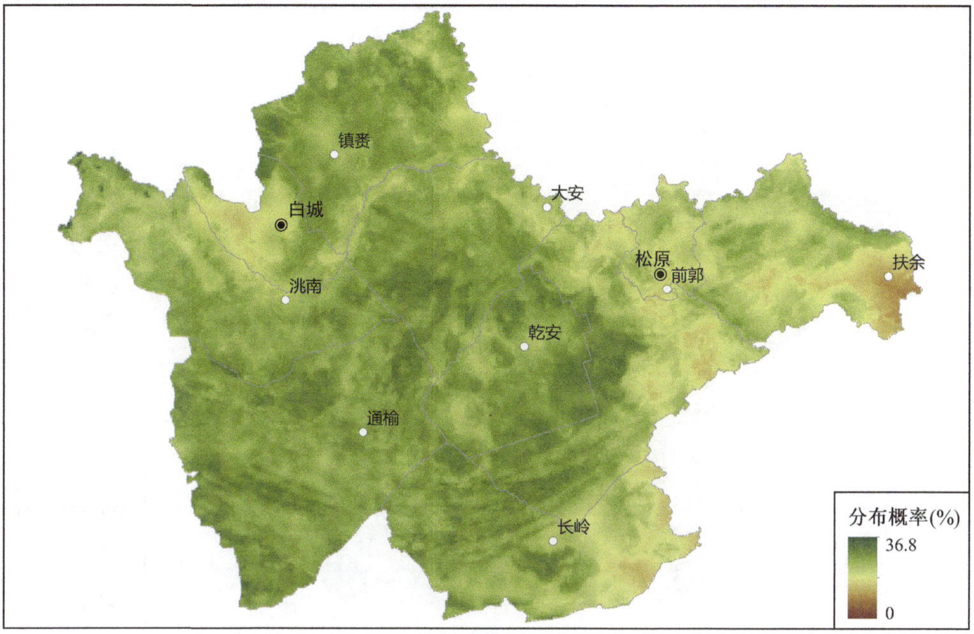
镇赉
白城
大安
松原
前郭
扶余
洮南
乾安
通榆
长岭
分布概率(%)
36.8
0

c. 草地

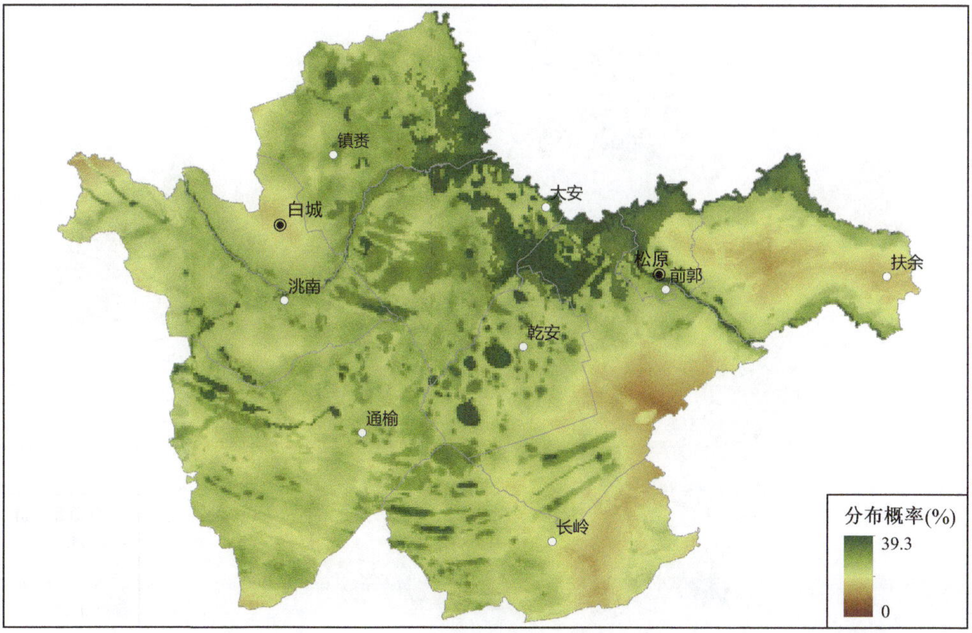
镇赉
白城
大安
松原
前郭
扶余
洮南
乾安
通榆
长岭
分布概率(%)
39.3
0

d. 水域

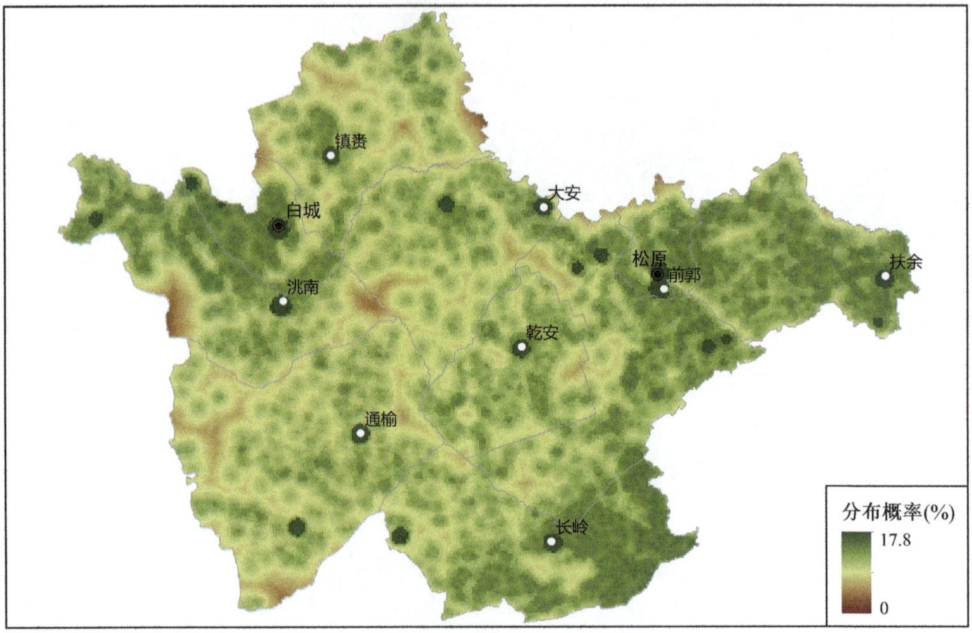
镇赉
大安
白城
松原
前郭
扶余
洮南
乾安
通榆
长岭
分布概率(%)
17.8
0

e. 建设用地

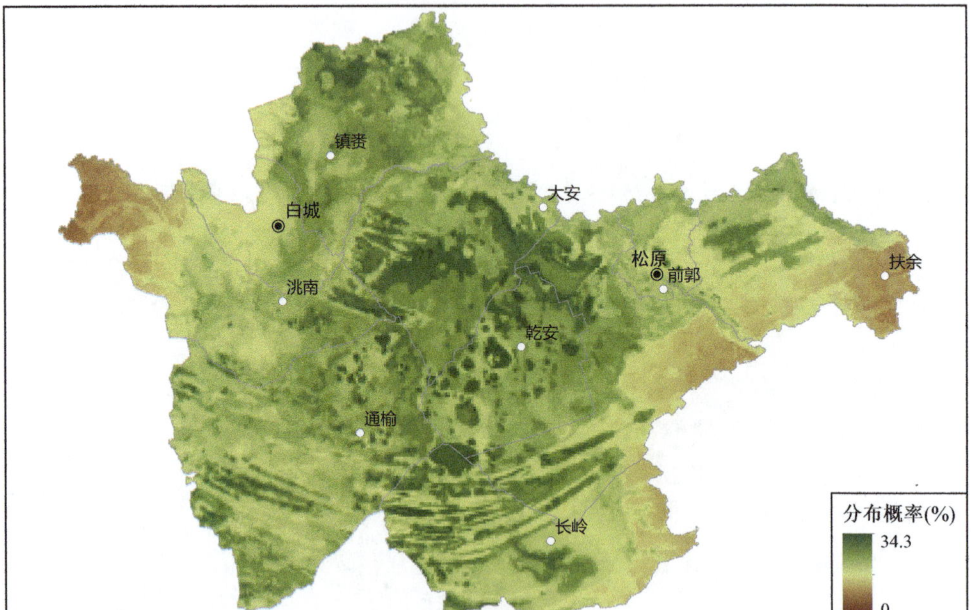
镇赉
大安
白城
松原
前郭
扶余
洮南
乾安
通榆
长岭
分布概率(%)
34.3
0

f. 盐碱地

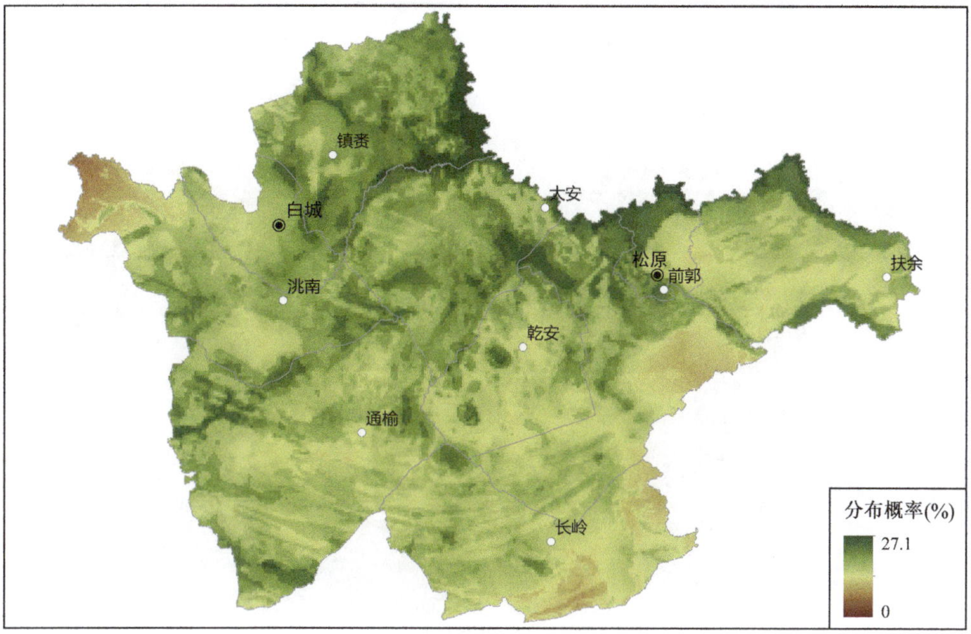

g. 沼泽地

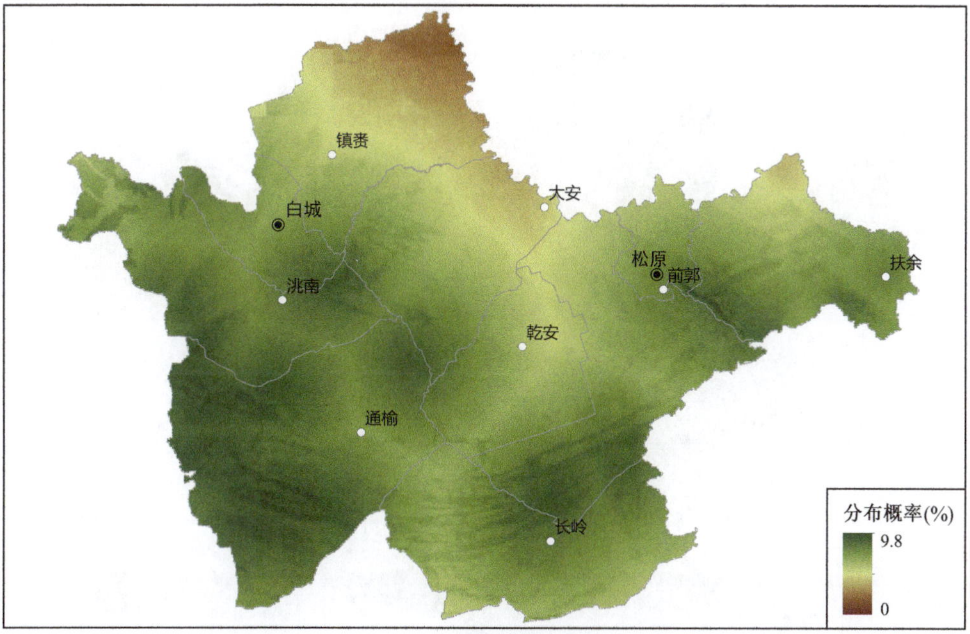

h. 未利用地

图 5.10　RCP4.5 情景下土地利用分布概率

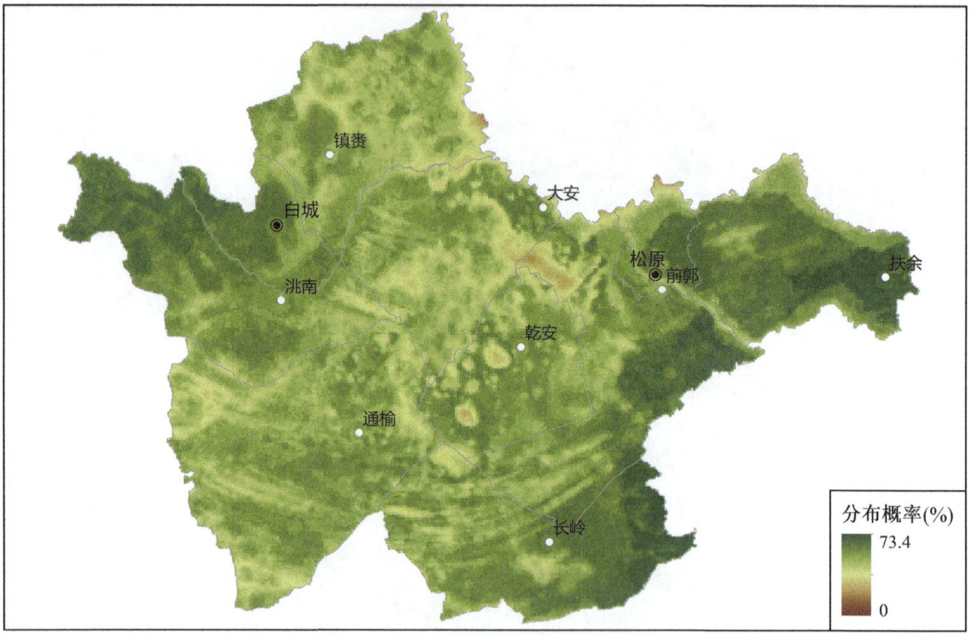
镇赉
白城
大安
松原
前郭
扶余
洮南
乾安
通榆
长岭
分布概率(%)
73.4
0

a. 耕地

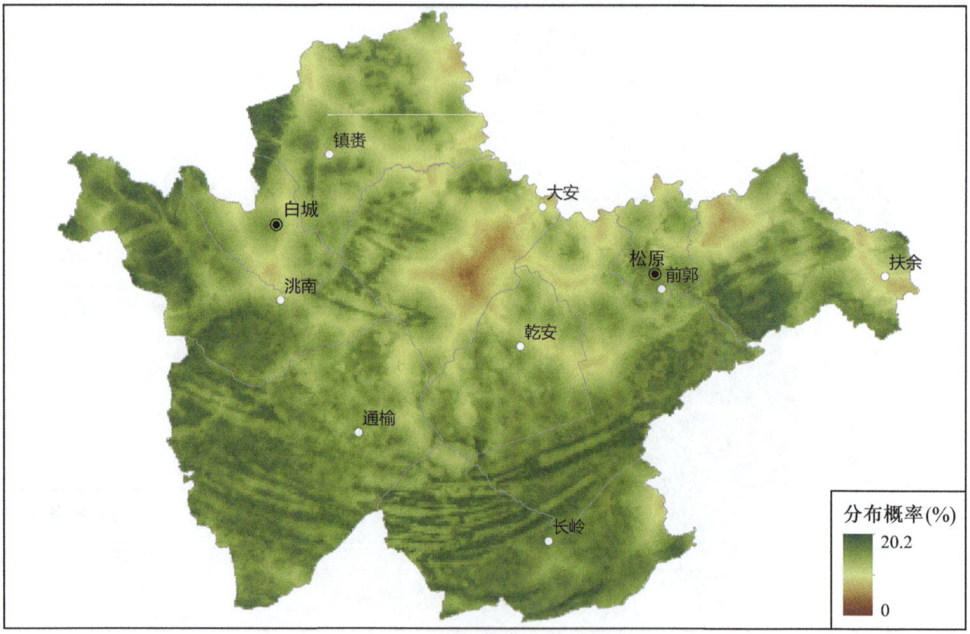
镇赉
白城
大安
松原
前郭
扶余
洮南
乾安
通榆
长岭
分布概率(%)
20.2
0

b. 林地

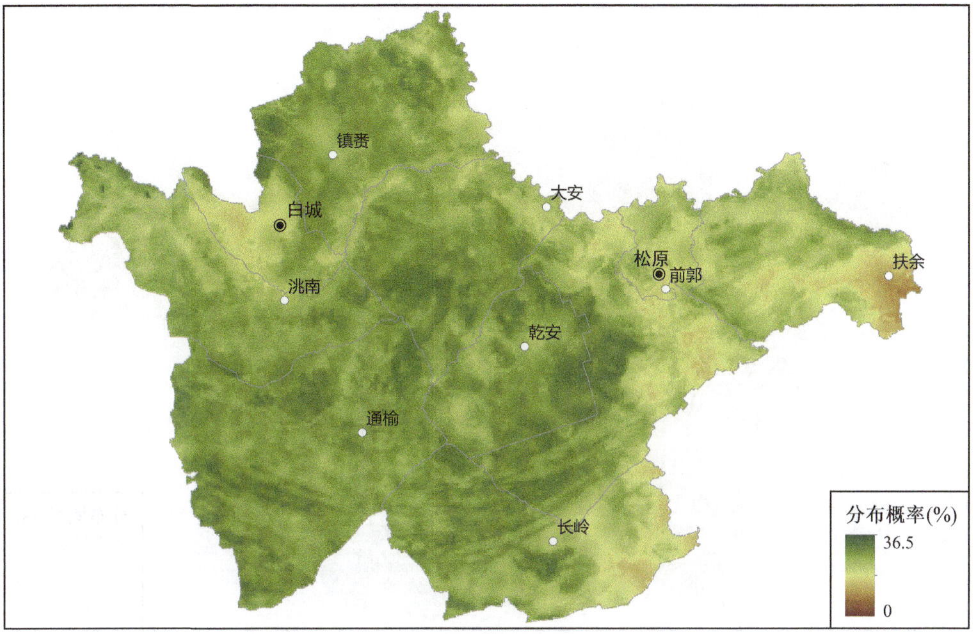
镇赉
大安
白城
松原
前郭
扶余
洮南
乾安
通榆
长岭
分布概率(%)
36.5
0

c. 草地

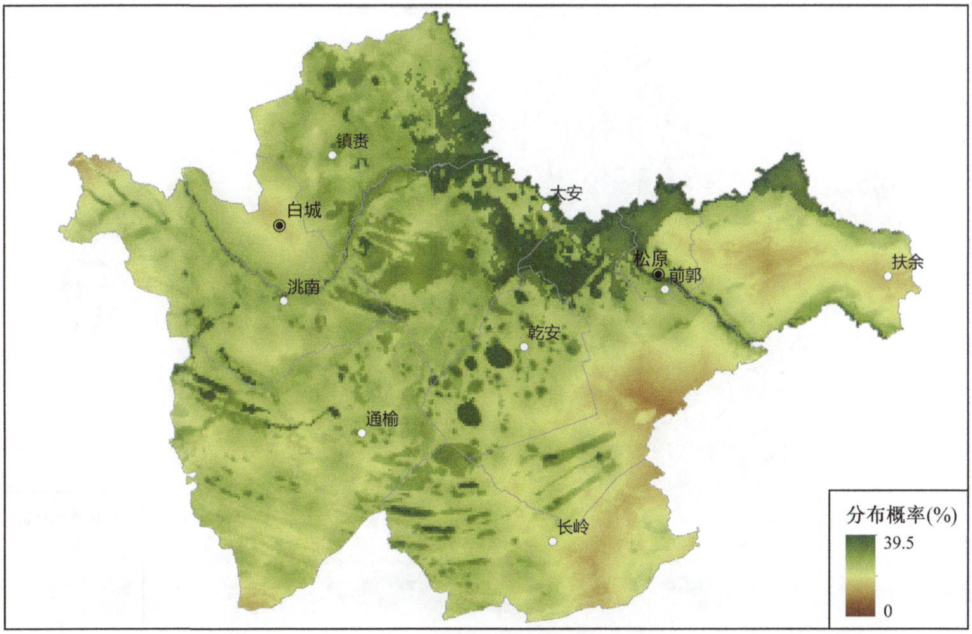
镇赉
大安
白城
松原
前郭
扶余
洮南
乾安
通榆
长岭
分布概率(%)
39.5
0

d. 水域

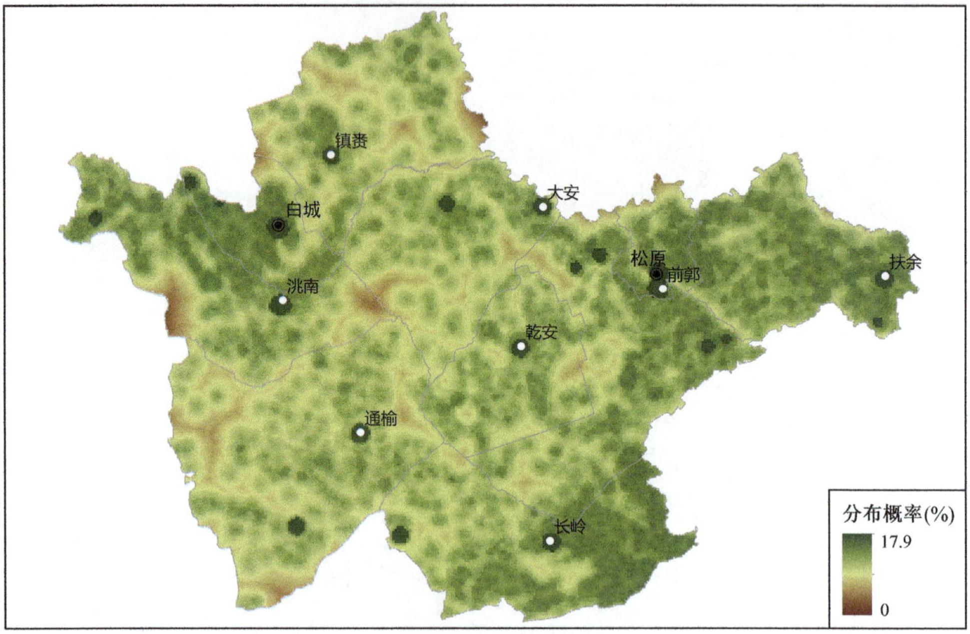
镇赉
大安
白城
松原
前郭
扶余
洮南
乾安
通榆
长岭
分布概率(%)
17.9
0

e. 建设用地

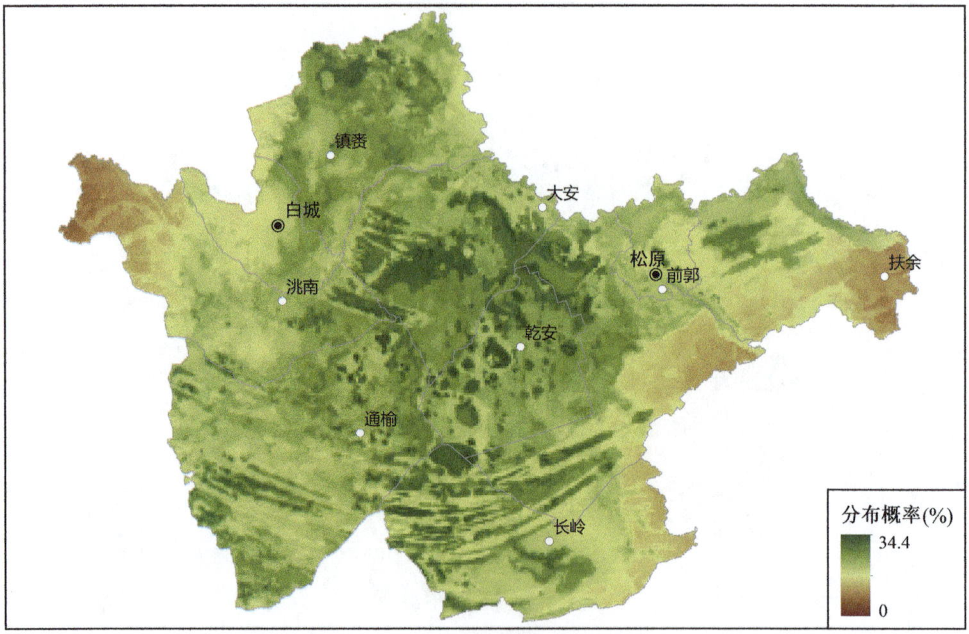
镇赉
大安
白城
松原
前郭
扶余
洮南
乾安
通榆
长岭
分布概率(%)
34.4
0

f. 盐碱地

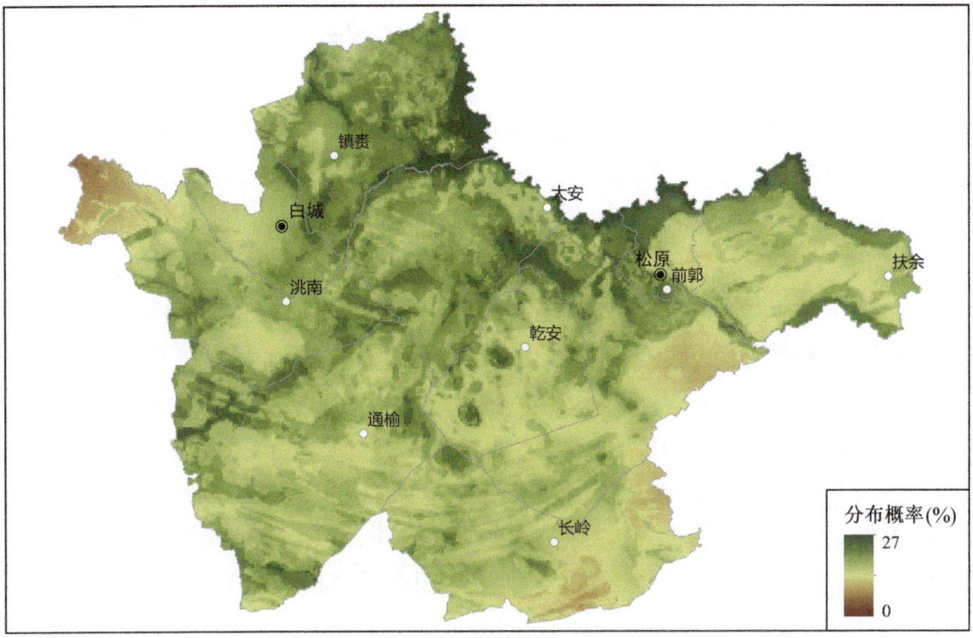

g. 沼泽地

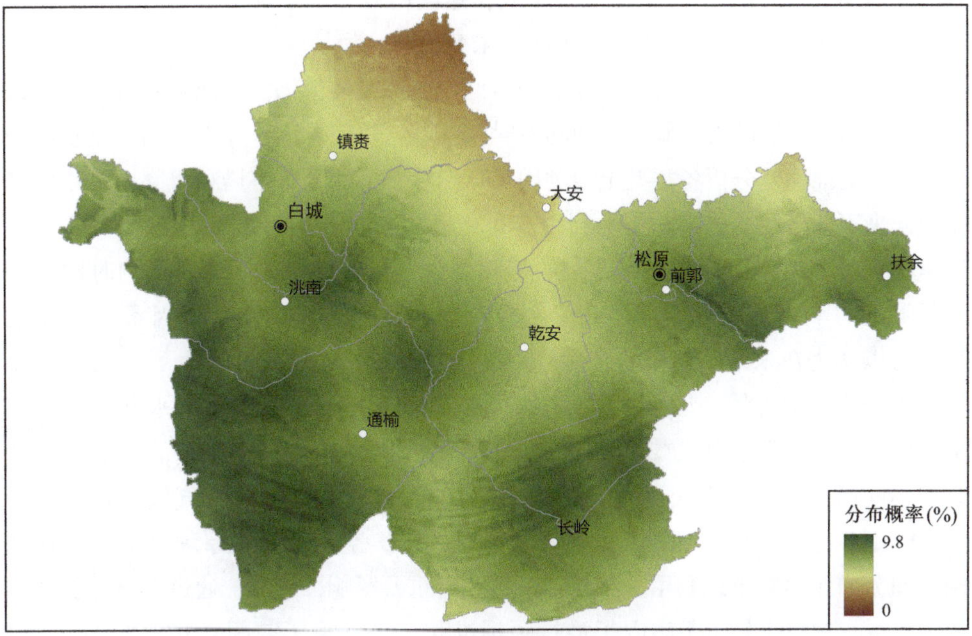

h. 未利用地

图 5.11　RCP6.0 情景下土地利用分布概率

5.4 本章小结

土地利用优化的本质和最终目的是解决人类需求和自然供给之间的矛盾，寻求两者之间的一种妥协和平衡，同时保障社会发展和生态安全，实现土地的可持续利用。本章根据恢复生态学的基本理论，通过分析吉林省西部土地利用历史变化轨迹，确定以1976年的土地利用结构和格局作为土地利用优化的参照系统，采用多目标规划模型和多准则评价模型分别模拟了吉林省西部未来土地利用的数量结构和分布概率。

在多目标规划模型中，设置了经济效益和生态效益两个目标，前者根据不同地类的单位面积产值进行计算，后者则用ESV作为表征。在规划模型求解时，通过赋予目标函数不同的权重设置了“生态最优”“生态优先”“生态经济并重”“经济优先”和“经济最优”五种情景，分别求解出了不同生态经济情景下的土地利用数量结构优化结果。经过进一步的评价分析，最终选择以发展草地畜牧业为主要方向的“经济最优”情景作为土地利用数量结构优化的结果。与2013年相比，优化后的耕地、盐碱地和未利用地面积分别减小了22.19万hm^2、11.89万hm^2和0.59万hm^2，而草地、沼泽地和建设用地分别增加了21万hm^2、11.18万hm^2和2.49万hm^2，林地和水域面积未变。

土地利用分布概率是进行土地利用空间配置的重要依据。土地利用分布受到人类活动和自然环境的共同制约，而随着时间推移，年代越近，人类活动的干扰越强烈。为了更准确地分析各类型土地利用在自然状态下的分布格局和概率，并以此来模拟未来不同气候情景下的土地利用分布概率，选取1976年的数据作为分析自然环境要素对土地利用分布概率影响的基础数据，在分析人类活动的影响时则选取年代最近的土地利用数据。在几十年尺度上，地形、地貌和土壤因素的变化较小，可以认为在未来十几年，自然环境因素当中只有气候条件发生了变化。

本研究选取海拔、坡度、坡形、坡向、地貌、土壤、气温、降水和易于定位定量表达的人口密度作为影响因素，分别探讨了其对土地利用分布的影响，并估算了不同影响因素等级或类别上的土地利用百分比，生成了未来气候情景中单因素影响下各土地利用类型的空间分布概率。此外，空间自相关原理决定的土地利用空间分布距离对土地利用分布与转换也有着重要影响，因此，通过距离分析和自相关分析，对空间分布距离因子进行了标准化，并计算了空间自相关的Morans I系数。最后，根据影响因素对土地利用分布的影响程度，确定了各自的权重，采用多准则评价模型模拟了不同RCP情景下2030年的土地利用分布概率。

6 土地利用优化方案设计及评价

土地利用优化包括土地利用数量结构调整和空间格局配置两方面内容。以往有关土地利用空间格局配置的研究，大都以模拟概率的大小判定某一栅格为何种地类，该方法计算简单，结果明了。但是，这种处理方法武断地认为，栅格内某地类的分布概率最大，该栅格即为该类土地利用，缺乏灵活性和变通性，而且在计算过程当中栅格和矢量数据之间的转换也必然导致优化结果有所偏差，另外，不管栅格大小，都难以避免混合像元的存在，而上述方法对此考虑不足。基于以上几点原因，本研究将吉林省西部划分成若干 1000m×1000m 大小的矢量格网，根据各类土地利用的分布概率和土地利用空间配置原则，在保证各土地利用类型总面积等于多目标规划模型规划面积的同时，分别配置了每个格网内各土地利用类型的面积及百分比，得到不同气候情景和灌溉条件下的土地利用优化方案。

6.1 土地利用优化结果

6.1.1 土地利用优化原则

本研究中土地利用优化方案设计时所遵循的原则主要有以下几点。

(1) 建设用地优先配置原则

建设用地作为受人类活动影响最大的土地利用类型，一般难以再向其他土地利用类型转换，其空间布局直接关乎社会发展和经济增长，因此，在控制建设用地总面积的前提下，根据模拟的分布概率对其优先配置。

(2) 不垦新地原则

本研究主要理念为恢复生态，力图将已经开垦的耕地合理恢复至近自然状态下的土地利用类型。因此，在对耕地进行空间优化配置时，耕地分布范围不能超过 2013 年已有的耕地，即不开恳新的耕地，其他土地利用类型不向耕地转换。

(3) 粮食生产潜力最大原则

在不违背“不垦新地原则”的前提下，空间格局配置的结果应使粮食生产潜力总量达到最大。

（4）不恶化原则

该原则主要针对盐碱地和未利用地而言，在进行空间格局配置时，盐碱地和未利用地的范围不能超出 2013 年已有的范围，即其他土地利用类型不得向盐碱地和未利用地转换。

（5）稳定性原则

某些地区的土地利用可能长期未发生变化，具有一定的稳定性，在对土地利用优化时应尽量避免打破这种稳定性。本研究认为在 1976 ~ 2013 年土地利用未变的地区，其土地利用具有稳定性，在优化时，这些地区的土地利用类型保持 2013 年的状态不变。

6.1.2 土地利用优化方案设计

基于以上五条原则，以多目标规划模型的优化结果作为数量控制，根据多准则评价模型模拟的土地利用分布概率，结合历史土地利用分布状况，对不同情景条件下的土地利用空间格局进行了配置，优化结果如图 6.1 ~ 图 6.4 所示。

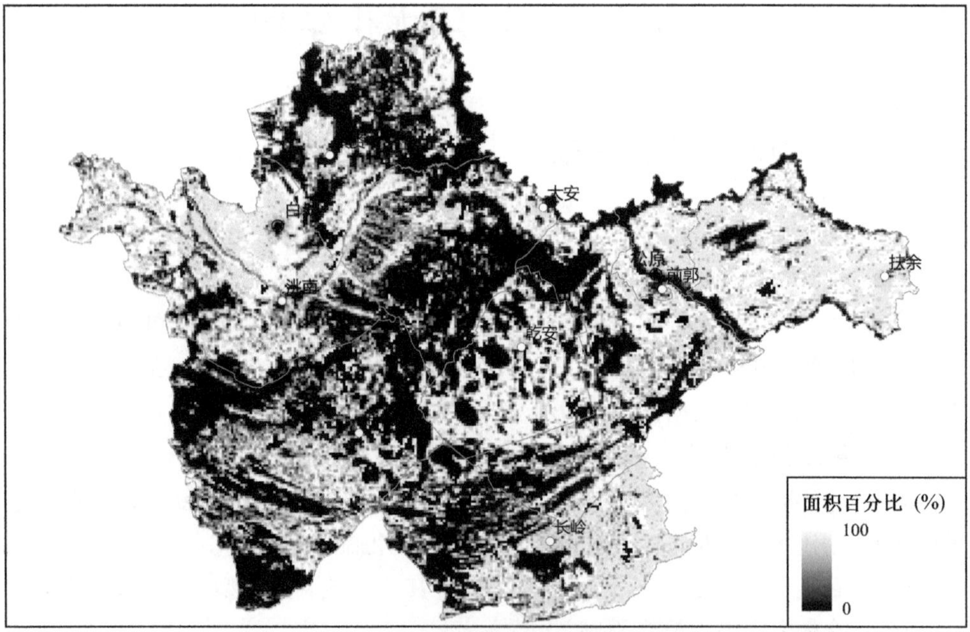

a. RCP4.5情景下吉林省西部耕地优化结果

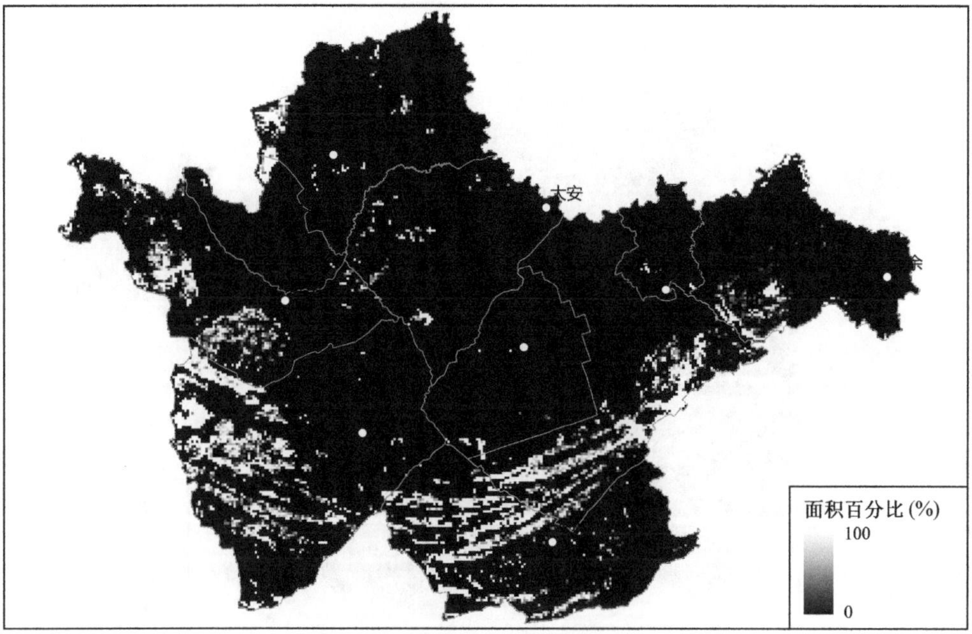

b. RCP4.5情景下吉林省西部林地优化结果

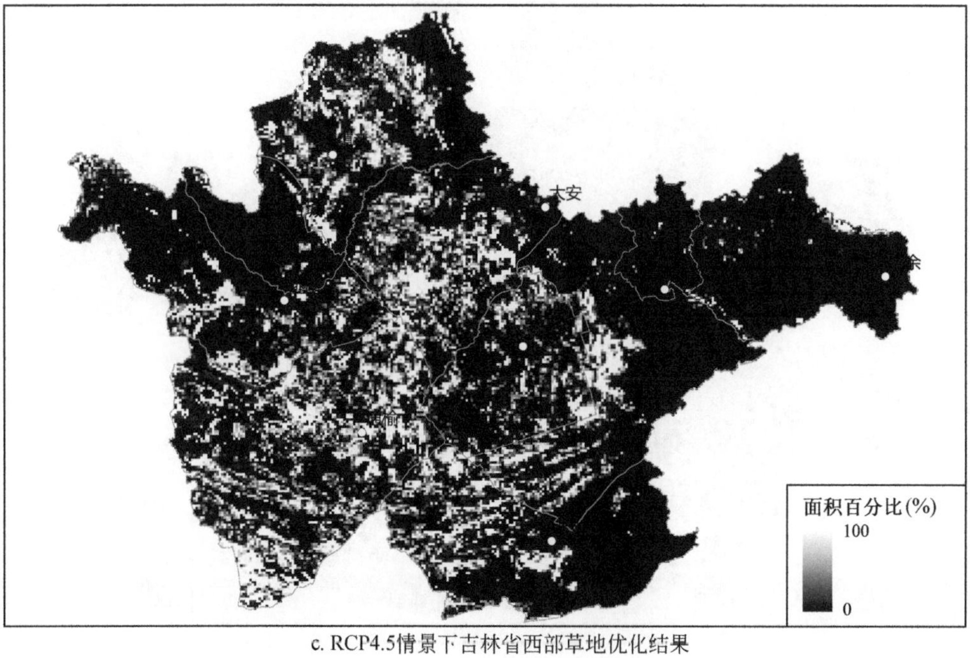

c. RCP4.5情景下吉林省西部草地优化结果

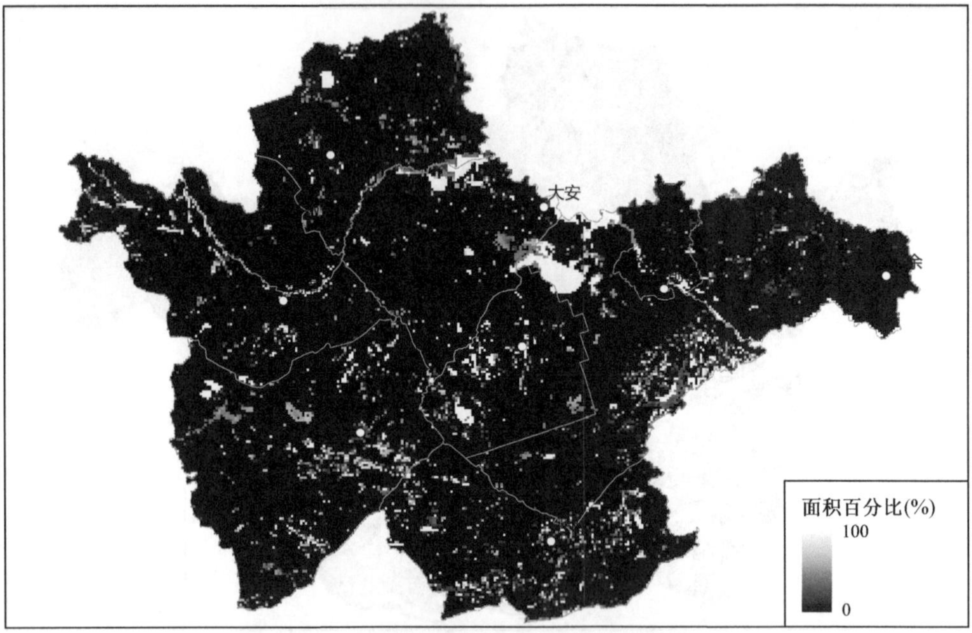

d. RCP4.5情景下吉林省西部水域优化结果

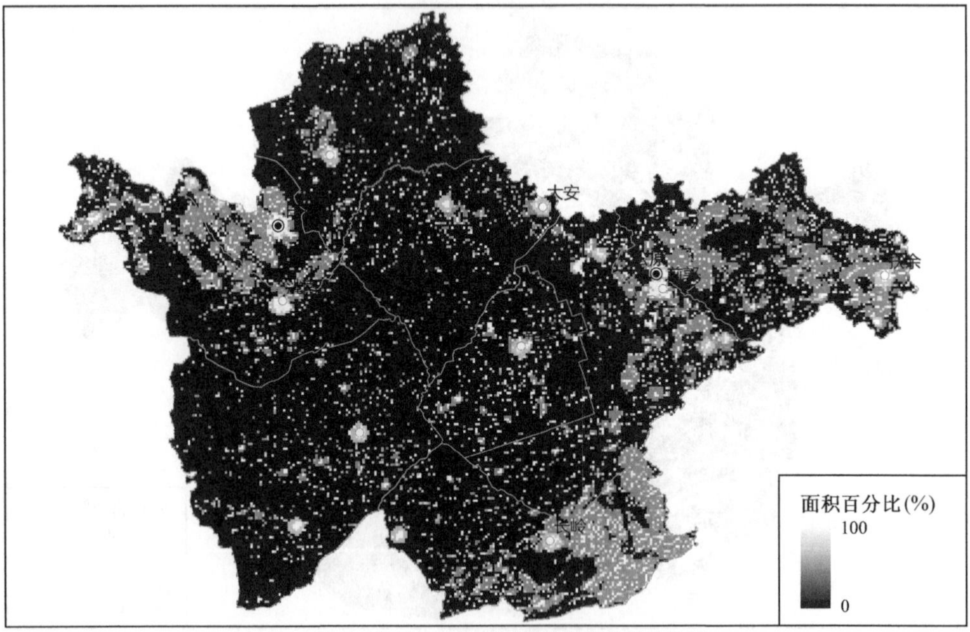

e. RCP4.5情景下吉林省西部建设用地优化结果

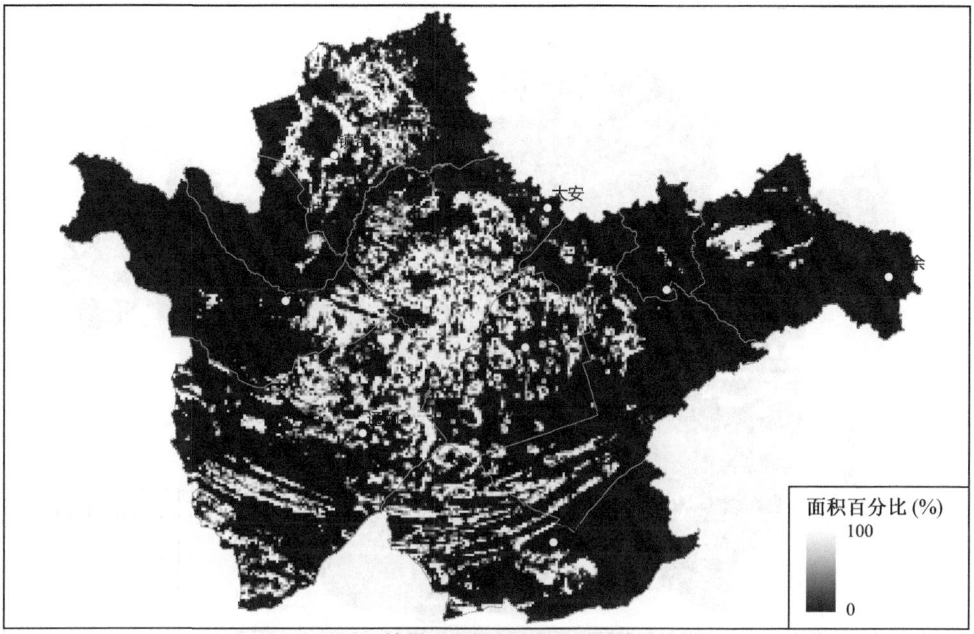

f. RCP4.5情景下吉林省西部盐碱地优化结果

g. RCP4.5情景下吉林省西部沼泽地优化结果

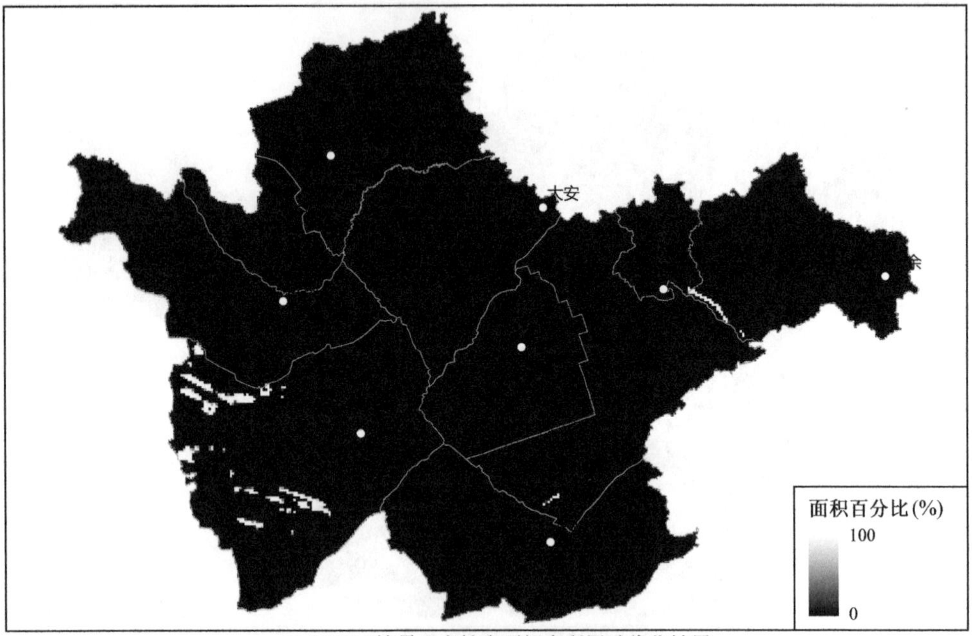

h. RCP4.5情景下吉林省西部未利用地优化结果

图 6.1　RCP4.5 情景灌溉条件下土地利用优化结果

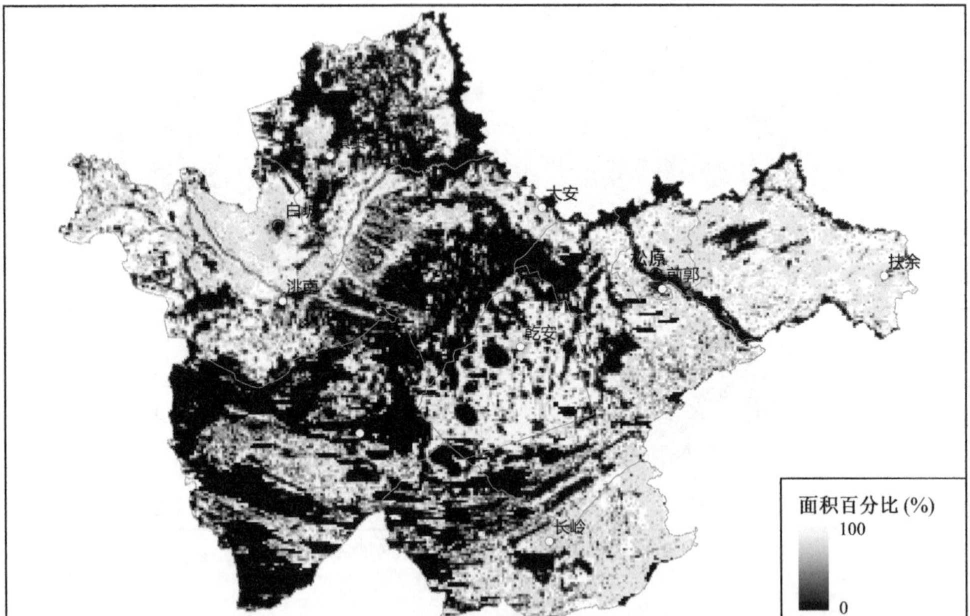

a. RCP4.5情景下吉林省西部耕地优化结果

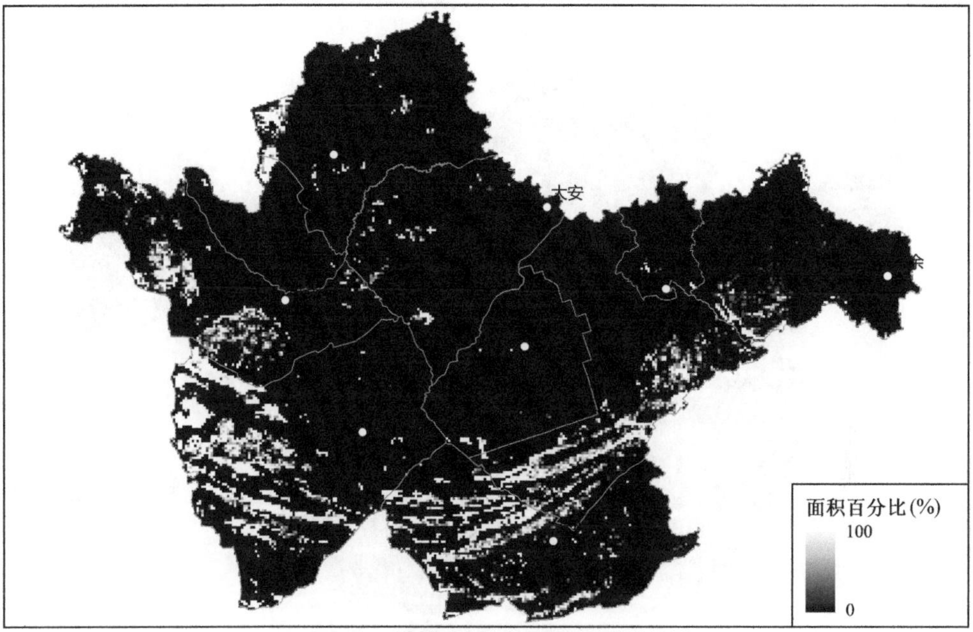

b. RCP4.5情景下吉林省西部林地优化结果

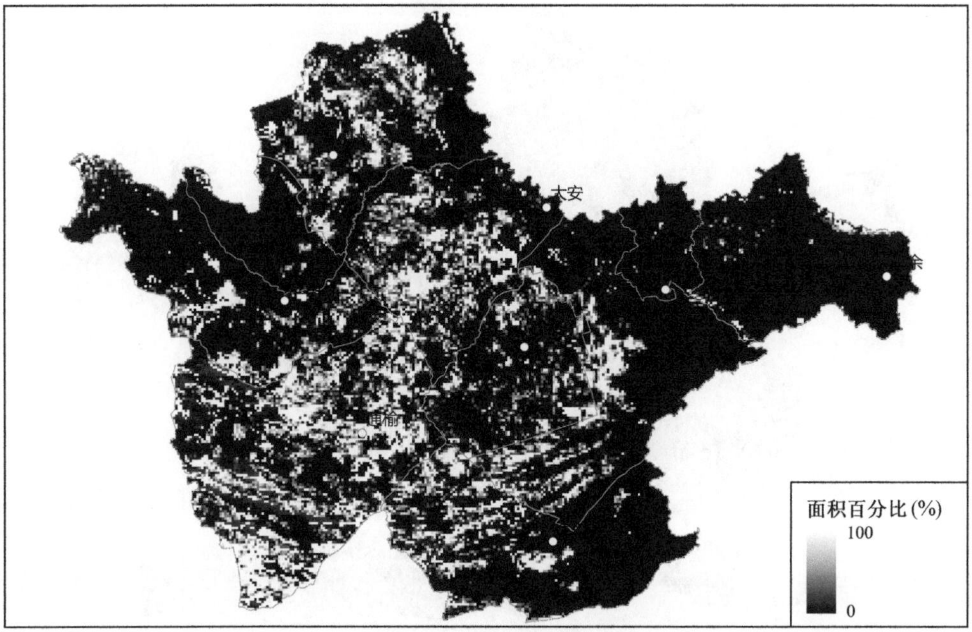

c. RCP4.5情景下吉林省西部草地优化结果

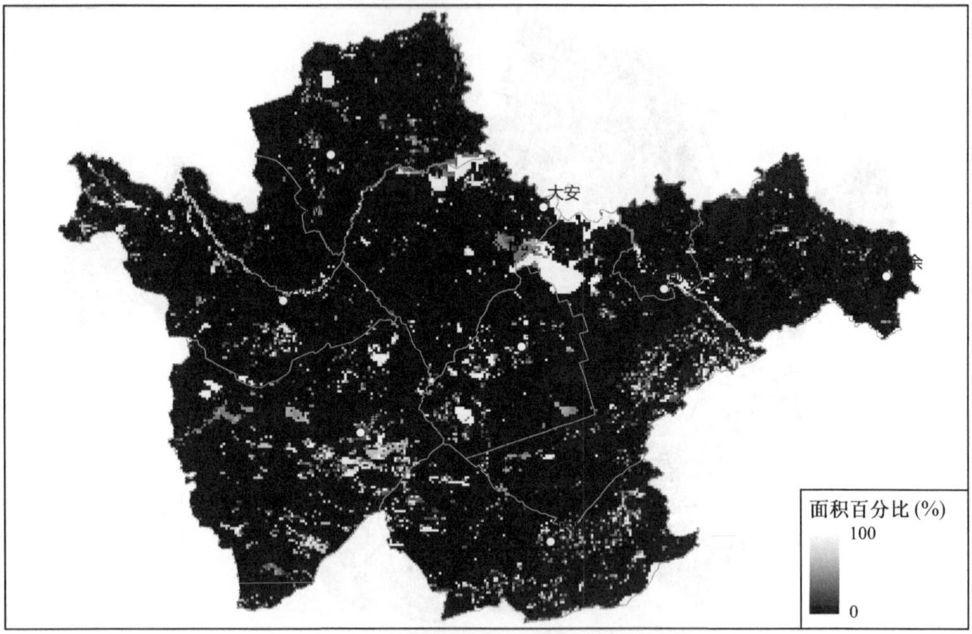

d. RCP4.5情景下吉林省西部水域优化结果

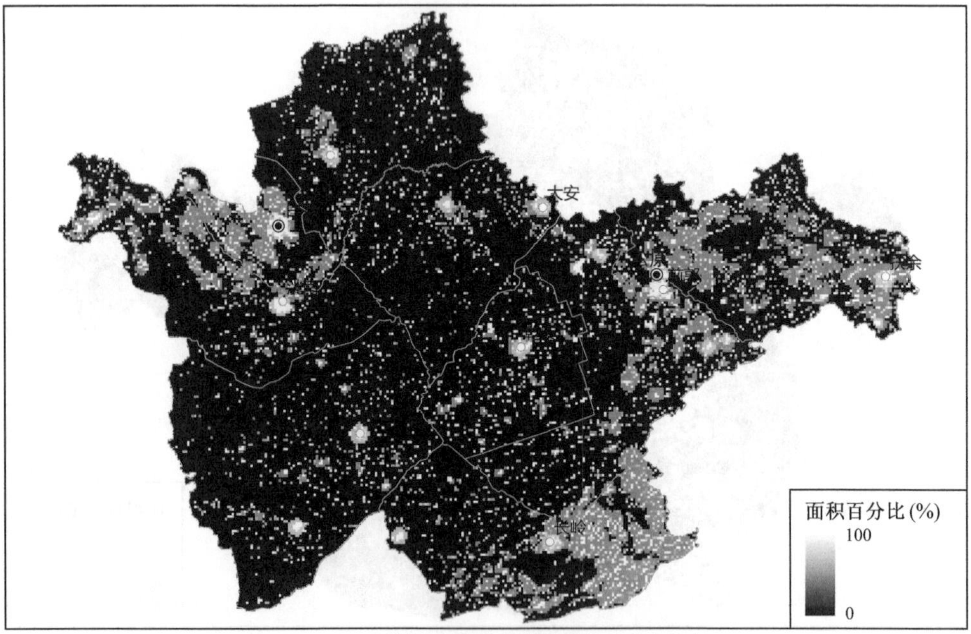

e. RCP4.5情景下吉林省西部建设用地优化结果

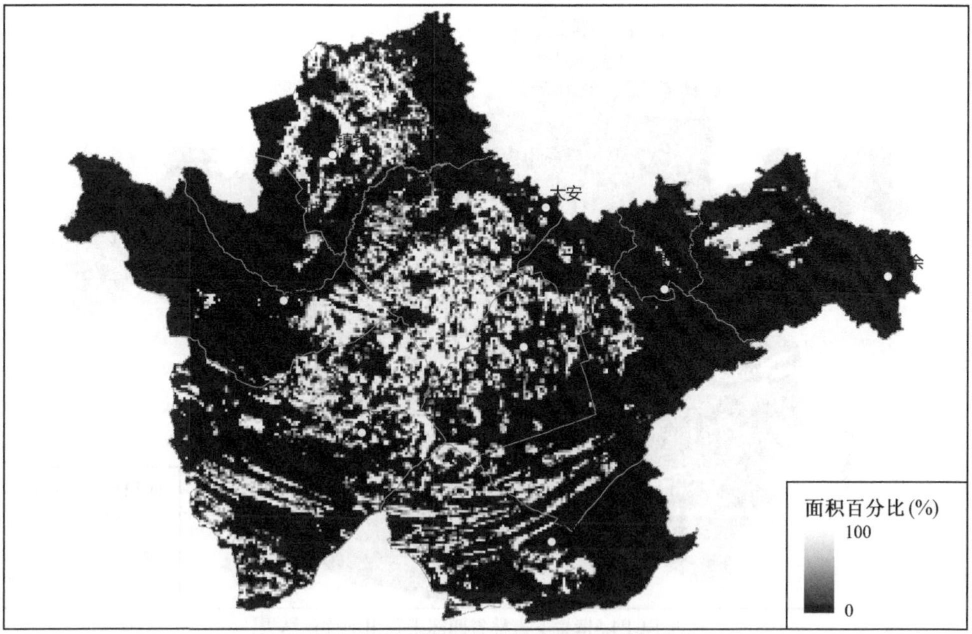

f. RCP4.5情景下吉林省西部盐碱地优化结果

g. RCP4.5情景下吉林省西部沼泽地优化结果

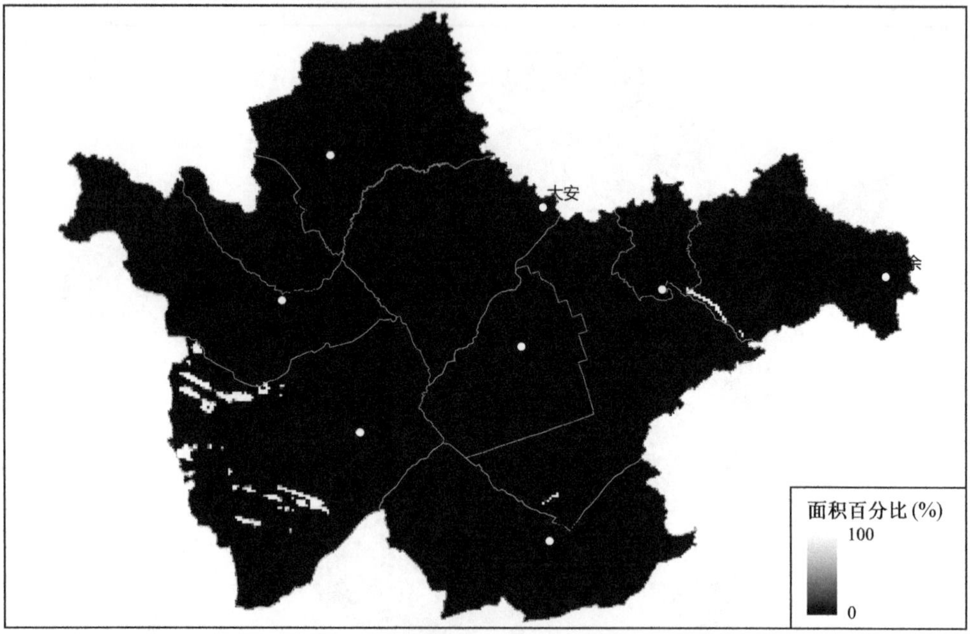

h. RCP4.5情景下吉林省西部未利用地优化结果

图 6.2　RCP4.5 情景雨养条件下土地利用优化结果

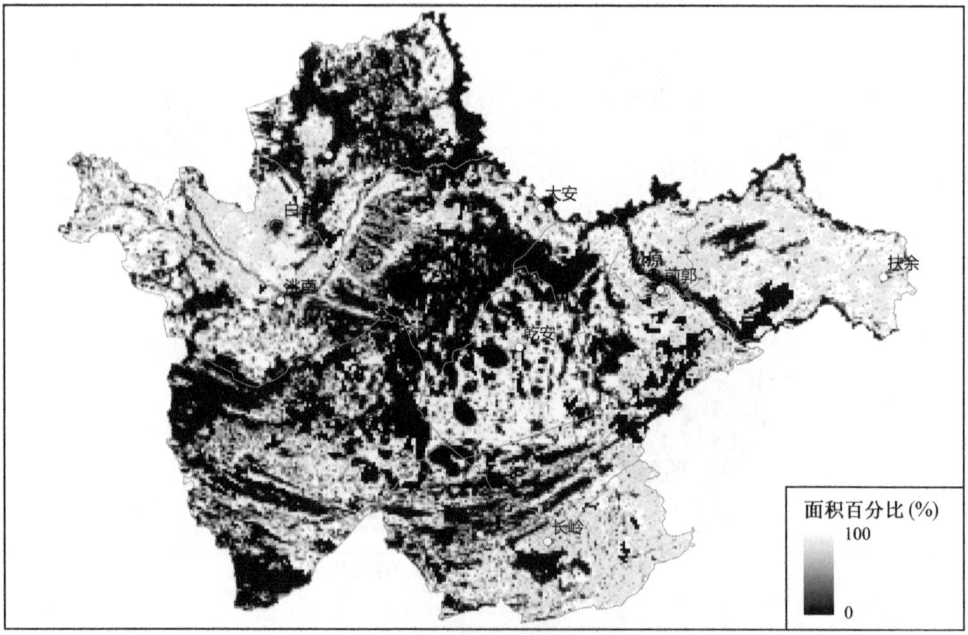

a. RCP6.0情景下吉林省西部耕地优化结果

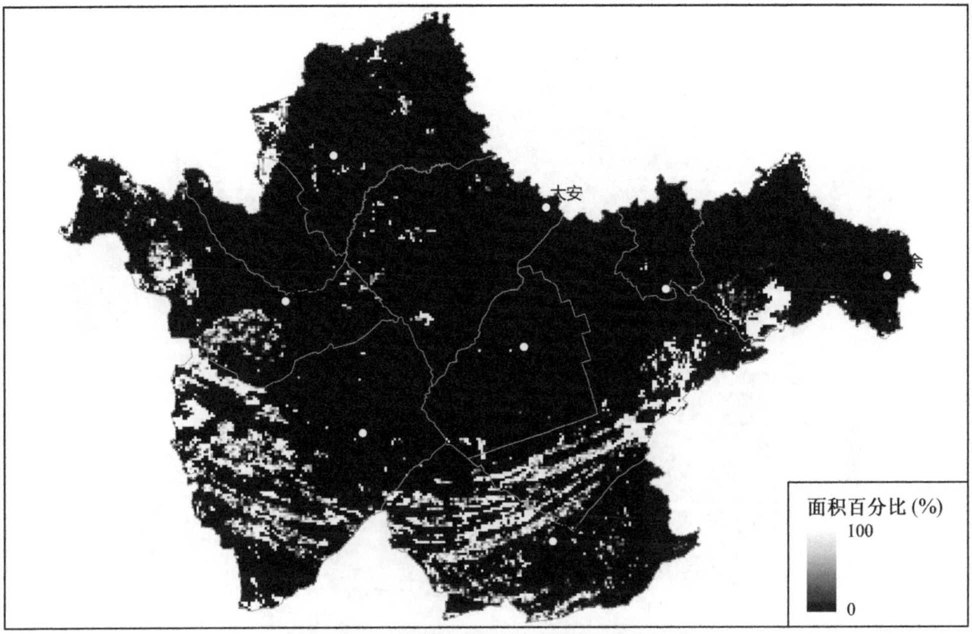

b. RCP6.0情景下吉林省西部林地优化结果

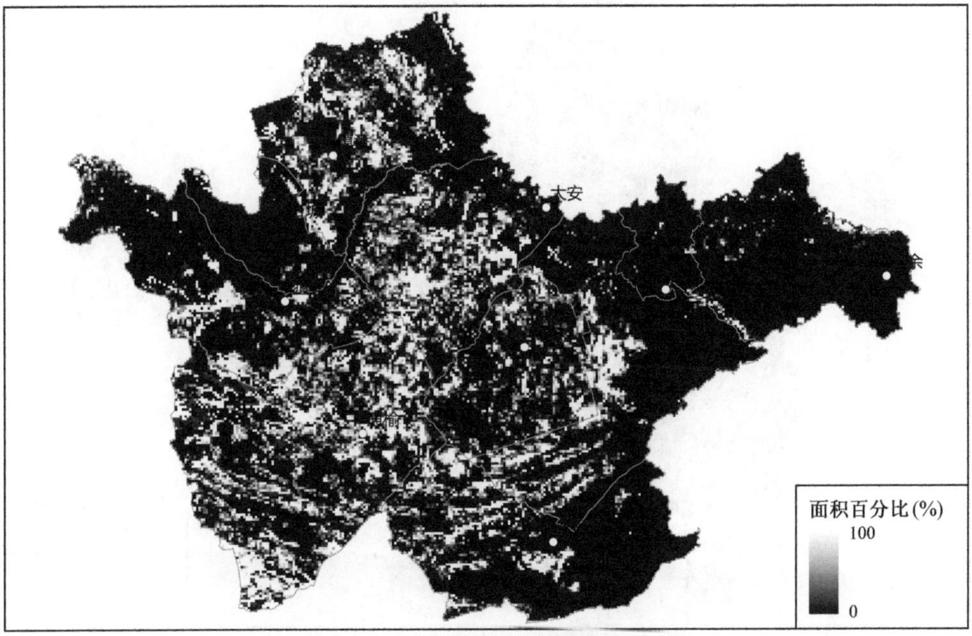

c. RCP6.0情景下吉林省西部草地优化结果

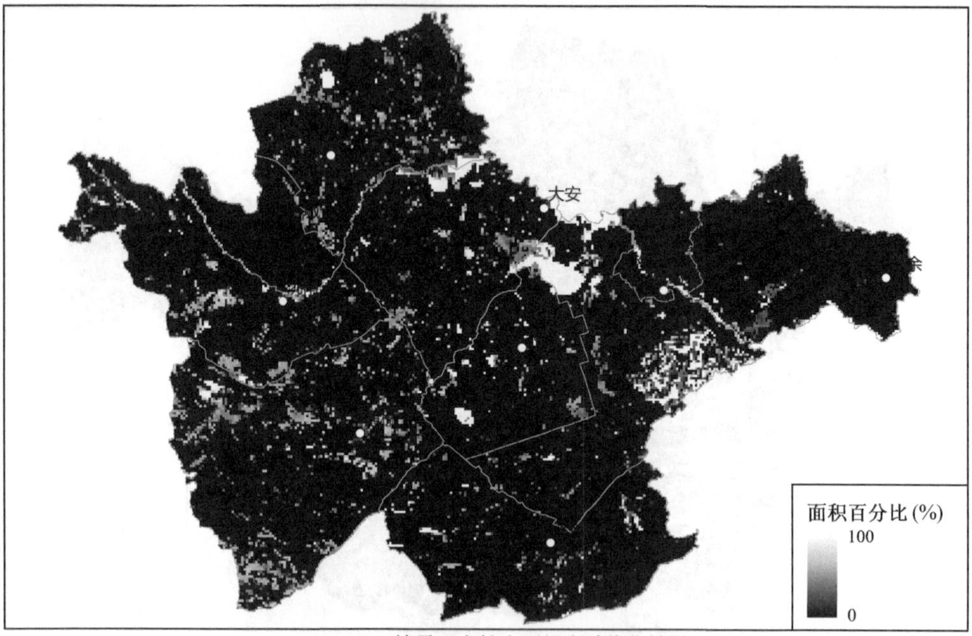

d. RCP6.0情景下吉林省西部水域优化结果

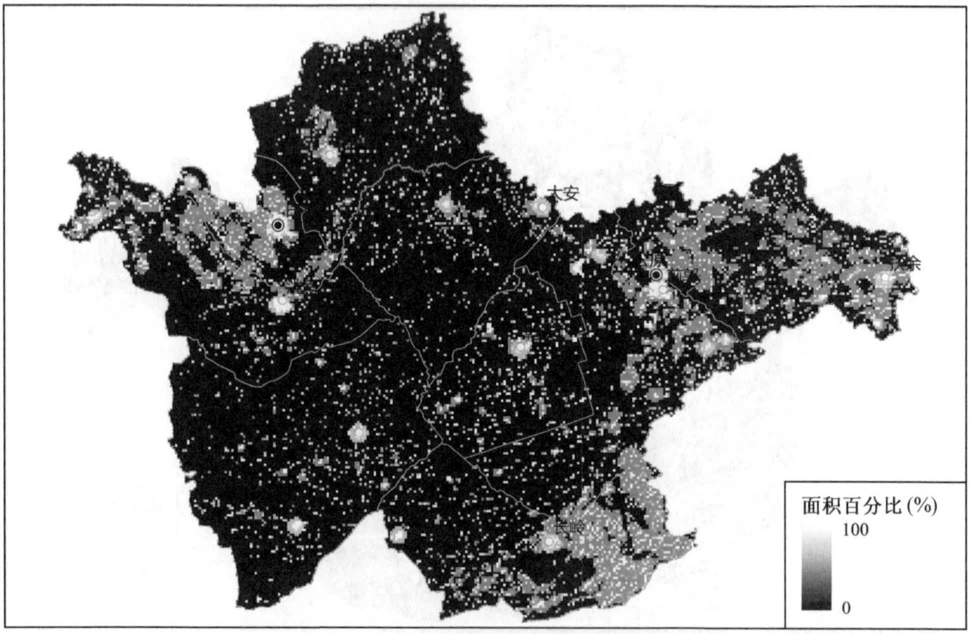

e. RCP6.0情景下吉林省西部建设用地优化结果

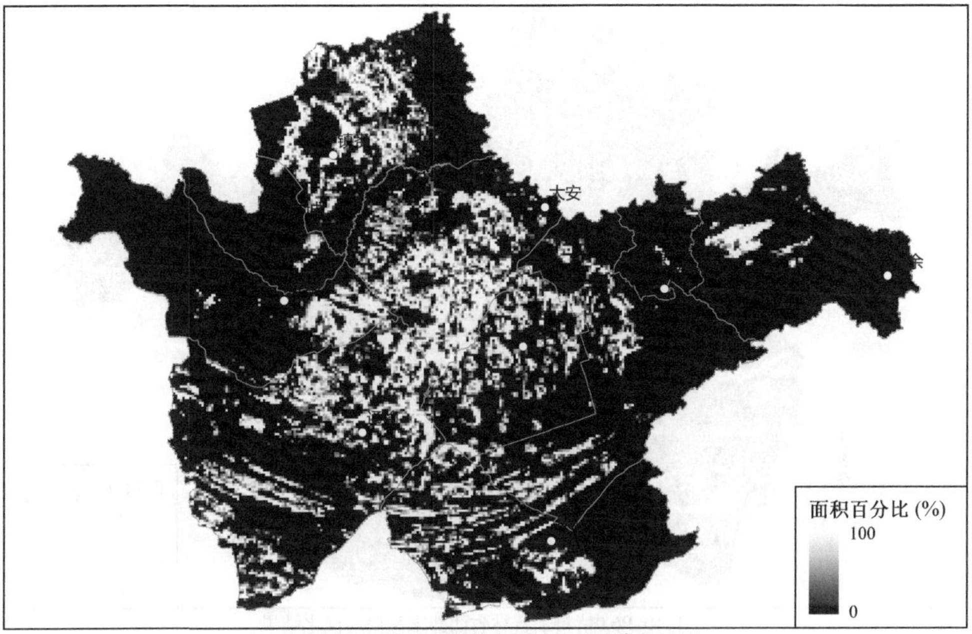

f. RCP6.0情景下吉林省西部盐碱地优化结果

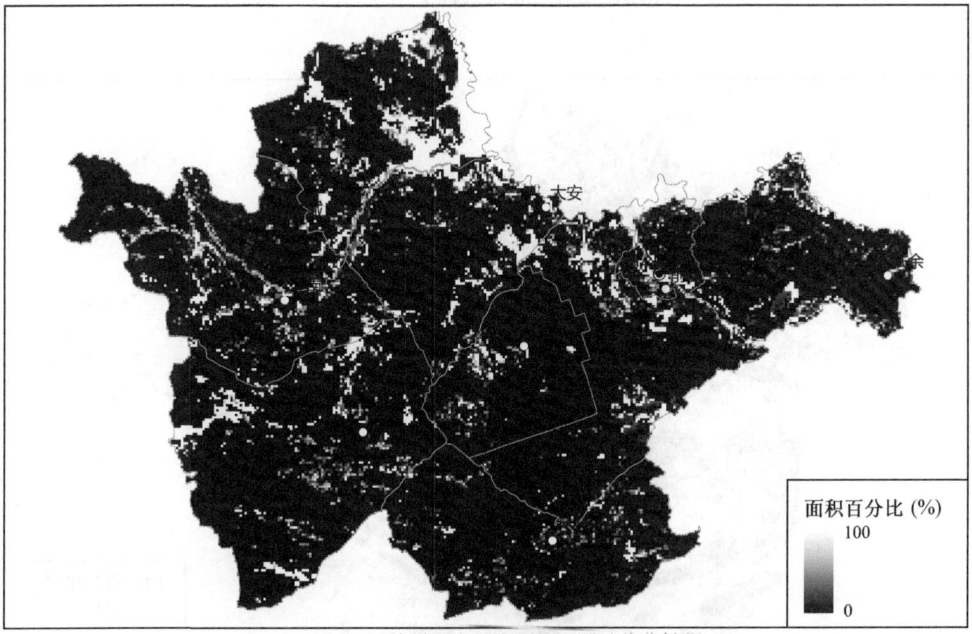

g. RCP6.0情景下吉林省西部沼泽地优化结果

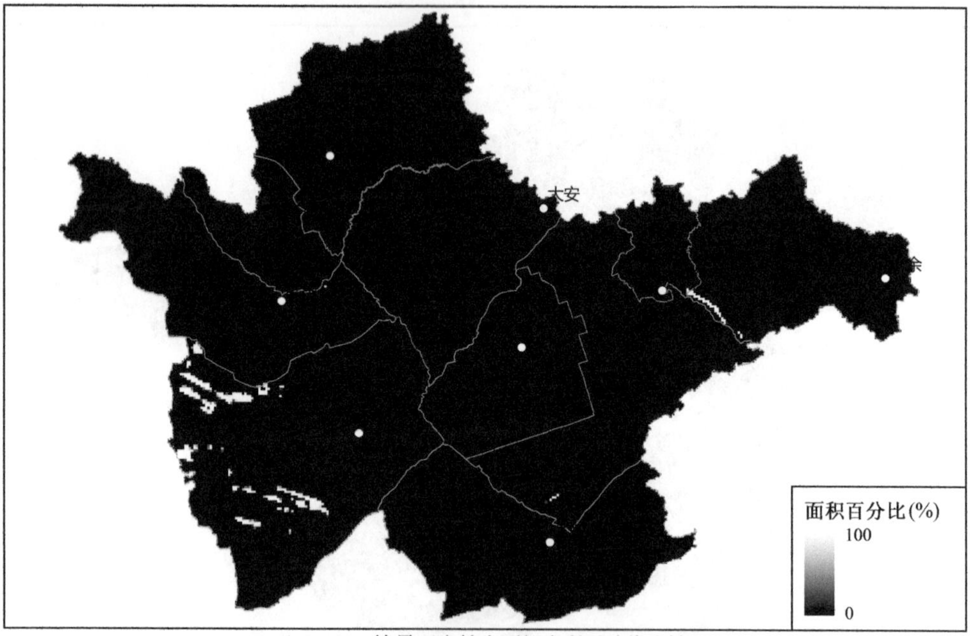

h. RCP6.0情景下吉林省西部未利用地优化结果

图 6.3　RCP6.0 情景灌溉条件下土地利用优化结果

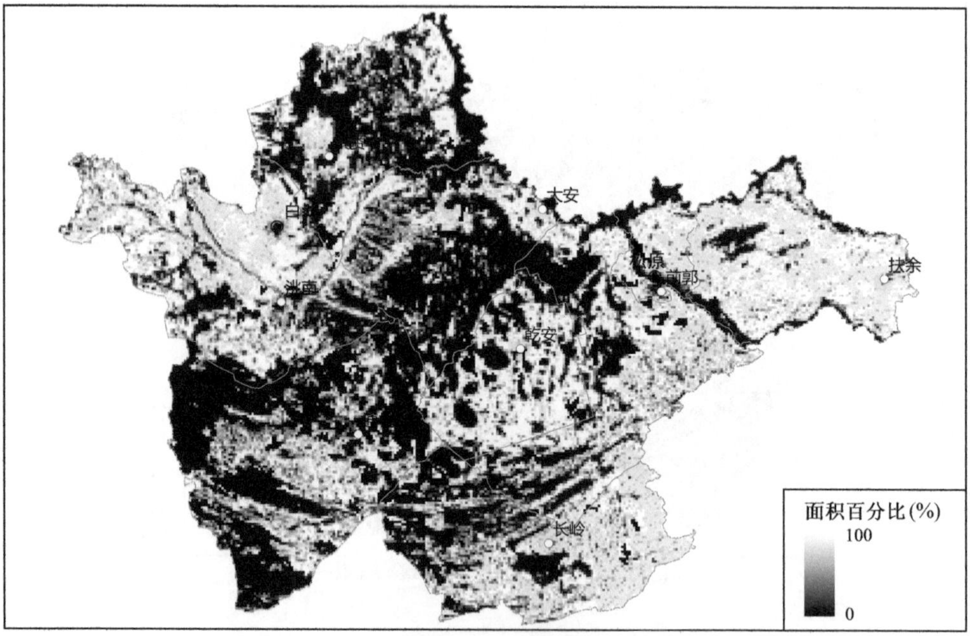

a. RCP6.0情景下吉林省西部耕地优化结果

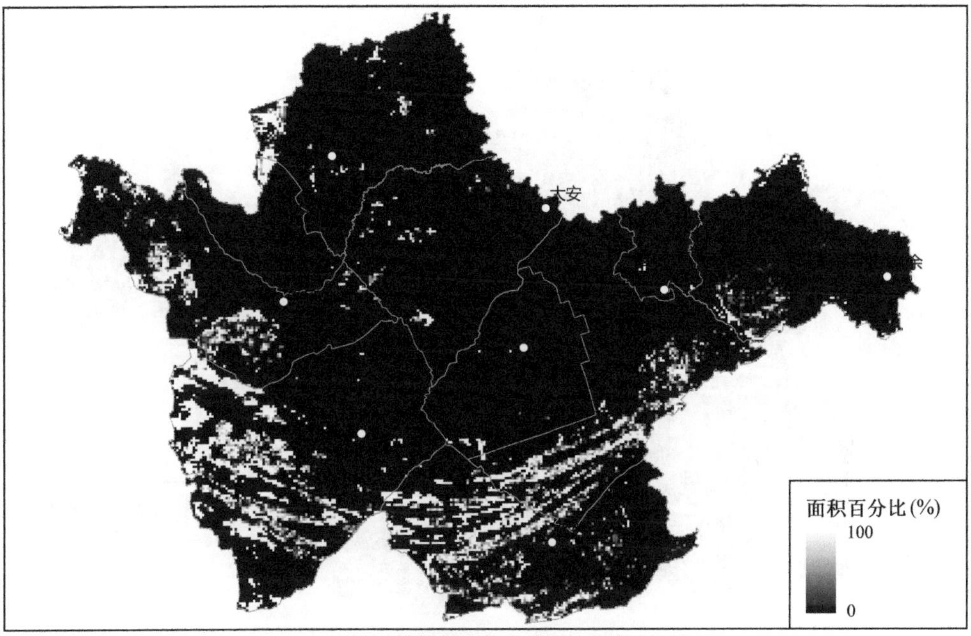

b. RCP6.0情景下吉林省西部林地优化结果

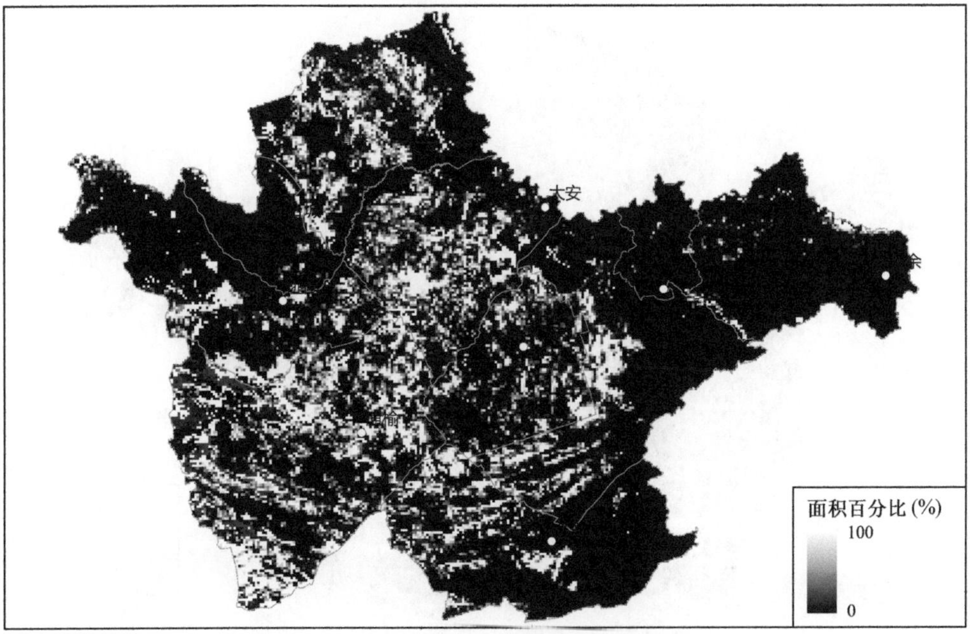

c. RCP6.0情景下吉林省西部草地优化结果

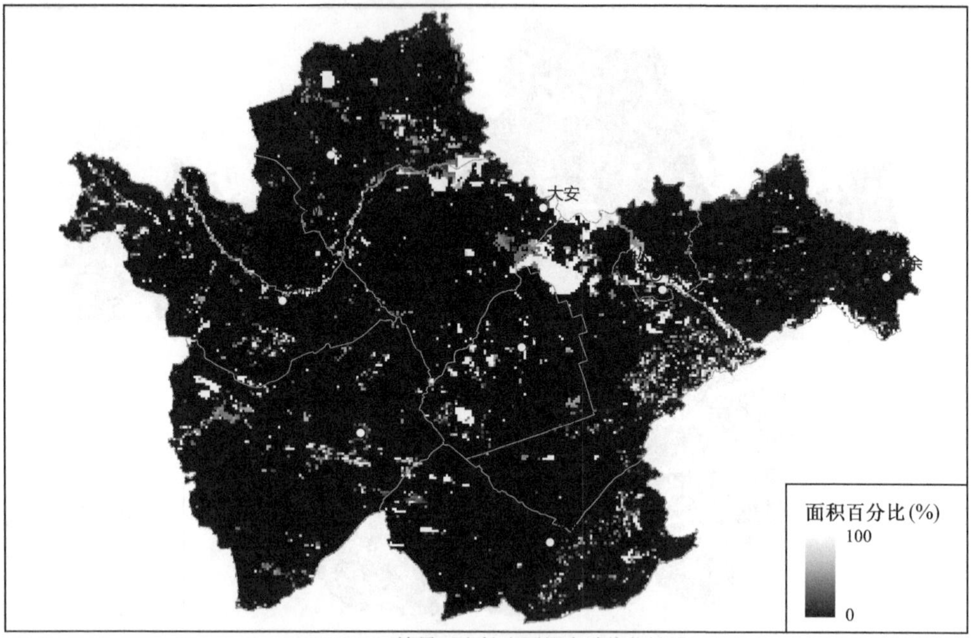

d. RCP6.0情景下吉林省西部水域优化结果

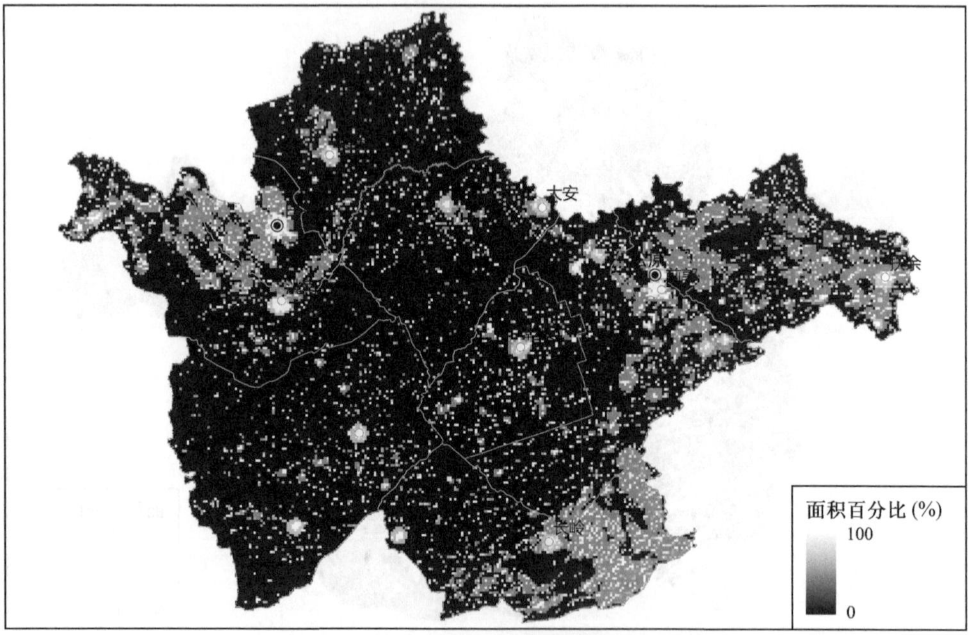

e. RCP6.0情景下吉林省西部建设用地优化结果

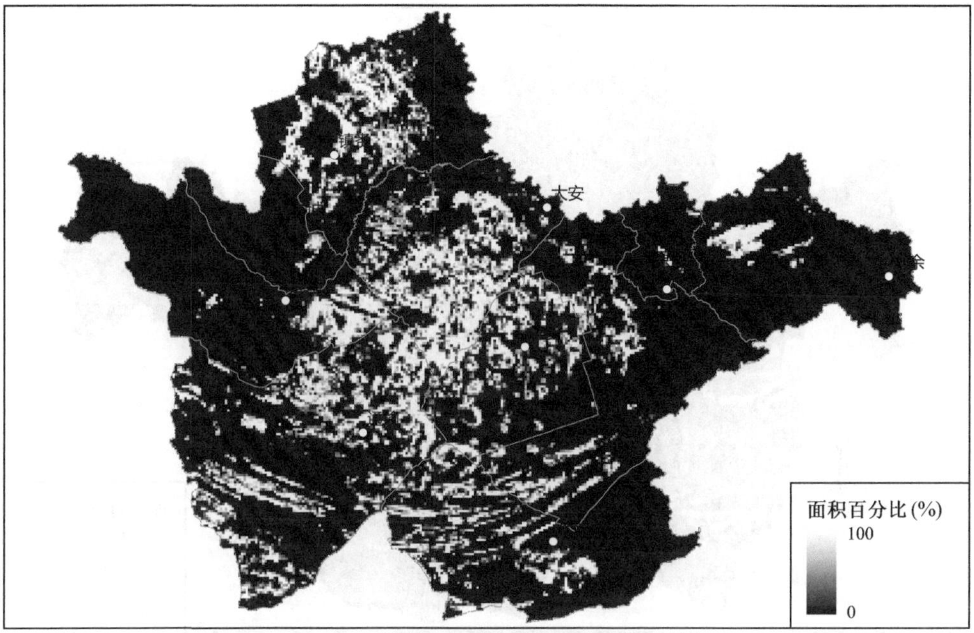

f. RCP6.0情景下吉林省西部盐碱地优化结果

g. RCP6.0情景下吉林省西部沼泽地优化结果

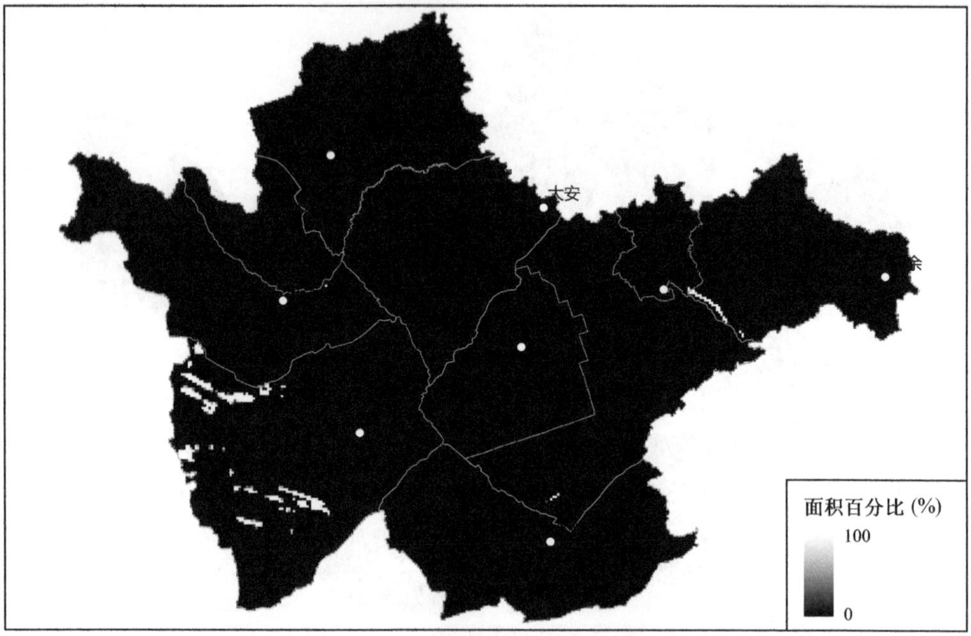

h. RCP6.0情景下吉林省西部未利用地优化结果

图 6.4　RCP6.0 情景雨养条件下土地利用优化结果

6.2　土地利用优化结果评价

经过优化，到 2030 年吉林省西部耕地、林地、草地、水域、建设用地、盐碱地、沼泽地和未利用地的面积分别为 231.98 万 hm^2、26.78 万 hm^2、66.16 万 hm^2、19.64 万 hm^2、19.78 万 hm^2、65.06 万 hm^2、37.6 万 hm^2 和 1.86 万 hm^2（图 6.5）。与 2013 年相比，耕地面积变化最大，减少了 22.19 万 hm^2，约占 2013 年耕地总面积的 8.7%；其次为草地，优化后草地面积共增加约 21 万 hm^2，增加了 46.5%；盐碱地和沼泽地面积也具有较大变化，其中盐碱地面积减少了 11.89 万 hm^2，约占 2013 年吉林省西部盐碱地总面积的 15.5%，沼泽地则增加了近 11.18 万 hm^2，增幅达 42.3%。在未来十几年内，建设用地仍将持续扩张，优化结果将建设用地面积控制在 19.78 万 hm^2 左右，比 2013 年增加了约 2.49 万 hm^2，增幅为 14.4%。优化后，草地面积增加，而耕地面积减少，农牧用地比例达到 3.5∶1，由于吉林省西部处于半湿润地区向半干旱地区的过渡地带，这一农牧比例比 2013 年的 5.6∶1 更加适宜于吉林省西部的气候条件和生态环境要求。

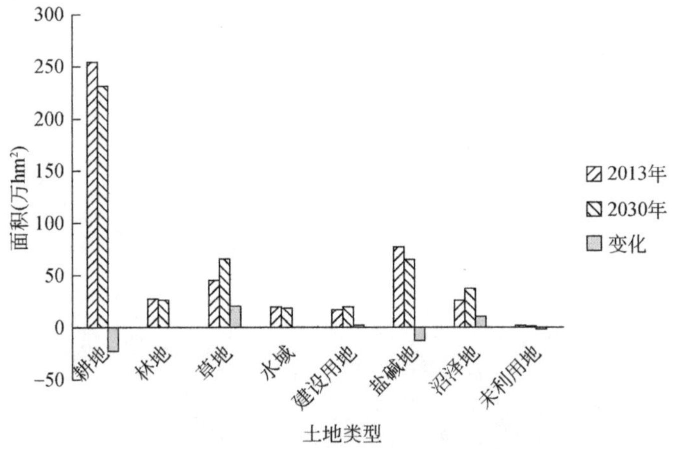

图 6.5　吉林省西部土地利用优化前后的面积变化

为了更进一步地分析吉林省西部优化前后的土地利用变化，本研究将分别从土地利用的 LUDCI、空间结构（洛伦兹曲线和 GC）、ESV 和粮食生产潜力 4 个方面对优化结果进行评价分析。

6.2.1　土地利用程度评价

优化后，区域内总的 LUDCI 为 235.6，比 2013 年（239）降低了 3.4。土地利用程度的降低，表明人类对土地资源的过度开发和利用有所减弱，不但能够缓解人类活动对自然环境的压力，而且有助于恢复生态，保持生态系统结构和功能稳健，实现土地系统的可持续利用。

虽然优化后吉林省西部的土地利用程度总体上有所降低，但是在不同气候情景和灌溉条件下，土地利用程度的空间分布及变化具有一定的差异性（图 6.6）。

在 RCP4.5 气候情景下，考虑灌溉时，在前郭东部、长岭西部以及镇赉的东南部等地区的粮食生产潜力较低，是退耕还草、还林、还湿的主要区域，因而土地利用程度降低较大，其降低幅度多在 100 以上，最大降低了约 210；而在通榆的西部，优化时多以沙地、盐碱地向草地恢复为主，故而土地利用程度有所增加。前郭东部粮食生产潜力较低，主要是因为附近水源较少，灌溉率较低，故而在根据粮食生产潜力高低进行耕地优化时，该地区耕地向草地、林地等土地利用类型的转换面积较多，但同样在 RCP4.5 情景下，不考虑灌溉因素的影响时，前郭东部因其良好的水热条件而具有较高的粮食生产潜力，因此在进行耕地优化时，该地区的耕地面积减少不多，土地利用程度变化也不大。在通榆地区，特别是通

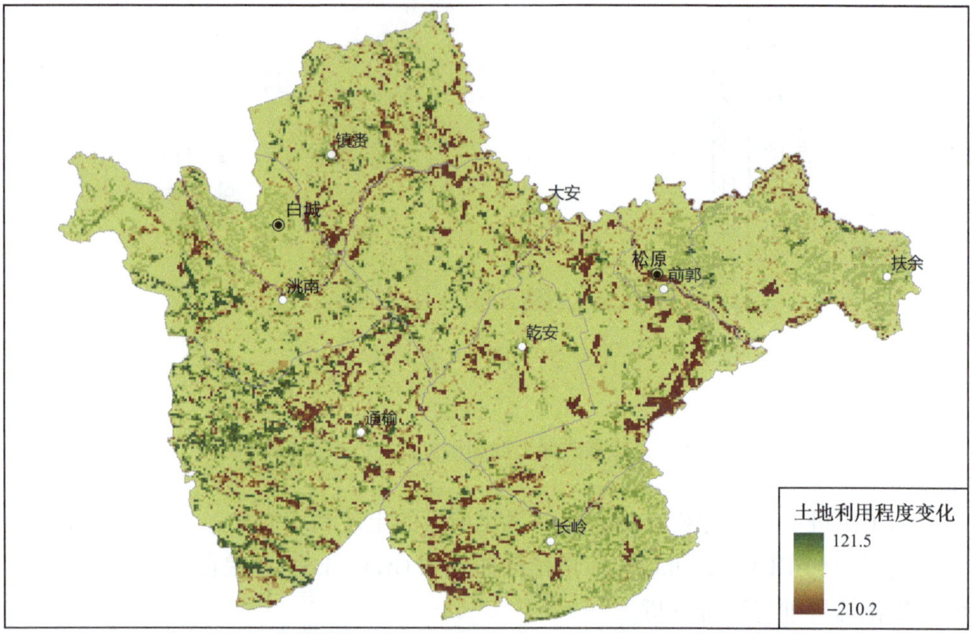

a. RCP4.5情景灌溉条件下2013~2030年吉林省西部土地利用程度变化

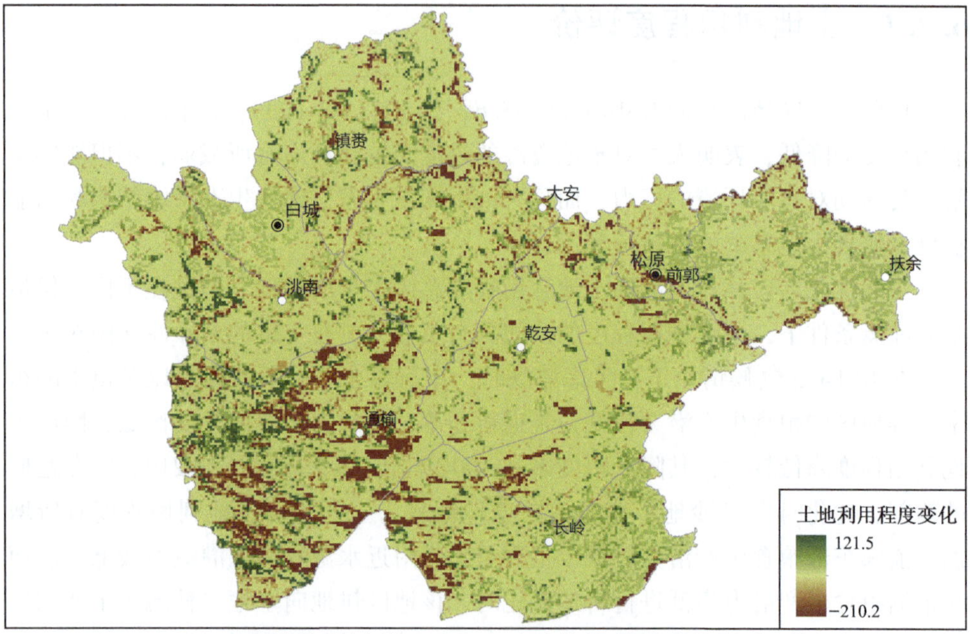

b. RCP4.5情景雨养条件下2013~2030年吉林省西部土地利用程度变化

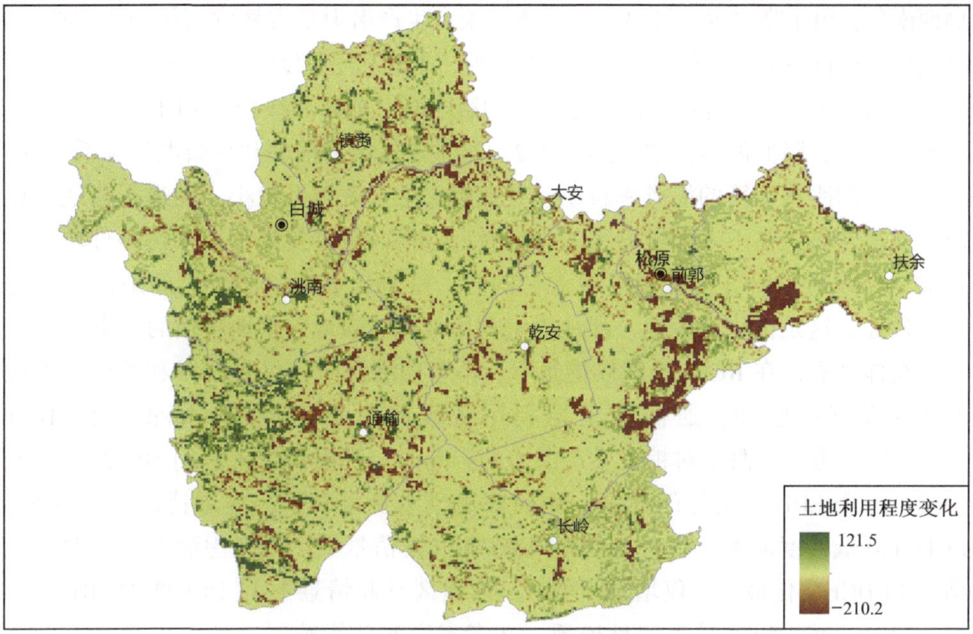

c. RCP6.0情景灌溉条件下2013~2030年吉林省西部土地利用程度变化

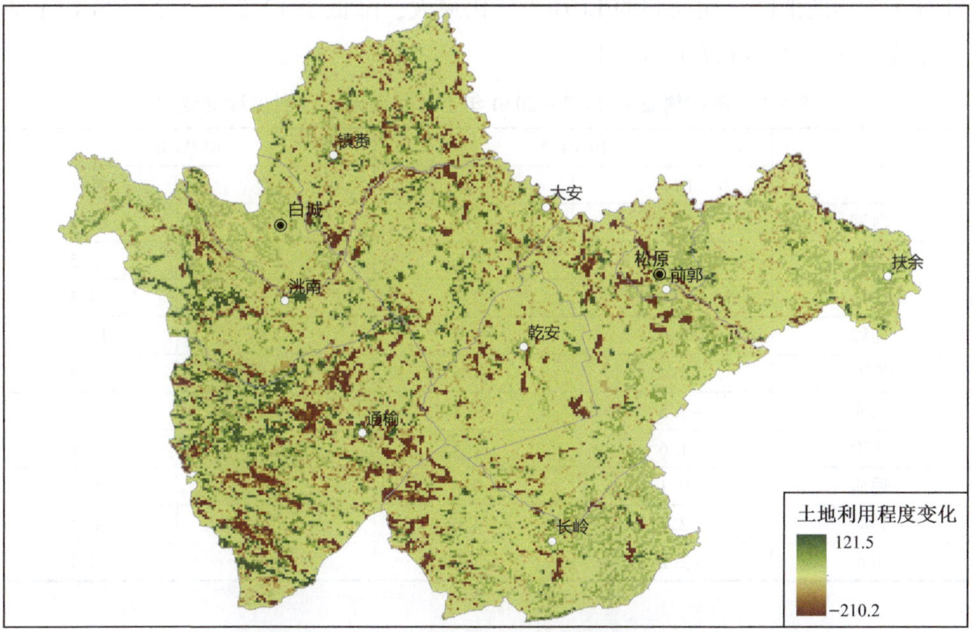

d. RCP6.0情景雨养条件下2013~2030年吉林省西部土地利用程度变化

图 6.6　优化后吉林省西部土地利用程度变化

榆西南部，由于降水少、气温高，导致其粮食生产潜力是吉林省西部最小的地区，必然成为退耕还草、还林、还湿的首选之地，土地利用程度因此大幅度降低。

在 RCP6.0 气候情景下，考虑灌溉的影响时，前郭和扶余是 LUDCI 降低最为明显的地区，降低的最大幅度达210.2。这主要是因为前郭和扶余湖泊水系较少，根据距水源距离估算的灌溉率较小，导致粮食生产潜力也较小，在进行耕地优化时，退耕较多。在不考虑灌溉率的影响时，退耕区域主要集中在水热条件较差的通榆，导致其 LUDCI 降低幅度较大。同时，LUDCI 增加幅度较大的地区也多分布在通榆，这是优化后沙地、裸地等未利用地和盐碱地向草地转换的结果。

总体来看，在 RCP4.5 气候情景下，不考虑灌溉时，仅有白城和洮南的土地利用程度有所增加，通榆的土地利用程度降低最为显著，降低了约 10.1（表6.1）；考虑灌溉率对粮食生产潜力的影响时，洮南由于未利用地的减少，成为唯一一个 LUDCI 增加的地区，而前郭由于水资源较少，是退耕的主要区域，LUDCI 降低幅度最大，达9.4。在 RCP6.0 气候情景下，不考虑灌溉因素时，洮南的 LUDCI 变化最小，仅增加了 0.5，该地区是此情景下 LUDCI 增加的唯一区域，LUDCI 减少幅度最大的是松原；在考虑灌溉的影响时，洮南仍是唯一一个 LUDCI 增加的地区，而前郭的 LUDCI 变化最大，降低了 12.2，长岭的 LUDCI 基本保持不变，仅仅降低了约 0.1。

表 6.1　不同情景下 2013～2030 年吉林省西部土地利用程度变化

地区	RCP4.5		RCP6.0	
	雨养	灌溉	雨养	灌溉
白城	0.1	-1.4	-0.7	-1.3
大安	-2.1	-3.6	-2.8	-2.5
扶余	-1.6	-2.7	-0.6	-7.3
前郭	-4.6	-9.4	-4.0	-12.2
乾安	-2.4	-4.5	-5.1	-5.3
松原	-3.5	-4.3	-6.2	-7.0
洮南	1.6	1.4	0.5	1.8
通榆	-10.1	-0.6	-6.0	0.6
长岭	-2.7	-4.0	-2.7	-0.1
镇赉	-2.2	-5.9	-5.1	-4.7

6.2.2　土地利用空间结构评价

在本研究当中，土地利用空间结构主要通过土地利用空间分布的 GC 进行评价。土地利用空间分布的 GC 能够表征土地利用空间部分的均匀程度和聚散程度，GC 越大，土地利用空间分布越不均匀，聚集度越高；反之，土地利用空间分布越均匀，分散度较高。利用第 3 章当中介绍的方法，本章分别绘制了不同气候情景和灌溉条件下各土地利用类型空间分布的洛伦兹曲线（图 6.7），并计算了其 GC（表 6.2），据此来评价吉林省西部优化后的土地利用空间结构。

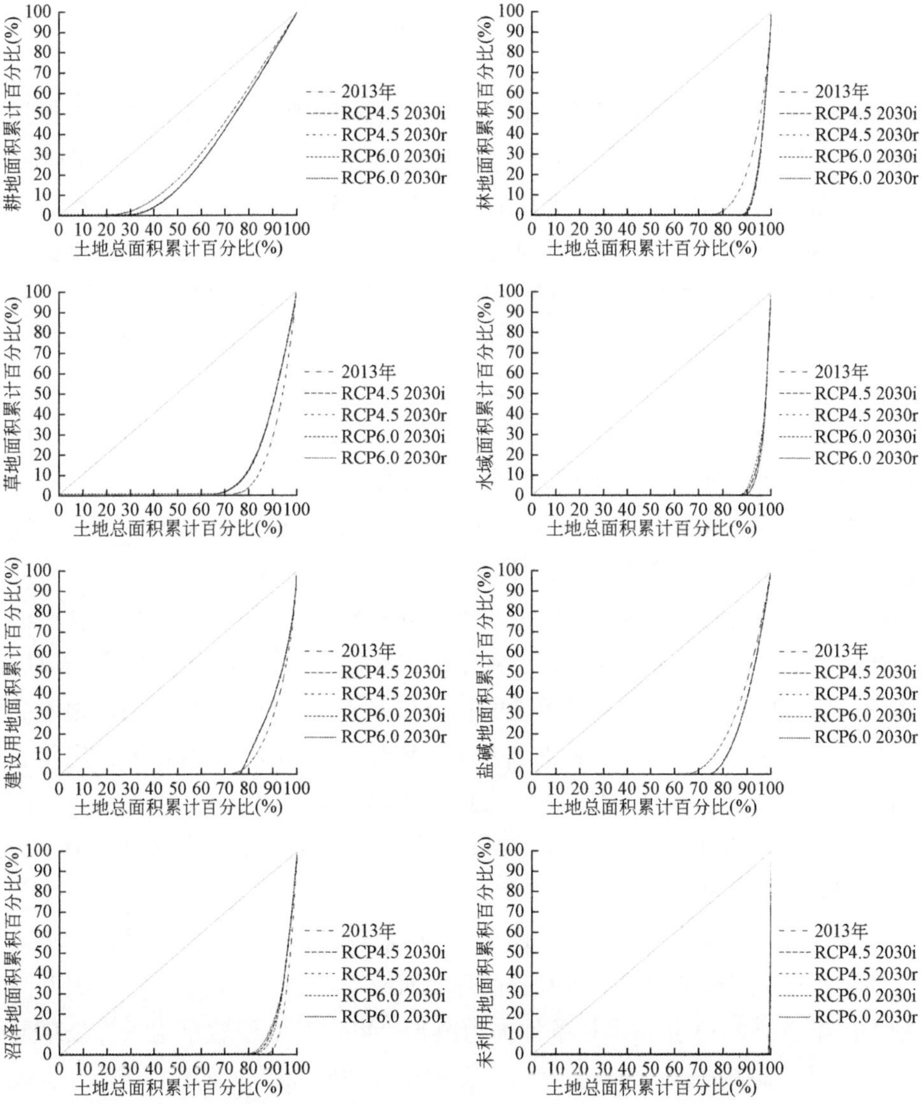

图 6.7 不同情景条件下吉林省西部土地利用空间分布洛伦兹曲线变化

2030i 指考虑灌溉时的优化结果；2030r 指雨养条件下的优化结果

表 6.2 吉林省西部优化后土地利用空间分布基尼系数的变化

情景		耕地	林地	草地	水域	建设用地	盐碱地	沼泽地	未利用地
2013 年		0.4027	0.8751	0.8557	0.9426	0.8585	0.7777	0.9271	0.9913
RCP4.5	灌溉	0.4502	0.9275	0.7962	0.9416	0.8322	0.8236	0.8968	0.9945
	雨养	0.4501	0.9275	0.7979	0.9410	0.8322	0.8236	0.8952	0.9945
RCP6.0	灌溉	0.4491	0.9251	0.7973	0.9365	0.8323	0.8237	0.9013	0.9945
	雨养	0.4509	0.9241	0.7992	0.9462	0.8323	0.8237	0.8917	0.9945

无论在何种气候情景和灌溉条件下，耕地面积的减少，使得优化后的耕地分布都更趋于集中。尤其是在 RCP6.0 气候情景和雨养条件下，其 GC 由 2013 年的 0.4027 增加到 0.4509，增加了近 12%。在 RCP4.5 气候情景和考虑灌溉时，相比于 2013 年，2030 年吉林省西部耕地的 GC 也有较大变化。在本研究中，耕地优化的主要依据为粮食生产潜力的大小，优化后的耕地更加集中在扶余、白城、洮南等粮食生产潜力较大的地区，而在通榆等粮食生产潜力较小的地区，耕地多转换为草地、林地等，因此，优化后的耕地主要分布在吉林省西部的东北部和西北部，在西南部、中部等粮食生产潜力较小的地区，耕地分布比例较少，这就导致耕地空间分布更加集中，其 GC 也就有所增大。

虽然林地面积在优化前后并无显著变化，但其分布则更加集中成片。优化后，在镇赉、扶余和前郭等地区，林地面积有不同程度的减少，而在吉林省西部的西南、东南以及西北地区，林地面积则有较大增长，尤其是在通榆、长岭沙化较为严重的地区以及洮南丘陵地区，林地多连片分布，能够更好地起到防风固沙的作用，保障扶余、前郭、白城等地的耕地和吉林省西部中部地区的草地不受风沙侵蚀。从林地空间分布洛伦兹曲线和 GC 来看，在 RCP4.5 情景下，优化后耕地的空间分布变化最大，其 GC 比 2013 年增加了 0.0524，增幅达 6%；在 RCP6.0 气候情景下且不考虑灌溉影响时，林地的空间分布变化较小，其 GC 比 2013 年增加了 0.049，增幅为 5.6%。

无论是从面积变化比例来看，还是从 GC 来看，草地都是变化最大的土地利用类型。在未来气候情景下，吉林省西部的西南部降水增加显著，而气温升高幅度较小，相比于 2013 年，水热条件大为改善，更加适宜于牧草生长，是草地面积增加最为明显的地区；而在吉林省西部的中部和西北部，草地面积增加也较显著，使草地的空间分布更加趋于均匀。从面积百分比看，草地面积百分比比 2013 年最高增加了 85% 以上，因此，优化后吉林省西部草地空间分布的 GC 有较大变化。在 RCP4.5 情景下且考虑灌溉时，草地空间分布变化最大，其 GC 比 2013 年减小了 0.0595；在 RCP6.0 情景雨养条件下，草地空间结构变化最小，GC 减小了 0.0565。

水域的分布受地形的影响最大，在自然状态下，其分布格局一般难以发生较大变化。故而，在优化后吉林省西部水域空间分布结构略趋分散均衡，GC 减小幅度不足 0.01。特别是在 RCP4.5 情景下且考虑灌溉时，GC 仅比 2013 年减小了 0.001；在 RCP6.0 情景下考虑灌溉时，虽然其 GC 变化幅度是四种情景条件下最大的，但也只减小了 0.0061。

建设用地的空间结构变化较为特殊，相比于 2013 年，建设用地面积百分比较小的地区空间格局趋于聚集，而百分比较大的地区的格局则更加分散均衡。优化后，吉林省西部中部、西北部和西南部的建设用地分布减少，而在吉林省西部的东北部、东南部以及白城、洮南地区，建设用地集中成片分布，这与当前进行的居民点拆迁整治政策相符。

由于优化后盐碱地面积减小幅度较大，其空间分布具有显著的集中趋势。盐碱地面积在通榆东南部以及洮儿河沿岸有所减少，盐碱地更加聚集地分布在大安、镇赉中部、通榆东北部和长岭北部等地区。相比于 2013 年，优化后吉林省西部盐碱地空间分布的 GC 增加了 0.046 左右，增幅达 5.9%。

沼泽地是除草地之外面积增加幅度最大的地区，其优化后面积比 2013 年增加了 42% 左右，增加的沼泽地主要分布在洮儿河、松花江和第二松花江沿岸。从沼泽地空间分布的 GC 来，在 RCP6.0 情景雨养条件下，沼泽地的空间结构变化最大，其 GC 比 2013 年减小了 0.0354，表明沼泽地在此情景条件下的分布最为均衡分散；而在 RCP6.0 情景下且考虑灌溉时，沼泽地的 GC 比 2013 年减小了 0.0258，是沼泽地空间结构变化最小的情景。

无论在何种情景条件下，未利用地的空间结构变化都较小，其较小的总面积导致其分布极为集中，优化后 GC 高达 0.9945，比 2013 年增加了 0.0032。

总的来说，基于不同情景条件的优化结果，其土地利用类型的空间结构具有相同的变化趋势，耕地、林地、盐碱地和未利用地的空间分布差异更趋显著，而草地、水域和沼泽地的分布则更加均衡。虽然建设用地空间分布的 GC 有所减小，但其集中成片分布的趋势非常明显，符合吉林省西部生态健康和社会发展的需求。

6.2.3 生态系统服务价值评价

根据前文介绍的计算方法可计算出优化后吉林省西部 ESV 为 514.93 亿元，主要由沼泽地和耕地贡献，两者分别约贡献了 40.5% 和 26.4%，比 2013 年增加了 62.25 亿元。沼泽地面积的增加使吉林省西部 ESV 增加了约 62 亿元，是 ESV 增加的最大原因；由于草地面积的增加，吉林省西部 ESV 增加了 13.7 亿元。ESV 减少的最主要原因是耕地面积的减少，其导致 ESV 共减少了 13 亿元左右。为了进一步分析 ESV 在空间上的差异及变化，将吉林省西部分成若干 1000m×1000m 的格网，分别计算了每个格网内的单位面积 ESV，并生成不同情景条件下的吉林省西部单位面积 ESV 分布图（图 6.8）。

优化后，吉林省西部 ESV 主要分布在吉林省西部的北部、西南部和东南部等地，其单位面积 ESV 多在 10000 元/hm^2 以上，而在中部地区生态服务功能较小，单位面积 ESV 多小于 2000 元/hm^2。

a. RCP4.5情景灌溉条件下2030年吉林省西部单位面积ESV分布

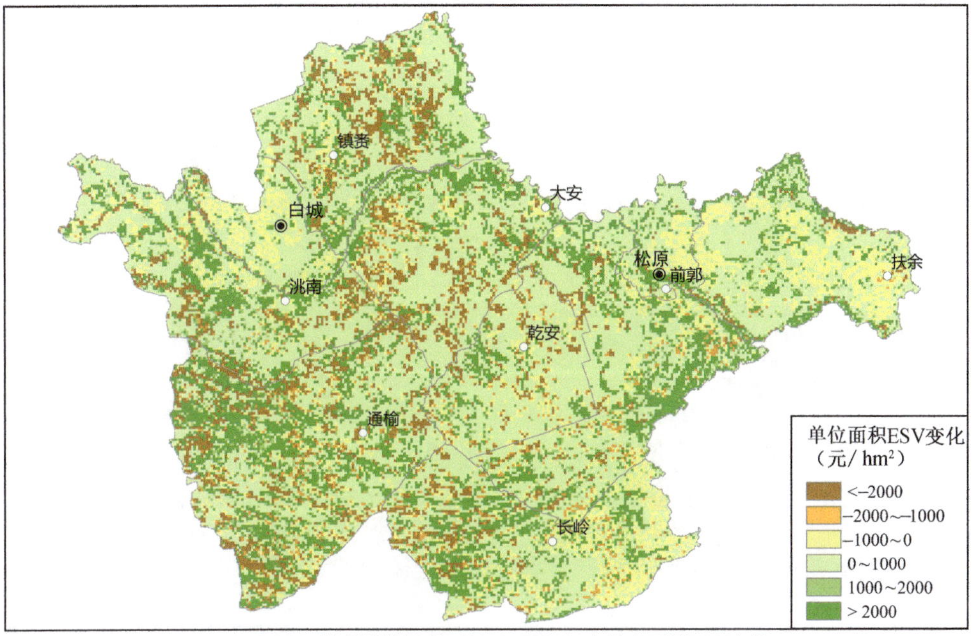

b. RCP4.5情景灌溉条件下2013~2030年吉林省西部ESV变化

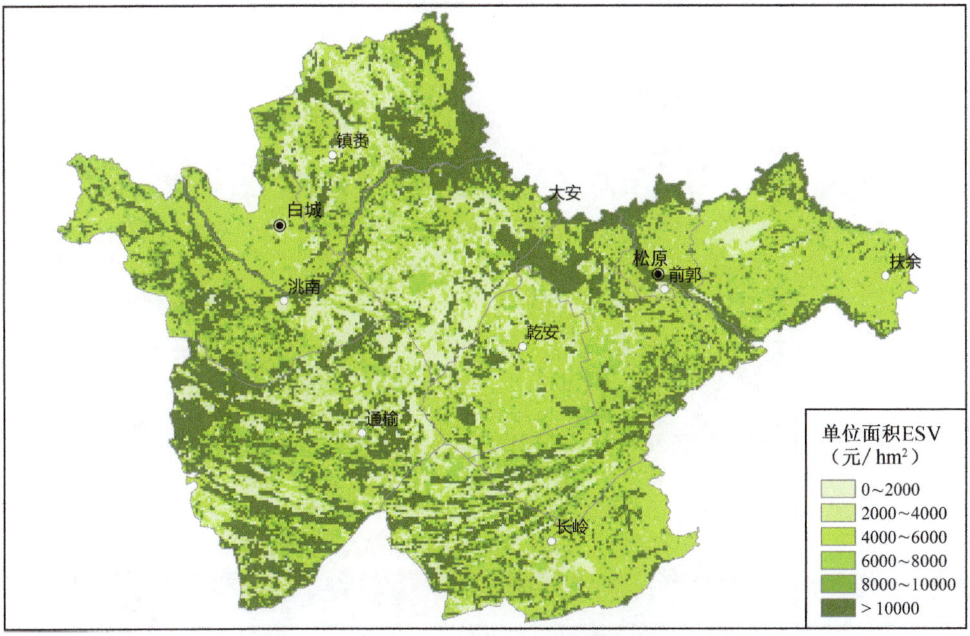

c. RCP4.5情景雨养条件下2030年吉林省西部单位面积ESV分布

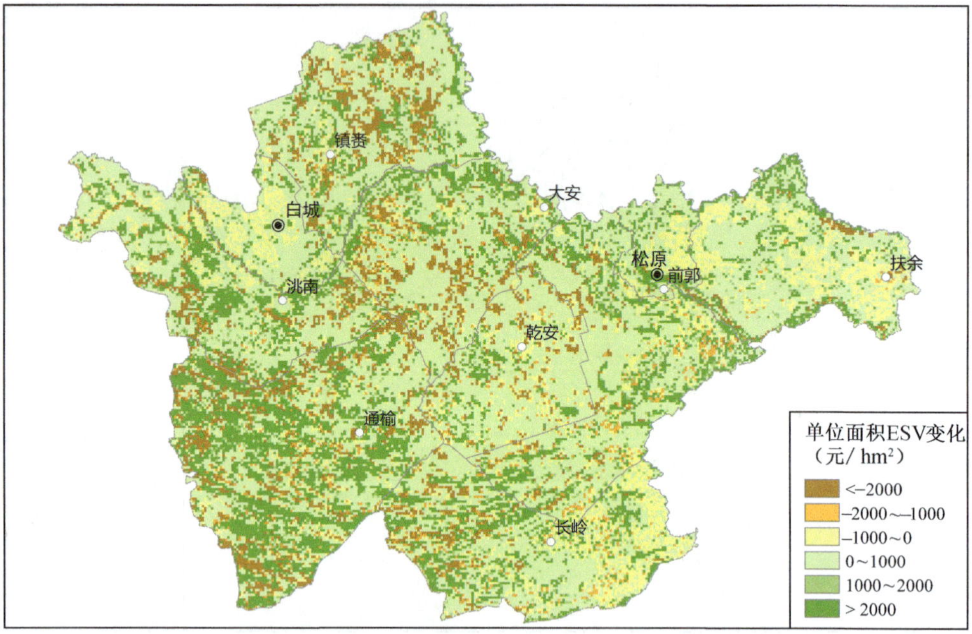

d. RCP4.5情景雨养条件下2013~2030年吉林省西部ESV变化

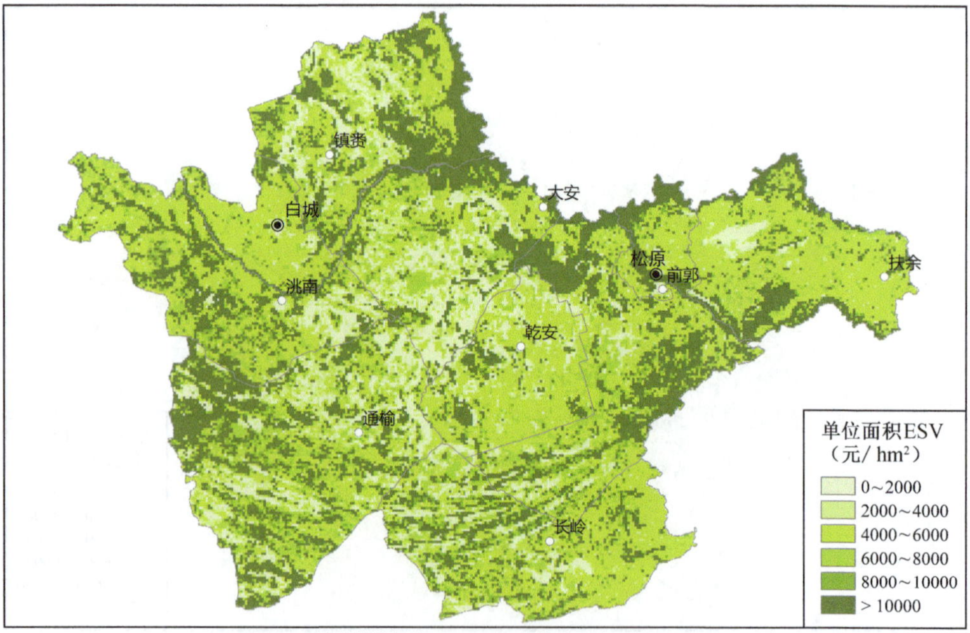

e. RCP6.0情景灌溉条件下2030年吉林省西部单位面积ESV分布

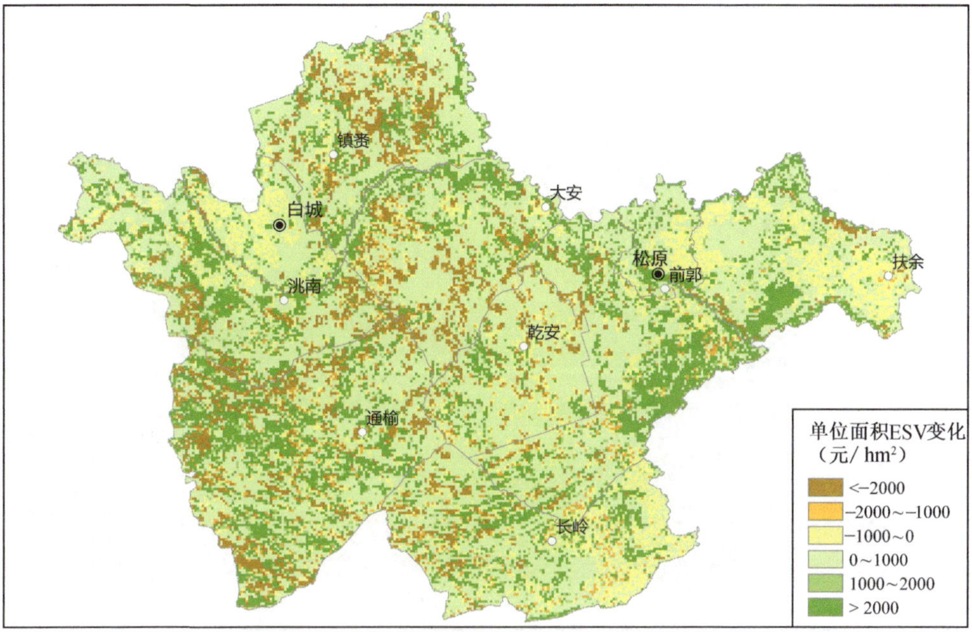

f. RCP6.0情景灌溉条件下2013~2030年吉林省西部ESV变化

g. RCP6.0情景雨养条件下2030年吉林省西部单位面积ESV分布

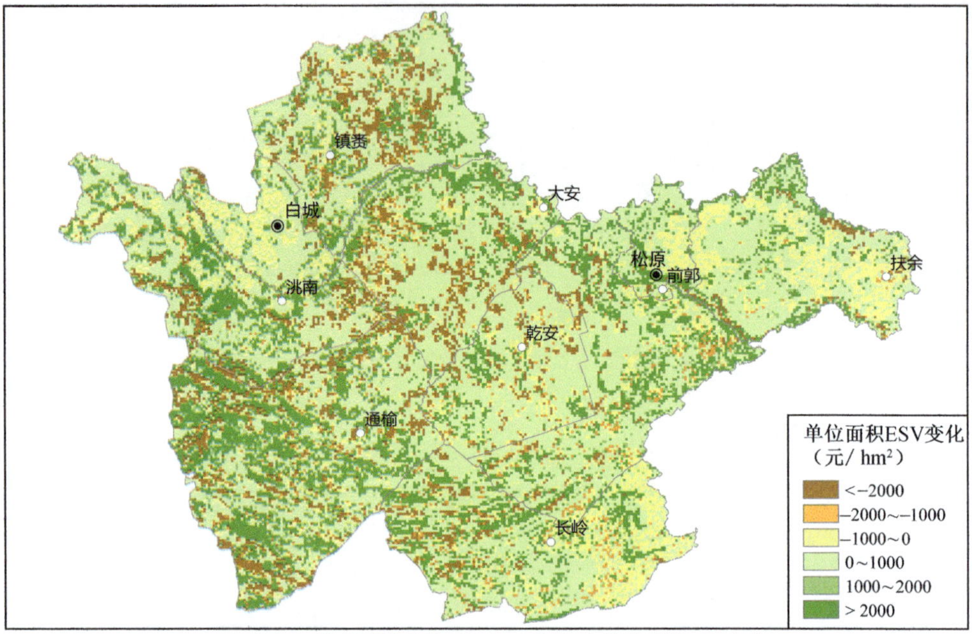

h. RCP6.0情景雨养条件下2013~2030年吉林省西部ESV变化

图 6.8 优化后吉林省西部单位面积生态系统服务价值分布及变化

若将灌溉条件考虑在内，根据 RCP4.5 气候情景进行的土地利用优化结果显示松原、镇赉和前郭具有较强的生态服务功能，单位面积 ESV 为 17 622.21 元/hm^2、16 803.5 元/hm^2和 12 544.13 元/hm^2，平均每公顷分别比 2013 年增加了 2266.97 元、690.24 元和 2600.43 元，其中，前郭也是生态服务功能变化最大的地区。乾安的单位面积 ESV 变化仍是最小，增加了 353.94 元/hm^2，即其生态服务功能增强幅度最小。另外，乾安的 ESV 变化也是各县市当中最小的，比优化前增加了 1.21 亿元，增加量不足前郭的十分之一。优化后，前郭的 ESV 共增加了 15.57 亿元，是增加幅度最大的地区。白城作为 ESV 最小的地区，其变化量也较小，仅大于乾安。镇赉则具有最大的 ESV，其次为通榆，这与在此优化结果下两地区内分布有大面积的沼泽地不无关系。

在 RCP4.5 情景雨养条件下，松原的生态服务功能最强，单位面积 ESV 高达 17 436.04 元/hm^2，其次为镇赉，达 16201.24 元/hm^2（表 6.3）；盐碱地、耕地面积比例较大的乾安为生态服务功能最弱的地区，其单位面积 ESV 仅为 7087.03 元/hm^2。相比于 2013 年，单位面积 ESV 增加幅度最大的地区为通榆，平均每公顷增加了 2650.84 元，其次为松原，增加了 2080.8 元/hm^2；乾安则是生态服务功能变化最小的地区，其单位面积 ESV 仅比 2013 年增加了 15.42 元/hm^2。从 ESV 来看，通榆具有最强的生态服务功能，其总价值高达 99.79 亿元，比 2013 年增加了 22.32 亿元，也是吉林省西部 ESV 变化最大的地区；优化前后乾安的 ESV 变化最小，仅比 2013 年增加了约 0.02 亿元，镇赉变化也较小，增加了约 0.34 亿元（表 6.4）。

表 6.3 优化前后吉林省西部各县（市）单位面积生态系统服务价值变化（单位：元/hm^2）

地区	2013 年	RCP4.5 2030 年		RCP6.0 2030 年	
		灌溉	雨养	灌溉	雨养
白城	7 269.61	8 376.85	8 122.1	8 291.17	8 217.96
长岭	6 651.96	8 111.7	8 076.41	7 652.98	8 107.72
大安	10 572.92	11 328.19	11 069.62	10 956.88	11 082.91
扶余	7 917.16	9 561.85	9 397.98	10 281.41	9 176.37
前郭	9 943.7	12 544.13	11 632.48	13 478.09	11 727.7
乾安	7 071.61	7 425.55	7 087.03	7 303.07	7 353.56
松原	15 355.24	17 622.21	17 436.04	18 193.45	18 507.01
洮南	8 739.9	10 241.93	10 342.36	10 097.74	10 464.29
通榆	9 138.94	10 326.2	11 789.78	10 008.62	11 106.1
镇赉	16 113.26	16 803.5	16 201.24	16 545.75	16 692.85

表 6.4 优化前后吉林省西部各县（市）生态系统服务总价值变化（单位：亿元）

地区	2013 年	RCP4.5 2030 年		RCP6.0 2030 年	
		灌溉	雨养	灌溉	雨养
白城	13.68	15.74	15.26	15.58	15.45
长岭	38.11	46.41	46.2	43.8	46.41
大安	51.76	55.38	54.11	53.58	54.21
扶余	36.79	44.37	43.6	47.72	42.6
前郭	59.99	75.56	70.07	81.22	70.68
乾安	24.77	25.98	24.79	25.56	25.74
松原	19.27	22.08	21.84	22.8	23.2
洮南	44.59	52.18	52.68	51.46	53.33
通榆	77.47	87.41	99.79	84.75	94.05
镇赉	86.25	89.82	86.59	88.46	89.26

RCP6.0气候情景下，且考虑灌溉时，无论是从单位面积ESV来说，还是从其总价值来说，乾安都是生态服务功能最弱的地区。虽如此，乾安的生态服务功能仍比优化前有所提高，其单位面积ESV比2013年平均每公顷增加了231.46元，总价值则比2013年提高了0.79亿元。前郭的单位面积ESV虽非最大，但其变化幅度却为各县市之首，平均每公顷增加了3524.38元。另外，前郭也是ESV增加最多的地区，比2013年增加了21.23亿元，远远高于其他地区。通榆的ESV变化也较大，比优化前共增加了7.28亿元，促使通榆的ESV仅次于镇赉。

RCP6.0气候情景雨养条件下的优化结果表明，乾安和松原仍分别是单位面积ESV最小和最大的地区，其值为7353.56元/hm^2和18507.01元/hm^2，同时也是生态服务功能变化最小和最大的地区，平均每公顷分别比2013年增加了281.94元和3151.78元。其中，乾安的ESV也较小，为25.74亿元，仅比ESV最小的白城高10亿元左右。另外，虽然乾安的ESV变化是吉林省西部各县（市）当中最小的，但仍比2013年增加了0.97亿元，表明优化结果有效提高了各县（市）的生态服务功能。生态服务功能增强幅度最大的为通榆，其ESV比2013年增加了16.58亿元，使通榆成为ESV最高的地区。

综上所述，无论在何种气候情景和灌溉条件下的优化结果，吉林省西部各县（市）ESV都比优化之前大为提高，尤其是在吉林省西部的西南部、东南部以及洮儿河、松花江和第二松花江沿岸增加最为显著。

6.2.4 粮食生产潜力评价

在第4章当中，计算了未来不同气候情景和灌溉条件下2030年吉林省西部的粮食生产潜力，但是其前提是假设吉林省西部全部为耕地，以此计算结果作为优化耕地的基础。为了更准确地计算优化结果的粮食生产潜力，需要把耕地分布的面积百分比考虑进来，根据前文关于粮食生产潜力计算的论述，分别计算了不同气候情景和灌溉条件下的粮食生产潜力的空间分布及其变化（图6.9）。

在RCP4.5情景下考虑灌溉时的优化结果显示，优化后吉林省西部粮食生产潜力比2013年提高了约1400kg/hm^2，达到4719.41kg/hm^2（表6.5），粮食生产潜力总量高达2212.72万吨，比2013年增加了660多万t（表6.6）。吉林省西部粮食生产潜力较大的地区主要分布于扶余、松原、白城、洮南以及前郭等地区，这些地区的粮食生产潜力一般在6000kg/hm^2以上，最高可达12 000kg/hm^2；大安、通榆和镇赉等地区的粮食生产潜力较低，多小于2000kg/hm^2，甚至为0。由

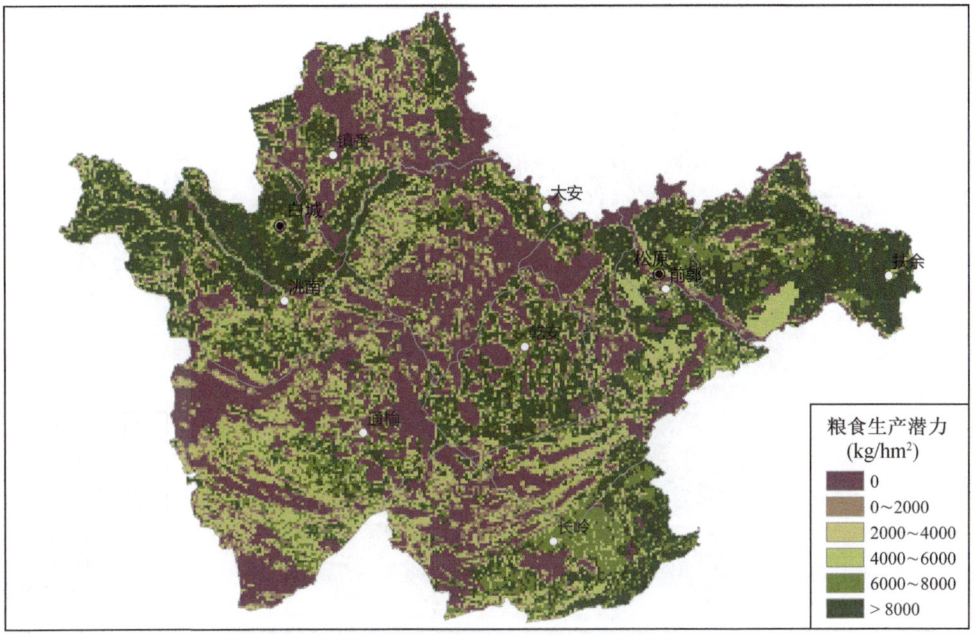

a. RCP4.5情景灌溉条件下2030年吉林省西部粮食生产潜力

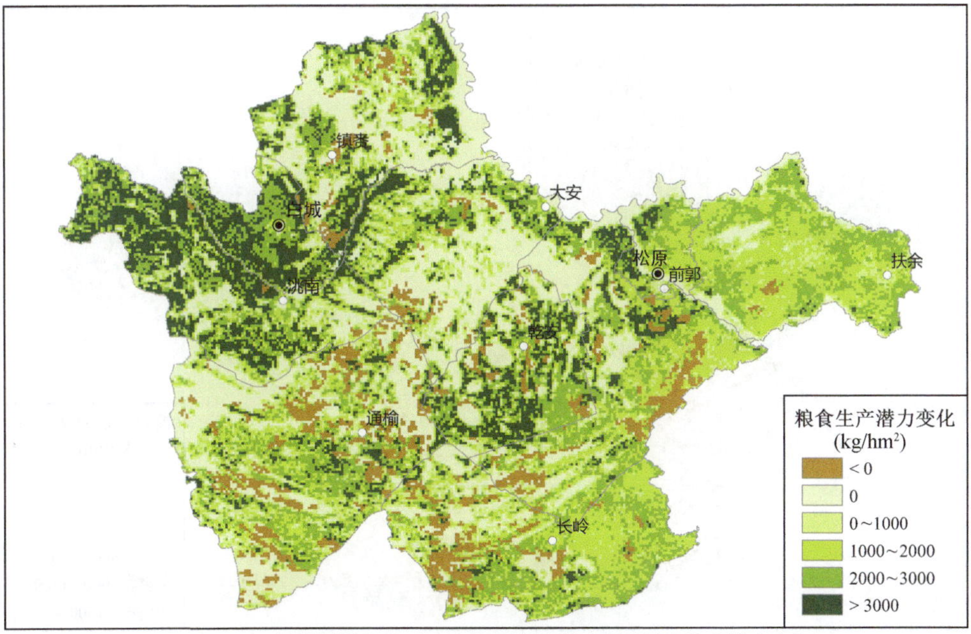

b. RCP4.5情景灌溉条件下2013~2030年吉林省西部粮食生产潜力变化

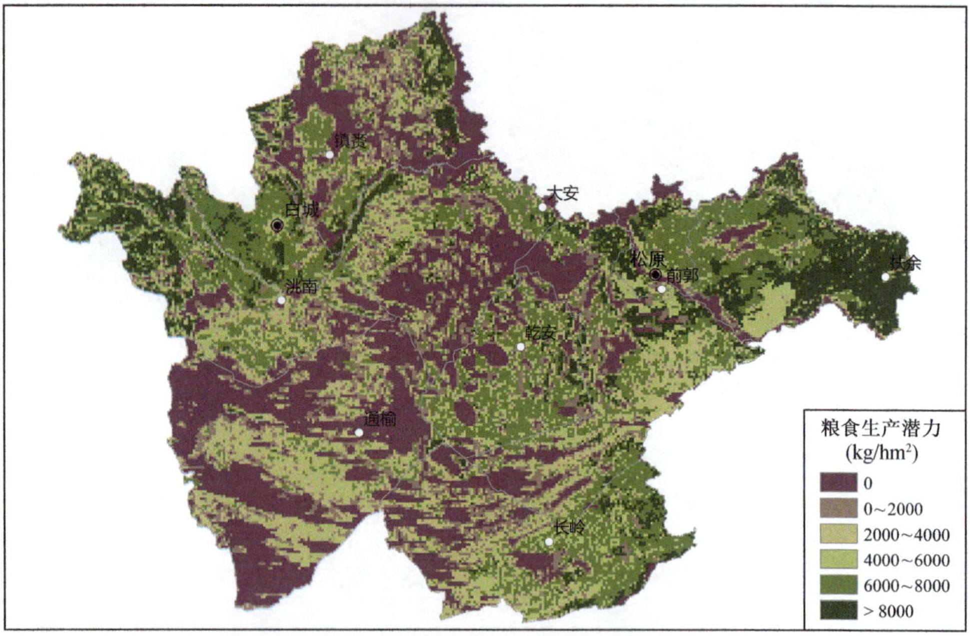

c. RCP4.5情景雨养条件下2030年吉林省西部粮食生产潜力

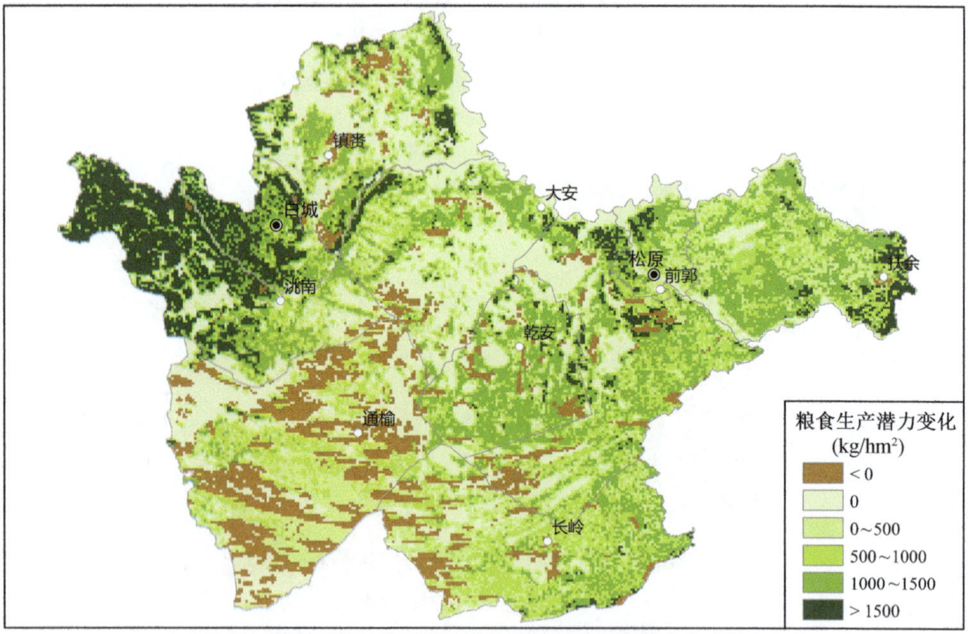

d. RCP4.5情景雨养条件下2013~2030年吉林省西部粮食生产潜力变化

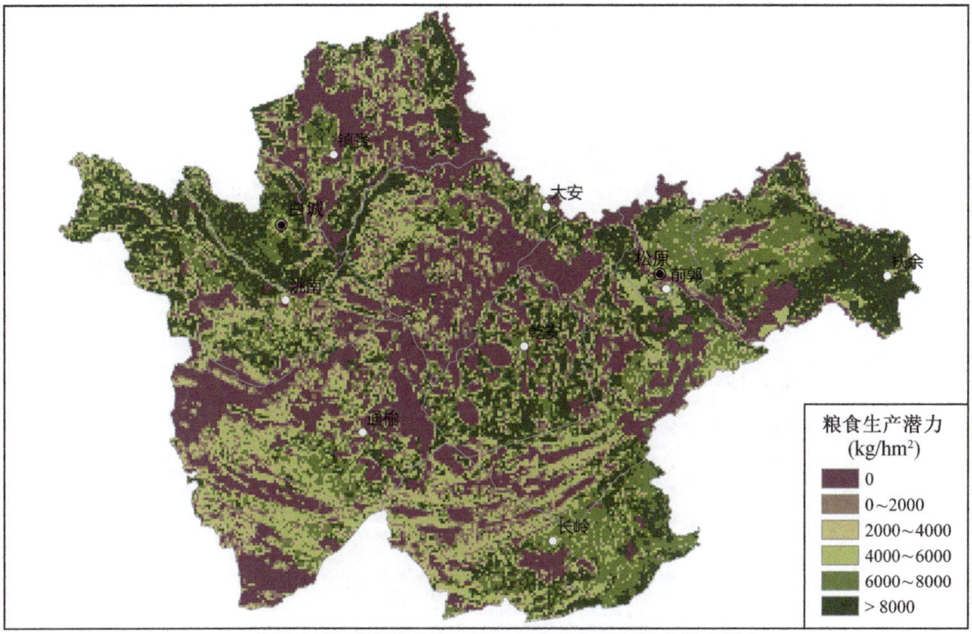

e. RCP6.0情景灌溉条件下2030年吉林省西部粮食生产潜力

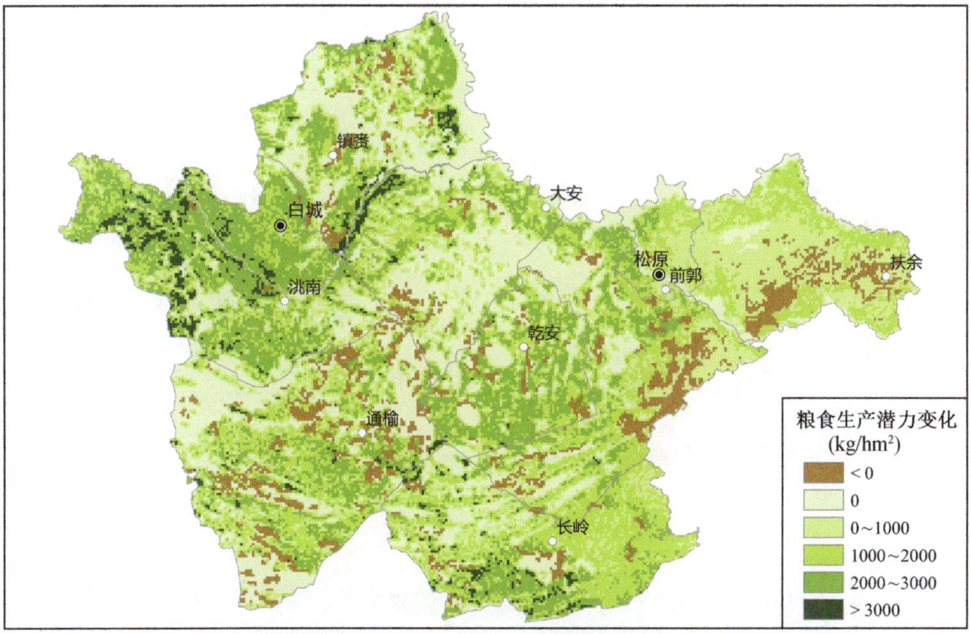

f.RCP6.0情景灌溉条件下2013~2030年吉林省西部粮食生产潜力变化

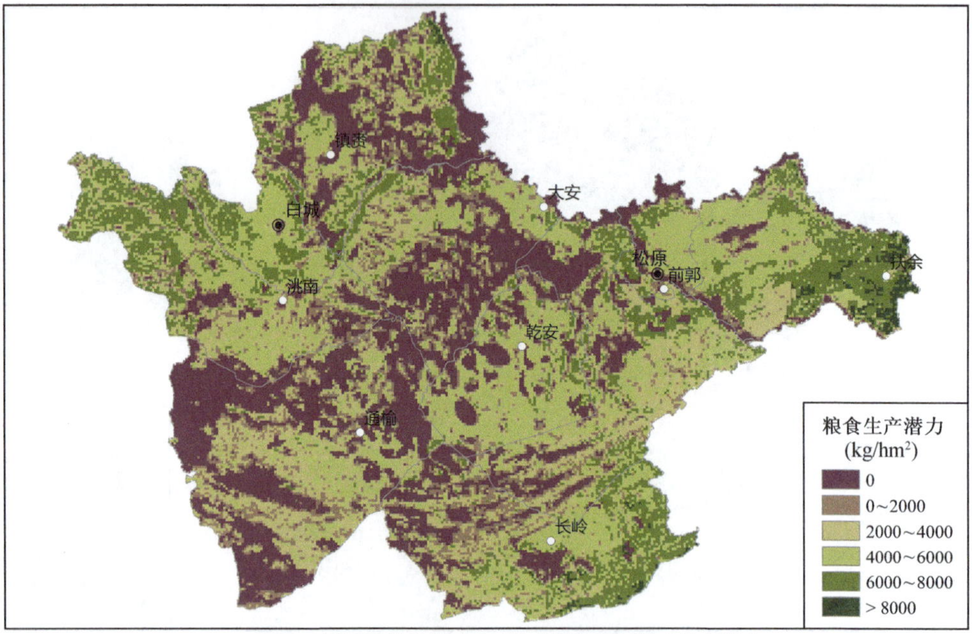

g. RCP6.0情景雨养条件下2030年吉林省西部粮食生产潜力

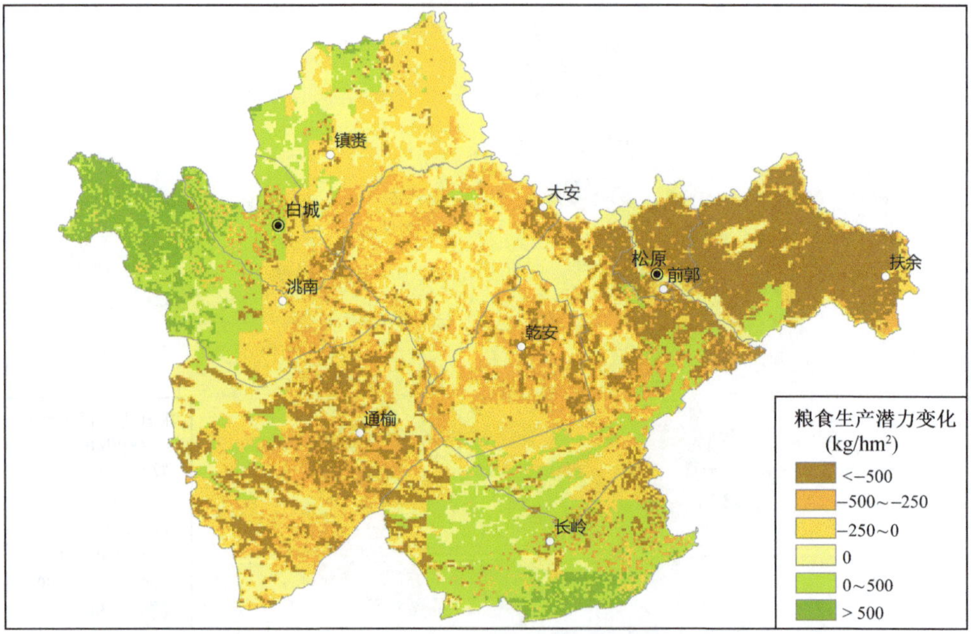

h. RCP6.0情景雨养条件下2013~2030年吉林省西部粮食生产潜力变化

图 6.9　优化前后吉林省西部粮食生产潜力分布及变化

于气候变化和灌溉条件的改善，相比于2013年，土地利用优化后的粮食生产潜力普遍提高，吉林省西部的西北部的粮食生产潜力提高最为显著，平均每公顷增加了3000kg以上；而在耕地分布较少的中部地区，粮食生产潜力基本保持不变。粮食生产潜力的下降则主要是由于退耕造成耕地减少所致。

表6.5 优化前后吉林省西部各县（市）粮食生产潜力变化（单位：kg/hm^2）

地区	2013年	RCP4.5 2030年		RCP6.0 2030年	
		灌溉	雨养	灌溉	雨养
白城	4 862.75	7 526.29	6 173.5	6 895.2	4 849.07
长岭	3 550.41	4 749.02	3 868.01	4 823.21	3 534.48
大安	2 186.91	3 298.07	2 596.29	3 016.54	2 015.77
扶余	5 914.76	7 462.76	6 762.91	6 342.32	5 127.81
前郭	3 451.43	4 650.71	3 996.38	4 124.42	3 203.86
乾安	3 681.23	5 484.92	4 308.67	5 029.84	3 399.17
松原	4 319.21	5 927.83	5 061.05	5 224.16	3 658.66
洮南	3 739.53	6 008.2	5 014.19	5 488.47	3 944.28
通榆	1 857.96	2 804.07	1 514.46	2 640.72	1 486.42
镇赉	2 524.02	3 752.66	3 035.52	3 495.51	2 467.11
吉林省西部	3 310.11	4 719.41	3 796.92	4 326.93	3 086.95

表6.6 优化前后吉林省西部各县（市）粮食生产潜力总量变化（单位：万t）

地区	2013年	RCP4.5 2030年		RCP6.0 2030年	
		灌溉	雨养	灌溉	雨养
白城	91.51	141.19	115.81	129.35	90.97
长岭	203.47	271.83	221.41	276.08	202.31
大安	107.09	161.34	127.01	147.57	98.61
扶余	274.92	346.65	314.14	294.6	238.19
前郭	208.26	280.44	240.98	248.7	193.19
乾安	128.99	192.03	150.85	176.09	119
松原	54.21	74.45	63.57	65.62	45.95
洮南	190.83	306.18	255.52	279.69	201
通榆	157.54	237.62	128.34	223.77	125.96
镇赉	135.14	200.99	162.58	187.22	132.14
吉林省西部	1 551.96	2 212.72	1 780.21	2 028.69	1 447.32

从县（市）角度来看，白城的粮食生产潜力最大，高达7526.29kg/hm^2，主要是因为气候变化改善了白城地区的水热条件，使白城成了粮食生产潜力提高最多的地区，其粮食生产潜力比2013年增加了2663.54kg/hm^2。通榆不但是粮食生产潜力最低的地区，其粮食生产潜力的变化也最小，优化后仅比2013年提高了946.11kg/hm^2。虽然通榆的粮食生产潜力较低，但其较大的县域面积使其粮食生产潜力总量达到了237.62万t，在吉林省西部属于中等水平。扶余作为粮食生产潜力总量最大的地区，优化后的粮食生产潜力总量比2013年增加了71.73万t。松原的粮食生产潜力总量最小，其增加量也是最少的，仅为20.24万t。气温升高，降水增加，以及灌溉比例的提高，使洮南的粮食生产潜力总量比2013年提高了115.35万t，是粮食生产潜力总量增加最多的地区。

在RCP4.5情景下不考虑灌溉时的优化结果的粮食生产潜力分布格局与考虑灌溉时的优化结果类似，粮食生产潜力高于8000kg/hm^{2}的地区则有所减少，粮食生产潜力低于2000kg/hm^{2}的地区明显增多，比2013年的粮食生产潜力低的地区也显著增多。相比于2013年，优化后粮食生产潜力降低的地区主要分布在通榆，这有两方面的原因：一是气候条件的变化导致气候生产潜力降低，二是耕地面积减少，使粮食生产潜力下降。两者的协同作用造成优化后通榆的粮食生产潜力比2013年下降了343.5kg/hm^2，粮食生产潜力总量也由157.54万t减至128.34万t，减少了约18.5%。但总体来说，优化后的粮食生产潜力仍比2013年大有提高，平均每公顷增加了486.81kg；粮食生产潜力总量共增加了228.25万t。

在RCP6.0情景下，考虑灌溉进行土地利用优化后，粮食生产潜力比2013年提高了1016.82kg/hm^2，粮食生产潜力总量由1551.96万t增至2028.69万t，提高了约30.7%。在东部、西北部和东南部地区，粮食生产潜力较高，普遍高于6000kg/hm^2，部分地区在8000kg/hm^{2}以上，最高可达11600kg/hm^2；粮食生产潜力较低的地区主要有中部、北部、西南部及中东部等地，粮食生产潜力多小于2000kg/hm^2。从变化的角度来看，中东部地区是粮食生产潜力下降最为明显的地区。在RCP6.0情景下，中东部地区气温显著升高，降水量下降了近150mm，再加上这些地区内河流湖泊分布较少，估算的灌溉率也较其他地区为低，导致其粮食生产潜力也低于其他地区，而较低的粮食生产潜力又导致中东部地区的耕地在优化后多转换为草地，更进一步降低了其粮食生产潜力。

在RCP6.0情景下，2030年吉林省西部平均年降水量比2013年减少了约36mm，而年均气温则比2013年升高了近3℃，在不考虑灌溉时，优化后吉林省西部粮食生产潜力大面积下降，平均每公顷降低了223.16kg，粮食生产潜力总量也减少了 104. 64 万 t。其中，扶余是粮食生产潜力下降最为明显的地区，平均降低了 36. 73kg/hm^2，部分地区平均每公顷下降了 500 多 kg；仅有洮南因气候条件的改善粮食生产潜力有所提高，增加量为 204. 75kg/hm^2，粮食生产潜力总量也因此增加了 10. 17 万 t。但若假设此气候情景下，吉林省西部的灌溉比例能保持 2013 年的水平，其粮食生产潜力将达到 4172. 51kg/hm^2，粮食生产潜力总量也比 2013 年提高 404. 34 万 t。

由此可见，在基于恢复生态学进行土地利用优化后，虽然耕地面积有所减少，但粮食生产潜力不减反增，这除了与气候条件的改善有关之外，也与耕地的空间分布和格局更加合理有着密切关系。在 2013 年，吉林省西部粮食生产潜力为 1551. 96 万 t，实际粮食产量为 1160. 36 万 t，若将土地利用优化后的粮食生产潜力按此比例进行折算，以上四种情景条件下的粮食产量将分别达到 1654. 39 万 t、1331. 07 万 t、1516. 8 万 t 和 1462. 68 万 t（在 RCP6. 0 气候情景雨养条件下的优化结果，在计算粮食生产潜力时，按 2013 年的灌溉率进行计算），都要高于 2013 年的实际粮食产量。而根据吉林省西部近 5 年的人口数量变化预测，在未来十几年当中人口增加趋势不明显，甚至有减少的态势，因此，各种情景条件下的优化结果都足以保证地区的粮食安全。

6.3 本章小结

土地利用优化主要包括数量调整和空间配置两个方面，本研究根据数量优化结果和利用 MCE 模型模拟的未来各地类空间分布概率、历史土地利用状态和土地利用现状，在不同的气候情景和灌溉条件下进行了土地利用的空间优化配置，完成了对土地利用优化方案的设计。

空间优化配置时主要遵循建设用地优先配置、不垦新地、粮食生产潜力最大、不恶化、土地利用稳定持续等原则。以往的土地利用优化在空间配置时，多武断地认为某栅格内的土地利用类型即为在该栅格内分布概率最大的地类。考虑到这种配置方法的不足，本研究将吉林省西部划分成若干 1000m×1000m 大小的矢量格网，根据各地类的分布概率和五项土地利用空间配置原则，在保证各地类总面积等于多目标规划模型规划面积的同时，分别配置了每个格网内各地类的面积及百分比。这种方法避免了先前土地利用空间配置方法的绝对性，具有灵活性和变通性。

土地利用优化后，吉林省西部农牧用地比例达到 3. 5：1，考虑到区域气候条件，这一农牧比例比 2013 年的 5.6：1 更加适宜于吉林省西部的气候条件和生态环境要求。区域内总的土地利用程度比 2013 年降低了 3.4。土地利用程度的降低，表明人类对土地资源的过度开发和利用有所减弱，能够缓解人类活动对自然环境的压力，实现土地系统的可持续利用。

通过分析吉林省西部各土地利用类型空间分布的洛伦兹曲线和 GC 可以发现，基于不同情景条件的优化结果，其土地利用的空间结构更趋合理。其中，耕地、林地、盐碱地和未利用地的空间分布差异有所增加；而草地、水域和沼泽地的分布则更加均衡。虽然建设用地空间分布的 GC 有所减小，但其集中成片分布的趋势非常明显，符合吉林省西部生态健康和社会发展的需求。

根据前文介绍方法，计算得出优化后吉林省西部 ESV 为 514.93 亿元，比 2013 年增加了 62.25 亿元。ESV 主要由沼泽地和耕地贡献，两者分别约贡献了 40.5% 和 26.4%。沼泽地面积的增加使吉林省西部 ESV 增加了约 62 亿元，是 ESV 增加的最大原因；草地面积的增加也使吉林省西部 ESV 增加了 13.7 亿元左右。在吉林省西部的西南部、东南部以及河流沿岸，ESV 的增加最为显著。

在 RCP4.5 情景下，考虑灌溉时的优化结果显示，优化后吉林省西部粮食生产潜力比 2013 年提高了约 $1400kg/hm^2$，粮食生产潜力总量也比 2013 年增加了 660 多万 t；不考虑灌溉进行优化后，粮食生产潜力及其总量分别比 2013 增加了 $486.81kg/hm^2$ 和 228.25 万 t。在 RCP6.0 情景下，2030 年吉林省西部平均年降水量比 2013 年减少了约 36mm，而年均气温则比 2013 年升高了近 3℃，考虑灌溉进行土地利用优化后，粮食生产潜力比 2013 年增加了 $1016.82kg/hm^2$，粮食生产潜力总量则提高了约 30.7%；在不考虑灌溉时，优化后吉林省西部粮食生产潜力大面积下降，平均每公顷降低了 223.16kg，粮食生产潜力总量也减少了 104.64 万 t 左右。林西部粮食生产潜力较大的地区主要分布在扶余、松原、洮南、白城和前郭以及乾安的部分地区，大安、通榆和等地区的粮食生产潜力较低，其中洮南、洮儿河沿岸是粮食生产潜力提高最为显著的地区。

总而言之，在基于恢复生态学进行土地利用优化后，虽然耕地面积有所减少，但粮食生产潜力不减反增，这除了与气候条件的改善有关之外，也与耕地的空间分布和格局更加合理有着密切关系。粮食生产潜力的提高，使得耕种较少的耕地而获得更多的粮食产量成为可能。粮食生产潜力的提高、土地利用数量和空间结构的改善、土地利用程度的降低以及 ESV 的增加，都表明了土地利用优化的结果是科学合理而且可行的。

7 结论与展望

7.1 研究结论与创新点

7.1.1 主要结论

本研究旨在基于恢复生态学进行土地利用优化研究。为实现此目标，需要回顾分析土地利用变化历史轨迹，寻找合适的生态恢复参照系统，并评价其合理性。首先利用历史遥感影像、地形图以及大量历史统计资料和调查数据，回顾了吉林省西部近百年来的土地利用变化轨迹，着重分析了1976年以来的土地利用变化及其对ESV的影响；然后根据气候、土壤、地形和土地利用数据以及其他社会经济数据，对吉林省西部粮食生产潜力变化及其影响因素进行了深入研究，并利用未来气候情景数据模拟了吉林省西部未来粮食生产潜力的分布与变化，确定以1976年的土地利用状态作为优化的参照系统。在此基础上，根据恢复生态学的基本理念，通过集成多源数据，采用多目标规划模型和多准则评价模型，对吉林省西部未来土地利用的数量结构和空间分布进行了模拟与评价，从而完成了吉林省西部土地利用优化方案的设计。具体结论如下。

（1）吉林省西部土地利用结构严重失调

吉林省西部的大规模开垦肇始于19世纪中后期，纵观吉林省西部近100多年来的土地利用变化轨迹，可将其分为以下六个阶段：清朝末年（19世纪至1911年）、民国时期（1912～1930年）、抗日战争时期（1931～1945年）、解放战争时期和中华人民共和国成立初期（1946～1954年）、“大跃进”和“文化大革命”时期（1955～1977年）、改革开放以来（1978～2013年）。在20世纪初，吉林省西部人口不足百万人，耕地面积仅50万hm^2左右，而到了2013年，吉林省西部人口增加了400多万人，耕地面积增加了4倍。耕地和人口呈现正相关关系，而在人口和耕地增加的同时，草原和湿地则大面积萎缩或退化，土地盐碱化日益加重。

在中华人民共和国成立初期，草地和湿地的面积分别为 130 万 hm^2 和 60 万 hm^2 左右，盐碱地面积仅 9 万 hm^2，农牧比例为 1∶1；在“大跃进”和“文化大革命”时期，由于人口成倍增加，开展了三次大规模的垦荒运动，到 20 世纪 70 年代后期，耕地面积已高达 234 万 hm^2，草地退化严重，仅剩 78.3 万 hm^2，退化面积约为 50 万 hm^2，沼泽湿地萎缩了近 50%，土地盐碱化日益加剧，盐碱地面积增加至 65 万 hm^2，农牧比例达 3∶1。在人类活动和气候变化的双重作用下，到 2013 年，吉林省西部草地面积已不足 50 万 hm^2，沼泽地比中华人民共和国成立初期退化了近 60%，而盐碱地面积则高达 80 万 hm^2，农牧比例高达 5.6∶1，土地利用结构严重失衡，亟须调整。否则，按 2000～2013 年间的土地利用转移概率计算，到 2030 年，吉林省西部的农牧比例将达到 14.4∶1。

(2) 吉林省西部生态功能持续下降

本研究以 ESV 作为生态功能的量化标准，吉林省西部 ESV 主要由沼泽、农田、水域和草地 ESV 组成。由于土地利用变化，近 40 年来吉林省西部 ESV 共减少 39.3 亿元。其中，1976～2000 年，吉林省西部 ESV 由 491.98 亿元减损至 463.23 亿元，到 2013 年，吉林省西部 ESV 仅为 452.68 亿元。1976～2000 年，ESV 的减少主要是由于沼泽地及林地向其他土地利用类型的转化，两者分别使吉林省西部 ESV 损失了 33.68 亿元和 9.94 亿元，其中，仅沼泽地向耕地转化就使 ESV 减少了 22.30 亿元。2000～2013 年，沼泽地向其他土地利用类型的转化是吉林省西部 ESV 减少的最主要原因，其中沼泽地向耕地转化使吉林省西部 ESV 减少了 10.39 亿元。

从单位面积 ESV 来看，吉林省西部的生态功能也呈持续下降的趋势，在 1976 年，吉林省西部单位面积 ESV 为 10493.13 元/hm^2，到 2000 年下降至 9879.93 元/hm^2，而在 2013 年，吉林省西部单位面积 ESV 仅为 9655.09 元/hm^2。

(3) 吉林省西部粮食生产潜力不断提高

自 1976 年以来，吉林省西部粮食生产潜力总量持续增加，至 2013 年共增加了约 451.67 万 t，平均每年增加 12 万 t 左右；到 2013 年，吉林省西部粮食生产潜力总量为 1551.96 万 t。1976 年和 2000 年吉林省西部粮食生产潜力总量分别为 1100.29 万 t 和 1405.62 万 t，期间共增加 305.33 万 t；1976 年吉林省西部平均粮食生产潜力为 2346.76kg/hm^2，2000 年增加为 2997.99kg/hm^2。2000～2013 年，吉林省西部粮食生产潜力总量增加了 146.34 万 t；2013 年吉林省西部平均粮食生产潜力比 2000 年增加了 312.12kg/hm^2，达到 3310.11kg/hm^2。

粮食生产潜力的变化主要受气候、土地利用和灌溉率的影响。在1976～2000年间，气候变化对粮食生产潜力的影响主要表现为负效应，使粮食生产潜力总量减少了68.99万t，吉林省西部平均粮食生产潜力也下降了约6.3%；土地利用变化导致吉林省西部粮食生产潜力由236.75kg/hm^{2}提高至2517.32kg/hm^2，粮食生产潜力总量增加了79.97万t；由于灌溉率的变化，1976～2000年吉林省西部平均粮食生产潜力提高了466.83kg/hm^2，生产潜力总量增加了218.87万t。在2000～2013年间，气候变化共使吉林省西部平均粮食生产潜力提高了11.5%，粮食生产潜力总量增加了119万t；土地利用变化对粮食生产潜力的影响主要表现为增产效应，使得2013年吉林省西部粮食生产潜力平均每公顷比2000年提高了54.36kg，粮食生产潜力总量也增加了约2.2%；灌溉率下降导致2013年吉林省西部平均粮食生产潜力比2000年降低了114.36kg/hm^2，粮食生产潜力总量减少了约53.62万t。

未来气候变化将大大提高吉林省西部粮食生产潜力总量。假设吉林省西部土地利用和灌溉率都保持1976年状态，在未来气候条件下，其粮食生产潜力总量将远超2013年的粮食生产潜力总量。另外，随着农业投入的增加、管理水平的提高和技术手段的进步，粮食单产也逐年递增。因此，将耕地面积控制在1976年水平和2013年水平之间，足以保证吉林省西部的粮食需求。

(4) 吉林省西部土地利用优化方向应以发展草地畜牧业为主

根据恢复生态学的基本理论，通过分析吉林省西部土地利用历史变化轨迹，确定以1976年的土地利用结构和格局作为土地利用优化的参照系统，设置了经济效和生态效益两个目标，采用多目标规划模型进行了土地利用数量结构的调整。在规划模型求解时，通过赋予目标函数不同的权重设置了“生态最优”“生态优先”“生态经济并重”“经济优先”和“经济最优”五种情景，分别求解出了不同生态经济情景下的土地利用数量结构优化结果。结合吉林省西部土地利用变化轨迹以及气候条件，同时考虑优化结果的可能性和可行性，选择以发展草地畜牧业为主要方向的“经济优先”情景作为土地利用数量结构优化的结果。优化后的耕地、林地、草地、水域、建设用地、盐碱地、沼泽地和未利用地的面积分别为231.98万hm^2、26.78万hm^2、66.16万hm^2、19.64万hm^2、19.78万hm^2、65.06万hm^2、37.6万hm^{2}和1.86万hm^2。

在此基础上，选取海拔、坡度、坡形、坡向、地貌、土壤、气温、降水、人口密度以及空间自相关原理决定的土地利用空间分布距离作为制约因素，分别探讨了其对土地利用分布的影响程度，并估算了未来气候情景中单因素影响下各土地利用类型的空间分布概率，确定其权重，采用多准则评价模型模拟了不同 RCP 情景下 2030 年的土地利用分布概率。然后，将吉林省西部划分成若干 1000m×1000m 大小的矢量格网，根据各类土地利用的分布概率和土地利用空间配置原则，在保证各土地利用类型总面积等于多目标规划模型规划面积的同时，分别配置了每个格网内各土地利用类型的面积及百分比，形成了不同气候情景和灌溉条件下的土地利用优化方案。

(5) 基于恢复生态学优化土地利用是科学合理而且可行的

土地利用优化后，吉林省西部农牧用地比例达到3.5∶1，考虑到区域气候条件，这一农牧比例比 2013 年的 5.6∶1 更加适宜于吉林省西部的气候条件和生态环境要求。区域内总的土地利用程度比 2013 年降低了 3.4。土地利用程度的降低，表明人类对土地资源的过度开发和利用有所减弱，不但能够缓解人类活动对自然环境的压力，而且有助于恢复生态，保持生态系统结构和功能稳健，实现土地系统的可持续利用。

通过分析吉林省西部各土地利用类型空间分布的 GC 可以发现，基于不同情景条件的优化结果，其土地利用的空间结构更趋合理，符合吉林省西部生态健康和社会发展的需求。另外，优化后吉林省西部 ESV 比 2013 年增加了 62.25 亿元，生态功能大大增强，尤其是在吉林省西部的西南部、东南部以及洮儿河、松花江和第二松花江沿岸，ESV 的增加最为显著。

在基于恢复生态学进行土地利用优化后，虽然耕地面积有所减少，但粮食生产潜力不减反增，这除了与气候条件的改善有关之外，也与耕地的空间分布和格局更加合理有着密切关系。粮食生产潜力的提高，使得耕种较少的耕地而获得更多的粮食产量成为可能。

总而言之，粮食生产潜力的提高、土地利用数量和空间结构的改善、土地利用程度的降低以及 ESV 的增加，都表明了土地利用优化的结果是科学合理而且可行的。

7.1.2 创新点

(1) 提出了基于恢复生态学进行土地利用优化的理念

在深入了解区域土地利用历史变化轨迹的基础上，基于恢复生态学的基本理论，选取合适的生态恢复参照系统，进行土地利用优化，能够使优化结果更加符合自然规律，保障生态系统结构合理、功能稳健。

(2) 将粮食生产潜力纳入了土地利用优化研究当中

保障国家和区域粮食安全是土地利用优化最为重要的目标之一。粮食生产潜力表征了区域土地资源满足人类粮食需求的可能性，以及能够提供粮食产量的上限，其大小深受气候变化的影响。故而，在气候变暖增速的情况下，进行土地利用优化时有必要将粮食生产潜力评估纳入到土地利用优化研究体系当中。

(3) 形成了土地利用面积百分比形式的土地利用优化方案

现有研究在进行土地利用空间配置时，多武断地以分布概率大小确定某地为何种土地利用类型，该方法的配置结果太过绝对化，对混合像元考虑不足。因此，本研究提出了通过计算每个矢量格网内各土地利用类型面积百分比进行土地利用空间配置的优化方案，该方法的优化结果允许混合像元的存在，避免了绝对化，具有灵活性和变通性。

7.2 不足与展望

本研究的不足之处主要在于对社会经济因素的分析较少，虽然人口密度能在一定程度上反映人类活动对土地利用格局及变化的影响，但对于经济、文化、信仰、宗教、科技以及政策等因素难以表达，本研究中所使用的人口密度计算方法也较为简单。因此，在以后的研究当中，应加强对社会经济空间表达方法的研究，以使研究更加深入、准确、科学、合理。

在进行多目标优化时，认为农业、林业、草业、渔业以及第二、第三产业的产值除以相应的土地利用面积即为各土地利用类型的产值存在一定的误差；仅用ESV作为衡量生态效益的指标也不够全面。采用系统动力学模型，建立更为复杂的多目标规划模型，在求解时引入蚁群算法，选择更为合适的指标来表示经济效益和生态效益，并定量表达社会效益，将是未来研究的重要内容。

另外，由于原始数据精度和后期数据处理计算量的限制，土地利用优化方案的结果是以1000m×1000的格网形式呈现的，在下一步的研究当中，其空间分辨率仍有较大的提高空间。

参 考 文 献

阿尔弗雷德·韦伯. 1997. 工业区位论［M］. 李刚剑，译. 北京：商务印书馆.
艾志华. 2013. 潜江市土地利用变化对生态系统服务价值的影响研究［D］. 武汉：华中师范大学.
奥古斯特·勒施 A. 2010. 经济空间秩序［M］. 王守礼，译. 北京：商务印书馆.
鲍觉民，张景哲. 1944. 云南省呈贡县落龙河区土地利用初步调查报告［J］. 地理学报，10（6）:26-40.
陈侥侥. 2014. 基于生态绿当量的重庆市土地利用结构优化研究［D］. 重庆：西南大学.
陈明荣，龙斯玉. 1984. 中国气候生产潜力区划的探讨［J］. 资源科学，3：72-79.
陈明荣. 1984. 黄土高原的气候生产潜力——兼论农业和牧业的气候界线［J］. 西北大学学报（自然科学版），3：95-114.
陈楠. 2007. 近代东北荒地垦殖述略［D］. 长春：吉林大学.
陈社明，卢文喜，罗建男，等. 2013. 吉林省西部气象干旱的多标度分形特征［J］. 吉林大学学报（地球科学版），43（1）：245-250.
党安荣，阎守邕，王世新. 1999. GIS在中国粮食单产空间变化研究中的应用［J］. 地理科学，19（3）：205-210.
丁德峻，张旭晖. 1993. 粮食作物气候——土壤生产潜力探讨［J］. 气象科学，13（1）：75-89.
董杰. 1991. 土地利用结构目标规划优化模式初探——以河南省禹州市为例［J］. 地域研究与开发，10（2）：23-27.
董品杰，赖红松. 2003. 基于多目标遗传算法的土地利用空间结构优化配置［J］. 地理与地理信息科学，19（6）：52-55.
董世魁，刘世梁，邵新庆，等. 2009. 恢复生态学［M］. 北京：高等教育出版社.
董祚继. 2007. 中国现代土地利用规划研究［D］. 南京：南京农业大学.
范金台，孙承烈. 1941. 昆明银汁河区的灌溉及土地利用［J］. 地理学报，7（8）：47-75.
方芳，梁旭，李灿，等. 2014. 空间多准则决策研究概述［J］. 测绘科学，39（7）：9-12.
冯长春，曹敏政，谢婷婷. 2014. 不同生态保育尺度下铜陵市土地利用结构优化［J］. 地理研究，33（12）：2217-2227.
高尚武. 1957. 黄土高原土地规划的意见［J］. 林业科学，2：119-130.

高小永. 2010. 基于多目标蚁群算法的土地利用优化配置［D］. 武汉：武汉大学.

高志强，刘纪远. 2000. 基于遥感和GIS的中国土地潜力资源的研究［J］. 遥感学报，4（2）：136-140.

何春阳，史培军，陈晋，等. 2005. 基于系统动力学模型和元胞自动机模型的土地利用情景模型研究［J］. 中国科学（D辑：地球科学），35（5）：464-473.

侯光良，刘允芬. 1985. 我国气候生产潜力及其分区［J］. 资源科学，（3）：52-59.

华楠，江景波. 1997. 城市土地利用系统动态分析模型［J］. 同济大学学报（自然科学版），25（1）：92-97.

黄秉维. 1985. 自然与作物生产光合潜力. 黄秉维文集［C］. 北京：科学出版社.

黄寿波. 1986. 我国柑橘光合生产潜力的探讨［J］. 浙江大学学报（农业与生命科学版），12（3）：290-298.

江爱良，张福春. 1988. 中国农业气候生产力的一个模式［J］. 中国农业气象，（1）：16-18.

江可力，李树华，陈文广. 1987. 北海市土地利用优化模型［J］. 广西科学院学报，3（1）：16-25.

姜群鸥. 2008. 基于AEZ模型的中国农业生产力的估算及其对耕地利用变化的响应［D］. 长沙：中南大学.

黎夏，叶嘉安. 2005. 基于神经网络的元胞自动机及模拟复杂土地利用系统［J］. 地理研究，24（01）：19-27.

李璧成. 1983. 运用线性规划建立土地合理利用优化模型的探讨［J］. 水土保持通报，（6）：47-54.

李吉均，周成虎，程维明，等. 2008. 1：100万中华人民共和国地貌图［M］. 北京：科学出版社.

李军，王立祥，邵明安，等. 2001. 黄土高原地区小麦生产潜力模拟研究［J］. 自然资源学报，16（2）：161-165.

李莉，周宏飞，包安明. 2014. 中亚地区气候生产潜力时空变化特征［J］. 自然资源学报，29（2）：285-294.

李培德，陈伟华，田军仓. 1984. 系统分析方法在小流域治理规划中的应用——宁夏海原县韩庄河小流域林、牧、农土地利用优化比例探求［J］. 宁夏大学学报（农业科学版）（1）：68-77.

李世奎. 1988. 中国农业气候资源和农业气候区划［M］. 北京：科学出版社.

李晓燕，王宗明，张树文. 2006. 吉林省西部农牧互动及其引起的生态系统服务价值变化［J］. 生态学杂志，25（5）：497-502.

李晓燕，张树文. 2005. 基于景观结构的吉林省西部生态安全动态分析［J］. 干旱区研究，22（1）：57-62.

李晓燕. 2006. 吉林省西部农牧用地变化及生态安全研究［D］. 长春：中国科学院东北地理与

农业生态研究所.

李秀霞，徐龙，江恩赐. 2013. 基于系统动力学的土地利用结构多目标优化［J］. 农业工程学报，29（16）：247-254.

李雪原. 2013. 基于碳排放约束的土地利用结构优化模拟研究——以武汉市为例［D］. 武汉：华中师范大学.

梁荣欣，沈能展. 1988. 环境因子对旱地农作物产量影响程度的系统分析［J］. 干旱地区农业研究，(03)：13-21.

梁荣欣，张瑞雪. 1984. 水稻的气候土壤生产潜力估算［J］. 资源科学，(2)：68-73.

林年丰，汤洁，卞建民，等. 1999. 东北平原第四纪环境演化与荒漠化问题［J］. 第四纪研究，(5)：448-455.

刘昌明，夏军，于静洁，等. 2007. 东北地区有关水土资源配置、生态与环境保护和可持续发展的若干战略问题研究（生态与环境卷）［M］. 北京：科学出版社.

刘洪杰. 1997. Miami 模型的生态学应用［J］. 生态科学，16（1）：52-55.

刘纪远，匡文慧，张增祥，等. 2014. 20 世纪 80 年代末以来中国土地利用变化的基本特征与空间格局［J］. 地理学报，69（1）：3-14.

刘纪远，邵全琴，延晓冬，等. 2011. 土地利用变化对全球气候影响的研究进展与方法初探［J］. 地球科学进展，26（10）：1015-1022.

刘纪远，徐新良，庄大方，等. 2005. 20 世纪 90 年代 LUCC 过程对中国农田光温生产潜力的影响——基于气候观测与遥感土地利用动态观测数据［J］. 中国科学（D 辑：地球科学），35（6）：483-492.

刘纪远，张增祥，徐新良，等. 2009. 21 世纪初中国土地利用变化的空间格局与驱动力分析［J］. 地理学报，64（12）：1411-1420.

刘纪远，张增祥，庄大方，等. 2003. 20 世纪 90 年代中国土地利用变化时空特征及其成因分析［J］. 地理研究，22（1）：1-12.

刘黎明，卿尚华. 1995. 黄土高原小流域土地利用系统结构优化与生态设计［J］. 资源科学，(6)：51-61.

刘洛，徐新良，刘纪远，等. 2014. 1990—2010 年中国耕地变化对粮食生产潜力的影响［J］. 地理学报，69（12）：1767-1778.

刘洛. 2012. 中国土地利用变化对农田生产潜力影响［D］. 长沙：湖南农业大学.

刘兴土，何岩，邓伟，等. 2002. 东北区农业综合发展研究［M］. 北京：科学出版社.

刘彦随. 1998. 基于景观类型格局的退化土地利用优化配置——以陕北风沙滩地区为例［J］. 干旱区地理，21（04）：28-33.

刘彦随. 1999a. 区域土地利用系统优化调控的机理与模式［J］. 资源科学，21（4）：60-65.

刘彦随. 1999b. 山地土地结构格局与土地利用优化配置［J］. 地理科学，19（6）：504-509.

刘彦随. 1999c. 土地利用优化配置中系列模型的应用——以乐清市为例［J］. 地理科学进

展，18（1）：26-31.
刘艳芳，明冬萍，杨建宇 . 2002. 基于生态绿当量的土地利用结构优化［J］. 武汉大学学报（信息科学版），27（5）：493-498.
刘震，贾汉彭，李其祥 . 1984. 刘家沟流域土地利用结构优化模型设计［J］. 山西水土保持科技，（4）：4-13.
刘志明，晏明 . 2001. 基于卫星遥感信息的吉林省西部草地退化分析［J］. 地理科学，21（5）：452-456.
龙斯玉 . 1981. 气候生产力的研究之二我国小麦最高产量［J］. 中国农业气象，（2）：9-15.
龙斯玉 . 1983. 我国小麦气候生产力的地理分布［J］. 南京大学学报（自然科学版），（3）：579-587.
鲁奇，战金艳，任国柱 . 2001. 北京近 60 年城市用地变化与相关社会人文因素简论［J］. 地理研究，20（6）：688-696.
吕妍，张树文，杨久春 . 2010. 基于地名志的东北历史时期土地利用变化研究——以吉林省镇赉县为例［J］. 地球信息科学学报，12（2）：174-179.
罗鼎，许月卿，邵晓梅，等 . 2009. 土地利用空间优化配置研究进展与展望［J］. 地理科学进展，28（5）：791-797.
罗永忠，成自勇，郭小芹 . 2011. 近 40a 甘肃省气候生产潜力时空变化特征［J］. 生态学报，31（1）：221-229.
美国国家科学院国家研究理事会 . 2011. 理解正在变化的星球：地理科学的战略方向 . 刘毅，刘卫东，等译［M］. 北京：科学出版社 .
美国国家科学院国家研究理事会 . 2014. 地球科学新的研究机遇 . 张志强，郑军卫，等译［M］. 北京：科学出版社 .
倪绍祥，刘彦随 . 1999. 区域土地资源优化配置及其可持续利用［J］. 生态与农村环境学报，15（2）：8-12，21.
欧海若 . 2004. 土地利用规划的基础理论问题研究［D］. 杭州：浙江大学 .
潘竟虎，石培基，赵锐锋 . 2010. 基于 LP-MCDM-CA 模型的土地利用结构优化研究——以天水市为例［J］. 山地学报，28（4）：407-414.
庞振潮 . 1984. 杭州湾两岸麻区黄、红麻光能利用率及其与太阳辐射特性关系的分析［J］. 中国麻业，（1）：8-9.
彭少麟 . 2007. 恢复生态学［M］. 北京：气象出版社 .
裘善文，李取生，秦小光，等 . 2008. 中国东北西部沙地与沙漠化［M］. 北京：科学出版社 .
任海，彭少麟 . 2003. 恢复生态学［M］. 北京：科学出版社 .
任美锷 . 1950. 四川省作物生产力的地理分布［J］. 地理学报，（16）：1 22.
邵景安，李阳兵，魏朝富，等 . 2007. 区域土地利用变化驱动力研究前景展望［J］. 地球科学进展，22（8）：798-809.

神祥金，吴正方，杜海波 . 2014. 近 50 年来吉林省西部半干旱区气候变化特征［J］. 干旱区资源与环境，28（2）：190-196.

石玉林，戴景瑞 . 2007. 东北地区有关水土资源配置、生态与环境保护和可持续发展的若干战略问题研究（农业卷）［M］. 北京：科学出版社 .

史培军，王静爱，陈婧，等 . 2006. 当代地理学之人地相互作用研究的趋向——全球变化人类行为计划（IHDP）第六届开放会议透视［J］. 地理学报，61（2）：115-126.

宋长春，邓伟 . 2000. 吉林省西部地下水特征及其与土壤盐渍化的关系［J］. 地理科学，20（3）：246-250

宋嗣迪，陈燕红 . 1997. 基于神经网络的土地利用规划方案优化方法研究［J］. 广西农业大学学报，16（4）：316-321.

孙书存，包维楷 . 2005. 恢复生态学［M］. 北京：化学工业出版社 .

孙玉亭 . 1987. 黑龙江省土壤气候生产潜力评价的探讨［J］. 农业系统科学与综合研究，（2）：17-23.

汤佩松 . 1964. 三十五年来我国植物生理学的研究工作——回顾与前瞻［J］. 植物生理学通讯，（1）：6-12.

汤佩松 . 1978. 对光合作用机制研究的一些展望与两点建议［J］. 化学通报，（4）：1-5.

汪雪格 . 2008. 吉林省西部生态景观格局变化与空间优化研究［D］. 长春：吉林大学 .

王汉花，刘艳芳 . 2009. 基于 MOP-CA 整合模型的土地利用优化研究［J］. 武汉大学学报（信息科学版），34（2）：174-177.

王慧敏，曾永年 . 2015. 青海高原东部土地利用的低碳优化模拟——以海东市为例［J］. 地理研究，34（7）：1270-1284.

王建英 . 2013. 基于生物多样性保护的土地利用结构优化［D］. 武汉：中国地质大学（武汉）.

王涛，吕昌河，于伯华 . 2010. 基于 WOFOST 模型的京津冀地区冬小麦生产潜力评价［J］. 自然资源学报，25（3）：475-487.

王万茂，董祚继，王群，等 . 2014. 土地利用规划学［M］. 北京：科学出版社 .

王宗明，梁银丽 . 2002. 应用 EPIC 模型计算黄土塬区作物生产潜力的初步尝试［J］. 自然资源学报，17（4）：481-487.

未来地球计划过渡小组 . 2015. 未来地球计划初步设计［M］. 北京：科学出版社 .

沃尔特·克里斯塔勒 . 1998. 德国南部中心地原理［M］. 常正文，王兴中，等译 . 北京：商务印书馆 .

吴传钧 . 1979. 开展土地利用调查与制图为农业现代化服务［J］. 资源科学，（2）：39-47.

吴次芳，叶艳妹 . 2000. 20 世纪国际土地利用规划的发展及其新世纪展望［J］. 中国土地科学，14（1）：15-20.

西北黄河工程局和绥德水土保持推广站联合工作组 . 1955. 绥德吴家畔村土地利用规划［J］.

新黄河，(12)：35-51.
向毓 . 2013. 基于碳排放的土地利用结构优化研究——以武汉市为例［D］. 武汉：华中农业大学.
肖强 . 2013. 基于生态绿当量的重庆市永川区土地利用结构优化研究［J］. 西南师范大学学报（自然科学版），38（8）：46-49.
谢高地，鲁春霞，成升魁 . 2001a. 全球生态系统服务价值评估研究进展［J］. 资源科学，23（6）：5-9.
谢高地，鲁春霞，冷允法，等 . 2003. 青藏高原生态资产的价值评估［J］. 自然资源学报，18（2）：189-196.
谢高地，肖玉，甄霖，等 . 2005. 我国粮食生产的生态服务价值研究［J］. 中国生态农业学报，13（3）：10-13.
谢高地，张钇锂，鲁春霞，等 . 2001b. 中国自然草地生态系统服务价值［J］. 自然资源学报，16（1）：47-53.
谢俊奇，蔡玉梅，郑振源，等. 2004. 基于改进的农业生态区法的中国耕地粮食生产潜力评价［J］. 中国土地科学，18（4）：31-37.
谢丽波 . 2007. 吉林省西部草原小尾寒羊营养素与生态环境的相关性研究［D］. 长春：吉林大学.
徐新良，刘纪远，曹明奎，等. 2007. 近期气候波动与LUCC过程对东北农田生产潜力的影响［J］. 地理科学，27（3）：318-324.
徐新良，庞治国，于信芳 . 2014. 土地利用/覆被变化时空信息分析方法及应用［M］. 北京：科学技术文献出版社.
许牧 . 1982. 试论土地利用区划［J］. 经济地理，(1)：18-21.
严金明 . 1996. 土地利用结构的系统分析与优化设计——以南京市为例［J］. 南京农业大学学报，19（2）：88-95.
严金明 . 2002. 简论土地利用结构优化与模型设计［J］. 中国土地科学，16（4）：20-25.
杨重一 . 2007. 黑龙江省作物气候生产潜力分析及其气候变化响应［D］. 哈尔滨：东北农业大学.
于沪宁，赵丰收 . 1982. 光热资源和农作物的光热生产潜力——以河北省栾城县为例［J］. 气象学报，40（3）：327-334.
俞炜 . 2014. 生态边缘效应视角下富春江沿岸乡村土地利用优化研究［D］. 杭州：浙江大学.
喻锋，李晓兵，王宏 . 2014. 生态安全条件下土地利用格局优化——以皇甫川流域为例［J］. 生态学报，34（12）：3198-3210.
约翰·冯·杜能 . 1986. 孤立国同农业和国民经济的关系［M］. 吴衡康，译. 北京：商务印书馆.
曾永年，王慧敏 . 2015. 以低碳为目标的海东市土地利用结构优化方案［J］. 资源科学，

37（10）：2010-2017.
张殿发，林年丰 . 1999. 吉林省西部农业生态地质环境脆弱性综合研究［J］. 干旱区资源与环境，(4)：15-20.
张亮 . 2014. 吉林省西部生态经济功能区划研究［D］. 长春：吉林大学 .
张美玲 . 2012. 基于草原综合顺序分类系统改进 CASA 模型及其在中国草地 NPP 估算中的应用［D］. 兰州：甘肃农业大学 .
张树文，张养贞，李颖，等 . 2006. 东北地区土地利用/覆被时空特征分析 . 北京：科学出版社 .
张小川 . 1992. AEZ 项目概况及研究方法［J］. 中国农业资源与区划，(4)：56-62.
张心一，朱莲青，郑振源 . 1954. 西北黄土高原的土地合理利用问题［J］. 科学通报，(6)：15-22.
赵松乔 . 1958. 内蒙古自治区的地形条件在土地利用上的评价［J］. 地理学报，24（3）：246-260.
赵同谦，欧阳志云，郑华，等 . 2004. 中国森林生态系统服务功能及其价值评价［J］. 自然资源学报，19（4）：480-491.
钟华 . 2014. 基于生态承载力的土地利用优化研究［D］. 北京：北京林业大学 .
钟永光，贾晓菁，钱颖，等 . 2013. 系统动力学［M］. 北京：科学出版社 .
周成虎，程维明 . 2008. 中国 1∶100 万数字地貌数据库 . 北京：地球系统科学数据共享平台 .
竺可桢 . 1964. 论我国气候的特点及其与粮食作物生产的关系［J］. 地理学报，30（1）：1-13.
Blackman G E，Nblack J. 1965. 作物产量变异的生理基础译文集［C］. 奚元龄，等译 . 北京：科学出版社 .
Ford A. 2011. 环境模拟——环境系统的系统动力学模型导论［M］. 唐海萍，史培军，译. 北京：科学出版社 .
Howard E. 2010. 明日的田园城市［M］. 金经元，译 . 北京：商务印书馆 .
H. 里思，R. H. 惠特克，等 . 1985. 生物圈的第一性生产力［M］. 王业蘧，等译 . 北京：科学出版社 .
Odum E P. 1981. 生态学基础［M］. 孙儒泳，钱国桢，林浩然，等译：北京：人民教育出版社.
Abrantes P，Fontes I，Gomes E，et al. 2016. Compliance of land cover changes with municipal land use planning：Evidence from the Lisbon metropolitan region（1990—2007）［J］. Land Use Policy，51：120-134.
Ahmad M I，Ali A，Ali M A，et al. 2014. Use of crop growth models in agriculture：A review［J］. Science International，26（1）：331-334.
Amthor J S. 1989. Respiration and crop productivity［J］. Plant Growth Regulation，10：271-273.
Anwar M R，Liu D L，Farquharson R，et al. 2015. Climate change impacts on phenology and yields of

five broadacre crops at four climatologically distinct locations in Australia [J]. Agricultural Systems, 132: 133-144.

Atik M, Işikli R C, Ortaçeşme V, et al. 2015. Definition of landscape character areas and types in Side region, Antalya-Turkey with regard to land use planning [J]. Land Use Policy, 44: 90-100.

Baker D N, Lambert J R, McKinion J M. 1983. Gossym: A simulator of cotton crop growth and yield [C]. Mississippi: South Carolina Agricural Experimental Station Technical Bulletin.

Baptista S R. 2010. Metropolitan land-change science: A framework for research on tropical and subtropical forest recovery in city-regions [J]. Land Use Policy, 27 (2): 139-147.

Barber G M. 1975. Land-use planning via interactive multiobjective programming [J]. Environment and Planning, (8): 625-636.

Barton H. 2009. Land use planning and health and well-being [J]. Land Use Policy, 26 (12): S115-S123.

Bibby J S, Mackney D. 1969. Land use capability classification [M]. Harpenden, UK: Rothamsted Experimental Station.

Blackman F F. 1905. Optima and limiting factors [J]. Annals of Botany, 19: 281-295.

Brown S, Hall M, Andrasko K, et al. 2007. Baselines for land-use change in the tropics: Application to avoided deforestation projects [J]. Mitigation & Adaptation Strategies for Global Change, 12 (6): 1001-1026.

Bruno V, Andree E D P, Suseno B. 2005. Factors driving land use change: Effects on watershed functions in a coffee agroforestry system in Lampung, Sumatra [J]. Agricultural Systems, 85 (3): 254-270.

Carvalho A L D, Menezes R S C, Nóbrega R S, et al. 2015. Impact of climate changes on potential sugarcane yield in Pernambuco, northeastern region of Brazil [J]. Renewable Energy, 78: 26-34.

Chames A, Haynes K E, Hazleton J E, et al. 1975. An Hierarchical Goal Programming Approach to Environmental-Land Use Management [M]. Berlin: Springer.

Chapin F S, Kaiser E J. 1965. Urban land use planning [M]. Urbana: University of Illinois Press.

Colantoni A, Delfanti L, Recanatesi F, et al. 2015. Land use planning for utilizing biomass residues in Tuscia Romana (central Italy): Preliminary results of a multi criteria analysis to create an agro-energy district [J]. Land Use Policy, 50: 125-133.

Costanza R, Cumberland J, Daly H, et al. 1997a. An Introduction to Ecological Economics [M]. FL, Boca Raton: CRC Press.

Costanza R, d'Arge R, de Groot R, et al. 1997b. The value of the world's ecosystem services and natural capital [J]. Nature, 387: 253-260.

Cynthia R, Joshua E, Delphine D, et al. 2014. Assessing agricultural risks of climate change in the 21st century in a global gridded crop model intercomparison [J]. Proceedings of the National

Academy of Sciences of the United States of America, 111 (9): 3268-3273.

Daily G C. 1997. Nature’s Service: Societal Dependence on Natural Ecosystems [M]. Washington D C: Island Press.

Dhakhwa G B, Campbell C L. 1998. Potential effects of differential day-night warming in global climate change on crop production [J]. Climatic Change, 40 (3-4): 647-667.

Dickey J W, Sharpe R. 1974. Transportation and urban and regional development impacts [J]. High Speed Ground Transportation Journal, 8 (2): 71-80.

Engelen G, White R, Uljee I, et al. 1995. Using cellular automata for integrated modelling of socio-environmental systems [J]. Environmental Monitoring & Assessment, 34 (2): 203-214.

Eugenia K, Ming C. 2003. Impact of urbanization and land-use change on climate [J]. Nature, 423 (6939): 528-531.

Fearnside P M, Righi C A, Keizer E W H, et al. 2015. Biomass and greenhouse-gas emissions from land-use change in Brazil’s Amazonian “arc of deforestation”: The states of Mato Grosso and Rondônia [J]. Forest Ecology & Management, 258 (9): 1968-1978.

Fischer G, Shah M, Tubiello F N, et al. 2005. Socio-economic and climate change impacts on agriculture: An integrated assessment, 1990—2080 [J]. Philosophical Transactions of the Royal Society B: Biological Sciences, 360 (1463): 2067-2083.

Fischer G, Shah M, Velthuizen H, et al. 2006. Agro-Ecological Zones Assessments [M]. Oxford, UK: Eolss Publishers.

Fischer G, Sun L X. 2001. Model based analysis of future land-use development in China [J]. Agriculture Ecosystems & Environment, 85 (1): 163-176.

Fischer G, Teixeira E, Hizsnyik E T, et al. 2008. Land use dynamics and sugarcane production. Sugarcane Ethanol: Contribution to Climate Change Mitigation and the Environment [M]. Wageningen: Wageningen Academic.

Fischer G, Tubiello F N, Van Velthuizen H, et al. 2007. Climate change impacts on irrigation water requirements: effects of mitigation, 1990—2080 [J]. Technological Forecasting and Social Change, 74 (7): 1083-1107.

Fischer G, Velthuizen H V, Hizsnyik E, et al. 2009. Potentially obtainable yields in the semi-arid tropics [R]. https: //core. ae. uk/reader/12102276 [2010-12-30].

Fischer G, Velthuizen H V, Shah M, et al. 2002. Global Agro-ecological Assessment for Agriculture in the 21st Century: Methodology and Results. Research Report, IIASA, Laxenburg [J]. Journal of Henan Vocation-technical Teachers College, 11 (8): 371-374.

Fischer R A, Maure R O. 1976. Crop temperature modification and yield potential in a dwarf spring wheat [J]. Crop Science, 16 (6): 855-859.

Fischer R A. 1975. Yield potential in a dwarf spring wheat and the effect of shading [J]. Crop

Science, 15 (5): 607-613.

Fischer R A. 2014. Definitions and determination of crop yield, yield gaps, and of rates of change [J]. Field Crops Research, 182: 9-18.

Fisher R A. 1921. Some remarks on the methods formulated in a recent article on "The Quantitative Analysis of Plant Growth" [J]. Annals of Applied Biology, 7 (4): 367-372.

Flawn P T. 1970. Environmental Geology: Conservation, Iand-Use Planning, and Resource Management [M]. New York: Harper & Row.

Fridolin K, Helmut H, Niels B, et al. 2003. Land-use change and socio-economic metabolism in Austria-Part Ⅰ: Driving forces of land-use change: 1950—1995 [J]. Land Use Policy, 20 (1): 1-20.

Garcia L A, Foged N, Cardon G E. 2006. Development of GIS-Based Model to estimate relative reductions in crop yield due to salinity and waterlogging [J]. Journal of Irrigation & Drainage Engineering, 132 (6): 553-563.

Geist H J, Lambin E F. 2002. Proximate causes and underlying driving forces of tropical deforestation tropical forests are disappearing as the result of many pressures, both local and regional, acting in various combinations in different geographical locations [J]. BioScience, 52 (2): 143-150.

Geist H J, Lambin E F. 2004. Dynamic causal patterns of desertification [J]. Bioscience, 54 (9): 817-829.

Gifford R M, Thorne J H, Hitz W D, et al. 1984. Crop Productivity and Photoassimilate Partitioning [J]. Science, 225 (225): 801-808.

GLP (Global Land Project). 2005. Science plan and implementation strategy [R]. http://www.globallandproject.org/arquivos/report_ 53. pdf [2010-12-30].

GLP. 2014. Land Transformations: Between Global Challenges and Local Realities [R]. Berlin: 2014 Global Land Project Open Science Meeting.

Godschalk D R. 2004. Land use planning challenges: Coping with conflicts in visions of sustainable development and livable communities [J]. Journal of the American Planning Association, 70 (1): 5-13.

Gourdji S, Läderach P, Valle A M, et al. 2015. Historical climate trends, deforestation, and maize and bean yields in Nicaragua [J]. Agricultural & Forest Meteorology, 200: 270-281.

Gutman G, Janetos A C, Justice C O, et al. 2004. Land Change Science [M]. Berlin: Springer.

Haar C M. 1957. Regionalism and realism in land-use planning [J]. University of Pennsylvania Law Review, 105 (4): 515-537.

Haar C M. 1959. Land-Use Planning: A Casebook on the Use, Misuse, and Re-use of Urban Land [M]. Hilliard: Little, Brown and Company.

Haney N, Cohen S. 2015. Predicting 21st century global agricultural land use with a spatially and temporally explicit regression-based model [J]. Applied Geography, 62: 366-376.

Hanks R J. 1983. Yield and water-use relationships, an overview//Taylor H M, Jordan W R, Sinclair T R. Limitations to Efficient Water Use in Crop Production. Madison: American Society of Agronomy.

Heath O V S, Gregory F G. 1938. The constancy of the mean net assimilation rate and its ecological importance [J]. Annals of Botany, 2 (8): 811-818.

Herrmann S, Osinski E. 1999. Planning sustainable land use in rural areas at different spatial levels using GIS and modelling tools [J]. Landscape & Urban Planning, 46 (1-3): 93-101.

Higgins G M, Kassam A H. 1981. The FAO Agro-ecological zone approach to determination of land potential [J]. Pedologie, 31 (2): 147-168.

Hills G A. 1961. The Ecological Basis for Land-Use Planning [M]. Ontario: Ontario Department of Lands and Forests.

Hooker H D. 1917. Liebig's law of the minimum in relation to general biological problems [J]. Science, 46 (1183): 197-204.

IIASA (International Institute for Applied Systems Analysis). 2012. Global agro-Ecological Zones. http://www.gaez.iiasa.ac.at [2012-12-30].

IPCC. 2014. Climate Change 2014: Synthesis Report. Contribution of Working Groups I, II and III to the Fifth Assessment Report of the Intergovernmental Panel on Climate Change (AR5) [R]. Geneva: IPCC.

ISI-MIP. 2013. The Intersectoral Impact Model Intercomparison Project Design and Simulation protocol (Version2.3) [R]. [2013-12-30].

Ittersum M K V, Leffelaar P A, Keulen H V, et al. 2003. On approaches and applications of the Wageningen crop models [J]. European Journal of Agronomy the Official Journal of the European Society for Agronomy, 18 (3-4): 201-234.

Jeronimo R P, Rap E, Vos J. 2015. The politics of land use planning: Gold mining in Cajamarca, Peru [J]. Land Use Policy, 49: 104-117.

Jones C A, Kiniry J R, Dyke P T. 1986. CERES-Maize: A Simulation Model of Maize Growth and Development [M]. Texas: Texas AandM University Press.

Keulen H V, Seligman N G, Benjamin R W. 1981. Simulation of water use and herbage growth in arid regions—A re-evaluation and further development of the model "arid crop" [J]. Agricultural Systems, 6 (3): 159-193.

Kim D S, Chung H W. 2005. Spatial diffusion modeling of new residential area for land-use planning of rural villages [J]. Journal of Urban Planning & Development, 131 (3): 181-194.

Klingebiel A A, Baird J V, Heddleson M R. 1966. Soil Surveys and Land Use Planning [C]. Madison, WI: Soil Science Society of America.

Lal H, Hoogenboom G, Calilxte J P, et al. 1993. Using crop simulation models and GIS for regional productivity analysis [J] . Transactions of the ASAE, 36 (1): 175-184.

Lambin E F, Rounsevell M D A, Geist H J. 2000. Are agricultural land-use models able to predict changes in land-use intensity [J] . Agriculture, Ecosystems and Environment, 82: 321-331.

Lambin E F, Turner B L, Geist H J, et al. 2001. The causes of land-use and land-cover change: Moving beyond the myths [J] . Global environmental change, 11 (4): 261-269.

Leopold L B. 1968. Hydrology for Urban Land Planning: A Guidebook on the Hydrologic Effects of Land Use [M] . Reston (VA): US Geological Survey.

Li F, Zhang S, Yang J, et al. 2016. The effects of population density changes on ecosystem services value: A case study in Western Jilin, China [J] . Ecological Indicators, 61: 328-337.

Liebig J. 1843. Chemistry in its Application to Agriculture and Physiology [M] . Philadelphia: Peterson.

Lipman J G. 1935. Social and economic factors in land-use planning in the Northeastern states [J] . Economic Geography, 11 (3): 217-226.

Liu J, Liu M, Zhuang D, et al. 2003. Study on spatial pattern of land-use change in China during 1995—2000 [J] . Science in China Series D: Earth Sciences, 46 (4): 373-384.

Liu L, Xu X, Liu J, et al. 2015. Impact of farmland changes on production potential in China during 1990—2010 [J] . Journal of Geographical Sciences, 25 (1): 19-34.

Lobell D B, Wolfram S, Justin C R. Climate trends and global crop production since 1980 [J]. Science, 333 (6042): 616-620.

Loomis R S, Williams W A. 1963. Maximum crop productivity: An estimate [J] . Crop Science, (1): 67-72.

Malczewski J. 2006. GIS-based multicriteria decision analysis: a survey of the literature [J] . International Journal of Geographical Information Science, 20 (7): 703-726.

Marten G G, Sancholuz L A. 1982. Ecological land-use planning and carrying capacity evaluation in the Jalapa region (Veracruz, Mexico) [J] . Agro-Ecosystems, 8 (2): 83-124.

Marull J, Pino J, Tello E. 2010. Social metabolism, landscape change and land-use planning in the Barcelona Metropolitan Region [J] . Land Use Policy, 27 (2): 497-510.

Matthews K B, Sibbald A R, Craw S. 1999. Implementation of a spatial decision support system for rural land use planning: integrating geographic information system and environmental models with search and optimisation algorithms [J] . Computers & Electronics in Agriculture, 23 (1): 9-26.

McHargI. 1969. Design with Nature [M] . New York: Doubleday.

Meyer A D, Estrella R, Jacxsens P, et al. 2013. A conceptual framework and its software implementation to generate spatial decision support systems for land use planning [J] . Land Use Policy, 35 (14): 271-282.

Miller D, Vogt N, Nijnik M, et al. 2009. Integrating Analytical and Participatory Techniques for Planning the Sustainable Use of Land Resources and Landscapes [M]. Berlin: Springer.

Nald G T, Brown A L. 1984. The land suitability approach to strategic land-use planning in urban fringe areas [J]. Landscape Planning, 11 (2): 125-150.

Nuarsa I W, Nishio F, Hongo C. 2012. Rice yield estimation using Landsat ETM+ Data [J]. Journal of Agricultural Science, 4 (3): 45-56.

Oberg K, 1940. Cultural factors and land-use planning in Cuba Valley, New Mexico [J]. Rural Sociology, (5): 438-448.

Omi P N, Wensel L C, Murphy J L. 1979. An application of multivariate statistics to land-use planning: Classifying land units into homogeneous zones [J]. Forest Science, 1979, 25 (3): 399-414.

Pricovic S. 1990. Multi-criteria model for post-earthquake land-use planning [J]. Environmental Management & Health, 13 (1): 9-20.

Priya S, Shibasaki R. 2001. National spatial crop yield simulation using GIS-based crop production model [J]. Ecological Modelling, 136 (s 2-3): 113-129.

Rauff K O, Bello R. 2015. A review of crop growth simulation models as tools for agricultural meteorology [J]. Agricultural Sciences, 6 (9): 1098-1105.

Reisi M, Lu A, Rajabifar A, et al. 2016. Land-use planning: Implications for transport sustainability [J]. Land Use Policy, 50: 252-261.

Rindfuss R R, Walsh S J, Turner B L, et al. 2004. Developing a science of land change: Challenges and methodological issues [J]. PNAS, 101: 13976-13981.

Roekel R J V, Purcell L C, Salmerón M. 2015. Physiological and management factors contributing to soybean potential yield [J]. Field Crops Research, 182: 86-97.

Rudel T K, Meyfroidt P. 2014. Organizing anarchy: The food security-biodiversity-climate crisis and the genesis of rural land use planning in the developing world [J]. Land Use Policy, 36 (1): 239-247.

Satchell J E, Lindley D K, Hibberd J K. 1971. Computation of confidence limits for estimates of net primary production [J]. Bulletins from the Ecological Research Committee, (14): 75-82.

Schlager K J. 1965. A land use plan design model [J]. Journal of the American Institute of Planners, 31 (2): 103-111.

Searchinger T, Heimlich R, Houghton R A, et al. 2008. Use of U. S. croplands for biofuels increases greenhouse gases through emissions from land-use change [J]. Science, 319 (5867): 1238-1240.

Senes G, Toccolini A. 1998. Sustainable land use planning in protected rural areas in Italy [J]. Landscape & Urban Planning, 41 (2): 107-117.

Shahid S A, Taha F K, Abdelfattah M A. 2013. Developments in Soil Classification, Land Use Planning and Policy Implications [M] . Berlin: Springer.

Shakya K M, Leuschner W A. 1990. A multiple objective land use planning model for Nepalese hills farms [J] . Agricultural Systems, 34 (2): 133-149.

Shelford V E, Allee W C. 1913. The reactions of fishes to gradients of dissolved atmospheric gases [J]. Journal of Experimental Zoology, 14 (14): 207-266.

Shelford V E, Deere E O. 1913. The reactions of certain animals to gradients of evaporating power of air [J] . Biological Bulletin, 25 (2): 79-120.

Sinclair T R, Seligman N G. 1996. Crop modeling: From infancy to maturity [J] . Agronomy Journal, 88 (5): 698-704.

Singh B N, Lal K N. 1935. Limitations of Blackman' s law of limiting factors and harder' s concept of relative minimum as applied to photosynthesis [J] . Plant Physiology, 10 (2): 245-268.

Spitters C J T, Keulen H, Kraalingen D W G, et al. 1989. A simple and universal crop growth simulator: SUCROS87 [J] . Simulation & Systems Management in Crop Protection, 32: 147-181.

Sugawara B L M, Edemir S Y. 2003. Soybean yield estimation by an agrometeorological model in a GIS [J] . Scientia Agricola, 60 (3): 433-440.

Svubure O, Struik P C, Haverkort A J, et al. 2015. Yield gap analysis and resource footprints of Irish potato production systems in Zimbabwe [J] . Field Crops Research, 178: 77-90.

Thomas W. 1929. Balanced fertilizers and Liebig's law of the minimum [J] . Science, 70 (1816): 382-384.

Tian Z, Zhong H, Sun L, et al. 2014. Improving performance of Agro-Ecological Zone (AEZ) modeling by cross-scale model coupling: An application to japonica rice production in Northeast China [J] . Ecological Modelling, 290: 155-164.

Travis M R, Elsner G H, Iverson W D, et al. 1975. VIEWIT: Computation of Seen Areas, Slope, and Aspect for Land-Use Planning [M] . Berkley: Pacific Southwest Forest and Range Experimental Station.

Tripathy R, Chaudhari K N, Mukherjee J, et al. 2013. Forecasting wheat yield in Punjab state of India by combining crop simulation model WOFOST and remotely sensed inputs [J] . Remote Sensing Letters, 4 (1): 19-28.

Turner B L, Skole D L, Sanderson S, et al. 1995. Land-Use and Land-Cover Change, Science/ Research Plan [R] . Stockholm and Geneva: IGBP Report, HDP Report 7. IGBP of the ICSU and HDP of the ISSC.

Turner B L. 1993. Relating Land Use and Global Land Cover Change [R] . Stockholm: IGBP Report No. 24, HDP Report No. 5, International Geosphere-Biosphere Programme.

Turner I I B L, Clark W C, Kates R W, et al. 1990. The Earth as Transformed by Human Action.

Global Land Regional Changes in the Biosphere Over the Past 300 Years [M]. New York: Cambridge University Press.

Turner I I B L, Eric F, Lambin, et al. 2007. The emergence of land change science for global environmental change and sustainability [J]. Proceedings of the National Academy of Sciences of the United States of America, 104 (52): 20666-20671.

Vink A P A. 1975. Land Use in Advancing Agriculture [M]. Berlin: Springer.

Wart J V, Kersebaum K C, Peng S, et al. 2013. Estimating crop yield potential at regional to national scales [J]. Field Crops Research, 143 (1): 34-43.

White G F. 1937. Notes on flood protection and land-use planning [J]. The Planners Journal, 3 (3): 57-61.

Williams R F. 1937. Drift of net assimilation rate in plants [J]. Nature, 140 (3556): 1099-1100.

Williams W A, Loomis R S, Carter M B. 1974. Computing hourly values of diffuse and direct sunlight [J]. Crop Science, 14 (3): 492-493.

Williams W A, Loomis R S, Lepley C R. 1965. Vegetative growth of corn as affected by population density. II. Components of growth, net assimilation rate and leaf-area index [J]. Crop Science, (3): 215-219.

Wit C T D, Bergh J P V D. 1965. Competition between herbage plants [J]. Journal of Agricultural Science, (13): 212-221.

Wit C T D, Goudriaan J. 1978. Simulation of Ecological Processes [M]. Wageningen: Centre for Agricultural Publishing and Documentation.

Zabel F, Mauser W, Hank T. 2015. Impact of climate change on global agricultural potentials [J]. Procedia Environmental Sciences, 29: 260-261.

Zorrilla-Miras P, Palomo I, Gómez-Baggethun E, et al. 2014. Effects of land-use change on wetland ecosystem services: A case study in the Doñana marshes (SW Spain) [J]. Landscape & Urban Planning, 122: 160-174.

附　　录

附表　中国科学院土地资源分类系统及其编码

一级类型		二级类型		含义
代码	名称	代码	名称	
1	耕地			指种植农作物的土地，包括熟耕地、新开荒地、休闲地、轮歇地、草田轮作地；以种植农作物为主的农果、农桑、农林用地；耕种三年以上的滩地和滩涂
		11	水田	指有水源保证和灌溉设施，在一般年景能正常灌溉，用以种植水稻、莲藕等水生农作物的耕地，包括实行水稻和旱地作物轮种的耕地
		12	旱地	指无灌溉水源及设施，靠天然降水生长作物的耕地；有水源和浇灌设施，在一般年景下能正常灌溉的旱作物耕地；以种菜为主的耕地，正常轮作的休闲地和轮歇地
2	林地			指生长乔木、灌木、竹类及沿海红树林地等林业用地
		21	有林地	指郁闭度>30%的天然木和人工林。包括用材林、经济林、防护林等成片林地
		22	灌木林	指郁闭度>40%、高度在2m以下的矮林地和灌丛林地
		23	疏林地	指疏林地（郁闭度为10%～30%）
		24	其他林地	未成林造林地、迹地、苗圃及各类园地（果园、桑园、茶园、热作林园地等)
3	草地			指以生长草本植物为主，覆盖度在5%以上的各类草地，包括以牧为主的灌丛草地和郁闭度在10%以下的疏林草地
		31	高覆盖度草地	指覆盖度在>50%的天然草地、改良草地和割草地。此类草地一般水分条件较好，草被生长茂密
		32	中覆盖度草地	指覆盖度在20%～50%的天然草地和改良草地，此类草地一般水分不足，草被较稀疏
		33	低覆盖度草地	指覆盖度在5%～20%的天然草地。此类草地水分缺乏，草被稀疏，牧业利用条件差

续表

一级类型		二级类型		含义
代码	名称	代码	名称	
4	水域	指天然陆地水域和水利设施用地		
		41	河渠	指天然形成或人工开挖的河流及主干渠常年水位以下的土地，人工渠包括堤岸
		42	湖泊	指天然形成的积水区常年水位以下的土地
		43	水库坑塘	指人工修建的蓄水区常年水位以下的土地
		44	永久性冰川雪地	指常年被冰川和积雪所覆盖的土地
		45	滩涂	指沿海大潮高潮位与低潮位之间的潮侵地带
		46	滩地	指河、湖水域平水期水位与洪水期水位之间的土地
5	城乡、工矿、居民用地	指城乡居民点及县镇以外的工矿、交通等用地		
		51	城镇用地	指大、中、小城市及县镇以上建成区用地
		52	农村居民点	指农村居民点
		53	其他建设用地	指独立于城镇以外的厂矿、大型工业区、油田、盐场、采石场等用地，交通道路、机场及特殊用地
6	未利用土地	目前还未利用的土地、包括难利用的土地		
		61	沙地	指地表为沙覆盖，植被覆盖度在5%以下的土地，包括沙漠，不包括水系中的沙滩
		62	戈壁	指地表以碎砾石为主，植被覆盖度在5%以下的土地
		63	盐碱地	指地表盐碱聚集，植被稀少，只能生长耐盐碱植物的土地
		64	沼泽地	指地势平坦低洼，排水不畅，长期潮湿，季节性积水或常积水，表层生长湿生植物的土地
		65	裸土地	指地表土质覆盖，植被覆盖度在5%以下的土地
		66	裸岩石砾地	指地表为岩石或石砾，其覆盖面积>5%以下的土地
		67	其他	指其他未利用土地，包括高寒荒漠，苔原等